湖州师范学院学术著作出版资助

海外研发组合结构对母公司创新绩效影响研究

王圣君　著

中国财经出版传媒集团

经济科学出版社

Economic Science Press

·北京·

图书在版编目（CIP）数据

海外研发组合结构对母公司创新绩效影响研究／王

圣君著. -- 北京：经济科学出版社，2024.7. -- ISBN

978 - 7 - 5218 - 6009 - 2

Ⅰ. F279.23

中国国家版本馆 CIP 数据核字第 20246263D4 号

责任编辑：吴　敏
责任校对：王苗苗
责任印制：张佳裕

海外研发组合结构对母公司创新绩效影响研究
HAIWAI YANFA ZUHE JIEGOU DUI MUGONGSI
CHUANGXIN JIXIAO YINGXIANG YANJIU

王圣君　著

经济科学出版社出版、发行　新华书店经销

社址：北京市海淀区阜成路甲 28 号　邮编：100142

总编部电话：010 - 88191217　发行部电话：010 - 88191522

网址：www.esp.com.cn

电子邮箱：esp@ esp.com.cn

天猫网店：经济科学出版社旗舰店

网址：http://jjkxcbs.tmall.com

北京季蜂印刷有限公司印装

710×1000　16 开　14 印张　230000 字

2024 年 7 月第 1 版　2024 年 7 月第 1 次印刷

ISBN 978 - 7 - 5218 - 6009 - 2　定价：58.00 元

（图书出现印装问题，本社负责调换。电话：010 - 88191545）

（版权所有　侵权必究　打击盗版　举报热线：010 - 88191661

QQ：2242791300　营销中心电话：010 - 88191537

电子邮箱：dbts@ esp.com.cn）

前　言

　　海外研发是指国内投资实体在海外地区投入研发资本并开展研发活动的投资行为。由于国内创新资源相对有限，设立海外研发中心俨然已经成为跨国企业提升母公司创新能力以应对全球化挑战的重要战略工具。然而，作为新兴经济体，中国的跨国企业普遍面临吸收能力不足、动态能力不强以及国际化经验欠缺等多重挑战。海外研发投资能否提升我国跨国企业母公司创新绩效，成为学者们普遍关注的一个重要议题。加强海外研发投资与创新绩效关系研究，不仅可以科学引导我国跨国企业合理构造研发知识网络，提高我国企业自主创新能力以及国际战略地位；而且有利于我国打破西方国家的技术封锁，构建安全可靠的产业链供应链，提升我国制造业全球价值链地位，进而抢占未来产业制高点。

　　本书从组合结构层面，将海外研发投资水平分成深度与广度两个维度，并整合网络嵌入理论、资源观以及制度观等多种理论基础，分析不同维度海外研发投资组合结构对母公司创新绩效的差异化影响、边界条件以及作用机制，由浅入深地探讨三个研究主题：（1）研究主题一：海外研发投资的不同组合结构——海外研发深度与海外研发广度对母公司创新绩效的差异化影响效应以及边界条件；（2）研究主题二：海外研发深度与海外研发广度的不同匹配关系对母公司创新绩效的差异化影响效应以及边界条件；（3）研究主题三：海外研发深度与海外研发广度的条件组态如何对母公司创新绩效产生影响。

本书通过深入剖析海外研发投资不同组合结构影响母公司创新绩效的作用机制、匹配效应以及组态效应，有利于完善新兴经济体后发跨国企业海外研发投资逆向学习理论研究，具有重要的理论及现实意义。具体来看，主要研究内容如下：

第一，阐明了不同维度海外研发组合结构影响母公司创新绩效的作用机制及实现条件。从组合结构层面，将海外研发投资水平分成海外研发深度与海外研发广度两个维度，探讨不同维度海外研发组合结构对母公司创新绩效的差异化影响；进一步将企业动态能力作为关键调节变量，深入考察吸收能力与适应能力的调节作用。实证结果显示：（1）海外研发深度对母公司创新绩效的影响呈倒 U 形，海外研发广度正向影响母公司创新绩效；（2）吸收能力正向调节海外研发深度与母公司创新绩效间的倒 U 形关系，正向调节海外研发广度与母公司创新绩效间的正向关系；（3）适应能力对海外研发深度与母公司创新绩效间的倒 U 形关系调节作用不显著，但显著正向调节海外研发广度与母公司创新绩效间正向关系。

第二，评估了不同维度海外研发投资组合结构匹配状态影响母公司创新绩效的差异化效果及实现条件。结合多项式回归和响应面分析技术，本书对比了不同海外研发组合结构匹配状态下母公司创新绩效的差异，识别母公司创新绩效最大化的海外研发组合结构；并进一步将国有股权和外资股权作为关键调节变量，深入考察不同股权结构对海外研发深度与海外研发广度匹配关系的调节作用。实证结果表明：（1）海外研发投资组合结构匹配状态下母公司创新绩效高于不匹配状态；（2）海外研发投资组合结构高匹配状态下母公司创新绩效高于低匹配状态；（3）海外研发投资组合结构不匹配状态下，海外研发深度高—海外研发广度低状态下母公司创新绩效高于海外研发深度低—海外研发广度高状态；（4）不同股权结构对海外研发深度—海外研发广度匹配与母公司创新绩效的关系产生不同的调节作用：国有股权反向调节海外研发深度与海外研发广度间的匹配关系，外资股权正向调节海外研发深度与海外研发广度间的匹配关系。

第三，解析了海外研发投资组合结构与企业内部资源的不同条件组态对母公司创新绩效的多重影响路径。基于定性比较方法（QCA），本书考察了海外研发深度、海外研发广度、吸收能力、组织冗余以及国际化经验多重情境因素对母公司创新绩效的协同影响效应。实证结果表明：（1）海外研发组合结构（海外研发深度以及海外研发广度）对母公司创新绩效提升是必要的前因条件，其他因素（吸收能力、组织冗余以及国际化经验）为非必要条件；（2）识别出四种有效提升海外研发企业母公司创新绩效的模式，包括母国市场扩张型、母国能力提升型、海外市场扩张型以及全球资源融通型。

本书的创新点主要体现在以下几个方面：首先，通过在海外研发投资与企业创新绩效关系研究中引入组合结构维度，有助于深入理解新兴经济体后发跨国企业海外研发与创新绩效间的关系，为既有海外研发与创新绩效关系存在的研究分歧提供更多的实证证据。其次，率先检验了海外研发深度与海外研发广度匹配关系影响母公司创新绩效的作用机制及边界条件，推进了海外研发投资组合结构维度的研究。通过对比不同海外研发投资组合结构对母公司创新绩效的差异化影响，探索出最优的海外研发投资组合结构及边界条件。最后，将海外研发组合结构与多重企业资源因素同时纳入母公司创新绩效影响因素研究，探索出新兴经济体后发跨国企业获取较高创新绩效的具体路径和复杂情景，进而揭开研发国际化逆向学习的"黑箱"。

目　　录

第1章 绪 论

1.1 研究背景

（1）"创新驱动"成为国家创新发展战略

改革开放以来，因劳动力成本优势以及对资源环境的大规模开采等，低端加工贸易活动成为我国企业参与国际分工以及融入全球生产体系的重要方式，推动了我国经济持续高速发展。然而，国际代工业务具有低附加值、高污染以及高能耗等特点，且处于国际分工体系的中下游，不具有高新技术产品的原创性、自主性以及高附加值等属性（郭凯明等，2020）。此外，相较于发达国家同行企业，我国本土企业受限于自身经济规模以及先天技术劣势，企业研发投入比重明显偏低，导致企业自主创新能力欠缺（陈武等，2019）。全球价值链的"低端锁定"以及自身创新能力的不足严重阻碍了我国企业技术进步，导致作为"世界制造工厂"的国内企业只能通过代工方式赚取微薄的利润，而拥有较强研发实力的西方跨国企业则可以赚取巨额垄断利润。

随着我国人口、资源红利的消耗殆尽，传统国际代工模式所具备的低成本优势逐渐丧失，我国经济发展步入了新的阶段。2012 年召开的党的十八大为新时期我国经济增长确定了战略方向：应实现传统"要素驱动"以及"投资驱动"模式向"创新驱动"模式的转变。2014 年，党的十八届三中全会提出，我国应将"引进来"战略与"走出去"战略相融合，实现国内外生产要素自由流动、资源有效组合配置、市场高度融合，最终提升我国企业国际竞争优势。党的二十大报告强调，要加快实施创新驱动发展战略。2023 年 2 月，习近平总书记在学习贯彻党的二十大精神研讨班开班式上发表重要讲话，指出："要把创新摆在国家发展全局的突出位置，顺应时代发展要求，着眼于解决重大理论和实践问题，积极识变应变求变，大力推进改革创新，不断塑造发展新动能新优势，充分激发全社会创造活力。"① 综上所述，"创新驱动"战略改变了我国技术市场，实现了由传统"模仿创新"模式向"自主创新"模式的积极转化，对我国经济发展全局具有重要的战略指导意义。

（2）全球化浪潮推动构建国内国际双循环新发展格局

全球化浪潮被定义为企业生产要素（包括资本、人力、技术以及知识等）跨越国家地理边界，实现生产要素在不同国家间自由流动与配置的整体趋势，其中经济全球化与科技全球化是全球化浪潮中最重要的两股力量（陈衍泰等，2017）。国际分工或专业化是经济全球化与国际贸易的基本动力，技术进步则是推动国际分工形成的根本力量。随着全球化浪潮的不断深入，企业所拥有的创新资源、主体以及制度的地理边界变得越发模糊，导致企业创新体系表现出全球化统一的趋势（薛澜等，2015；陈衍泰等，2018）。

竞争全球化与开放式经济体系背景下，企业产品以及技术变得更加复杂，企业创新成本以及风险也变得越来越高，仅仅依赖企业内部资源和能力显然无法有效完成其创新活动，对外寻求创新资源以及能力成为企业必然的选择。在经济全球化背景下，世界市场由相互独立又密切协作的国家和地区组成，必然呈现出国内国际双循环特征，一国不可能只通过内循环获得发展所需要的全部物资，其产业发展和居民消费离不开外国的原材料、零部件、中间品、产成品及服务等（朱福林，2024）。利用全球化浪潮带来的重要挑战与机遇，实现创新资源全球化布局与配置，可以综合利用国外创新资源与国内比较优势，成为我国企业提升技术创新能力的新途径（吴先明等，2018）。

跨国企业作为国际知识交流的重要载体与中心，成为全球化创新资源配置的关键主体（Riviere and Bass，2019；陈衍泰等，2017；Wang and Kafouros，2020）。自 20 世纪 70 年代起，随着海外市场需求的扩大以及通信技术的发展，推动了西方跨国企业在全球范围内布置研发机构以寻求创新资源（Asakawa et al.，2017）。随后，在 20 世纪 90 年代，以中国、印度、越南、印度尼西亚以及马来西亚为代表的新兴市场后发跨国企业为从全球范围获取可以提升创新能力的先进技术与知识，纷纷将海外研发活动作为"跳板"以实现追赶发达国家跨

---

① 习近平在学习贯彻党的二十大精神研讨班开班式上发表重要讲话 ［EB/OL］．（2023 – 02 – 07）［2023 – 12 – 01］．https：//www.gov.cn/xinwen/2023 – 02/07/content_5740520.htm.

国企业的战略目标（Luo and Tung，2018；Guo and Zheng，2019；尹志锋等，2023）。作为"追赶者"，我国后发跨国企业也非常重视海外研发活动，包括联想、中兴、海尔以及华为在内的众多企业纷纷在海外设立研究院、实验室等研发机构。据商务部"走出去"平台统计，在 2010 年至 2014 年期间，我国共有 1500 多家企业在海外布局了研发单元，部分领军企业甚至在多个国家和地区布置研发单元，形成了高效的"全球研发网络"（柳卸林等，2017）。

（3）中国制造业面临"大"而不"强"的困境

决定一国现代化程度的核心要素即工业化水平，而制造业发展水平可以直接反映出一国的工业化水平，因此制造业发展水平决定了一国工业化水平以及现代化水平，成为衡量一国综合实力的重要指标。我国经过几十年的快速发展，已成为全球制造业大国，但没有实现由"制造业大国"向"制造业强国"的根本转变。相较于西方传统制造业强国，我国制造业仍存在巨大的改进空间，具体表现为技术基础薄弱、创新能力不足以及创新体系不完整等，制约了我国制造业水平的进一步提升（孔祥贞等，2020）。

我国作为世界上最重要的制造业大国，却正面临"大而不强"的发展困境，存在着产品产能过剩、产业结构老化以及产业技术落后等多种问题（钱龙，2020）。近年来，受国内劳动力成本上升以及中美贸易摩擦的影响，同时面临印度、越南、柬埔寨等发展中国家"中低端分流"以及传统制造业强国"高端回流"的双重压力，导致我国制造业国际地位正面临着极大的挑战与威胁（周茂等，2019）。在此背景下，我国制造业若想在全球化竞争中获取与保持优势地位，必须采取积极举措以提升制造业技术水平和创新实力，打破西方发达国家的技术垄断。我国政府非常重视制造业的战略地位，采用多种举措鼓励制造业企业积极布局海外市场以提升国际竞争力。在当前国家"创新驱动"战略与国内国际双循环布局的积极推动下，我国制造业企业全球化竞争越发表现为通过布局海外市场，借助技术知识高地实现战略资源的获取与利用，海外研发机构已成为我国制造业企业实现全球技术搜索以及海外市场拓展的重要平台。

（4）海外研发投资研究密切联系理论诉求与跨国实践

20 世纪 70 年代初，西方跨国公司率先改变了传统的以母国为中心的研发布局模式，而是依据投资东道国在基础设施、技术实力、创新资源以及技术人才等方面的比较优势，实现研发活动区域化分工，推动跨国企业研发活动网络化与全球化（Zhao et al.，2019；Luo et al.，2019）。数据显示，世界最大的1000 家创新企业中，有 94% 的企业在海外开展研发项目（Jaruzelski et al.，2015），并且越来越多的跨国企业在海外设立了卫星研发中心。

进入 21 世纪以来，越来越多的发展中国家后发企业在海外构建研发单元，将部分研发活动布置在海外，其中中国海外研发活动尤其引起学者的广泛关注（Huang and Li，2019；Jha et al.，2018；刘夏等，2023；黄宏斌等，2023）。自 20 世纪 90 年代起，我国跨国企业逐步加入海外研发的行列，与海外研发机构、企业以及高校等进行合作，并通过绿地、收购等形式构建海外研发单元，以追踪、监测、学习以及利用海外研发资源，最终提升国内企业研发能力（Buckley et al.，2007）。《2022 年度中国对外直接投资统计公报》的数据显示，受地缘政治紧张、通货膨胀、金融不稳定因素增加等下行风险影响，世界经济呈现复苏显著放缓态势。2022 年，全球外国直接投资流出流量下降 14%，跨境并购规模大幅下降，中国对外直接投资 1631.2 亿美元，蝉联世界第二位，占全球份额的 10.9%，较上年提升 0.4 个百分点。2022 年，中国对外直接投资涵盖了国民经济的 18 个行业大类，其中流向租赁和商务服务业、制造业、金融业、批发和零售业、采矿业、交通运输/仓储业以及邮政业的投资均超过百亿美元。租赁和商务服务业保持首位，制造业由上年第三位上升至第二位。流向制造业的投资高达 271.5 亿美元，比上年增长 1%，占总投资的 16.6%。制造业直接投资主要流向专用设备制造、汽车制造、其他制造、计算机/通信和其他电子设备制造、金属制品、医药制造、非金属矿物制品、橡胶和塑料制品、黑色金属冶炼和压延加工、通用设备制造、电气机械和器材制造、有色金属冶炼和压延加工、纺织业、化学原料和化学制品、石油/煤炭及其他燃料加工业等。

近年来，我国对外直接投资越发趋向于研发以及技术寻求驱动，海外研发投资占对外直接投资的比重不断上升，越来越多的国内企业纷纷在海外设立研发中心以寻求合作伙伴、获取技术资源以及开拓产品市场，并出现了国内后发企业并购国外先发企业、国内技术劣势企业和国外技术优势企业成立合资企业的新现象（邓沛东等，2024）。海外研发投资俨然成为现阶段我国后发企业拓展知识渠道、提升创新能力、紧跟产业趋势以及开拓国际市场的主要形式，同时成为推进我国"创新驱动"战略的重要方式（谷军健、赵玉林，2020）。

1.2 研究问题与意义

1.2.1 研究问题

本书聚焦于现有研究中较少关注的新兴经济体后发跨国企业海外研发投资这一重要领域，围绕不同组合结构属性海外研发投资水平及其匹配状态与组态状态对母公司创新绩效的差异化影响、作用机制以及边界条件进行一系列的理论探讨与实证分析，并进行策略性研究，重点关注以下几个方面的问题：

第一，海外研发投资领域有哪些重要理论基础？现有学者在该领域有哪些研究成果？对这一问题，本书系统梳理了海外研发投资领域中外学者相关研究成果，一方面，挖掘出海外研发投资影响母公司创新绩效的核心理论基础，包括交易成本理论、资源基础观理论、知识基础观理论、制度理论以及网络嵌入理论等，为后续研究奠定理论基础；另一方面，整理出海外研发投资影响母公司创新绩效的关键性机理、多元化机制以及复杂性调节等文献研究成果，找出既有文献研究存在的不足之处，为本书研究提供弥补现有缺陷的思路。

第二，我国海外研发投资现状如何？其组合结构存在哪些类型？其组合结构表现出怎样的布局演进？对此问题，本书从我国海外研发投资的时间进程、企业性质、国内区域分布、行业分布以及专利授权和申请数等多个维度，总结我国海外研发投资现状。此外，本书还按照地理结构布局特征，将我国海外研发投资组合结构分成海外研发深度低—海外研发广度低、海外研发深度低—海外研发广度高、海外研发深度高—海外研发广度低以及海外研发深度高—海外研发广度高四种类型，并进一步借助多案例分析方法，总结我国跨国企业海外研发投资组合结构演变过程，并将其分解成萌芽阶段、起步阶段、发展阶段以及成熟阶段四个阶段。

第三，不同维度海外研发组合结构对母公司创新绩效会不会产生差异化的影响？其影响的边界实现条件是什么？对此问题，本书参照部分学者（Hsu et al.，2015）的研究成果，从组合结构层面将海外研发投资划分成海外研发深度与海外研发广度两个维度，深入探讨不同维度海外研发投资水平对母公司创新绩效的差异化影响。此外,动态能力是企业组织创新的重要基础以及先决条件,对企业创新具有积极的影响(Teece,2014;杨林等,2020;许晖、单宇,2019)。动态能力理论为解释跨国企业如何实现海外知识逆向转移提供了更为合理的理论基础,本书综合部分学者(Wang and Ahmed,2007;Shafia et al.,2016)的观点,将动态能力分解成吸收能力与适应能力,进而探讨吸收能力和适应能力对上述海外研发组合结构与母公司创新绩效关系的调节作用。

第四,不同匹配状态的海外研发组合结构是否会对母公司创新绩效产生差异化的影响?其影响的边界及实现条件是什么?对此问题,本书考虑到海外研发深度与海外研发广度作为描述跨国企业海外研发投资组合结构的不同维度,两者之间密切相关且同时发生,共同构成跨国企业复杂的知识网络结构,因此海外研发深度与海外研发广度的不同匹配关系可能导致不同的母公司创新绩效。本书从海外研发深度与海外研发广度两个维度出发,率先探讨不同匹配状态下差异化的母公司创新绩效,最终识别出最优的海外研发投资匹配状态。此外,我国与西方发达国家存在典型的制度特征差异(陈衍泰等,2019),即所有权结构表现出多样性特征,不仅国有股权在企业经营管理活动中发挥着重要作用,而且外资股权也发挥重要影响力。本书进一步考察了企业不同所有权结构(国有股权与外资股权)对海外研发深度—海外研发广度匹配状态与母公司创新绩效关系的调节作用,进而界定了实现海外研发投资匹配状态与母公司创新绩效关系的边界条件。

第五,海外研发投资影响母公司创新绩效提升存在哪些前因条件构型?具有哪些不同的模式与路径?受限于研究方法的局限性,现有研究多是基于海外研发投资水平以及企业资源因素的单一变量对母公司创新绩效的独立影响,导致现有研究结论无法解答影响海外研发企业创新绩效多重并发实现路径。对此,本书采用模糊定性比较方法,深入挖掘海外研发组合结构(海外研发深度、海外研发广度)与企业内部资源能力(吸收能力、组织冗余与国际化经验)多重影响因素间复杂的非线性关系和组态构型,归纳出海外研发投资影响母公司创新绩效的不同模式选择与差异化路径。

1.2.2 研究意义

经济全球化以及开放式创新背景下,企业创新能力的提升并不完全由企业内部资源所决定，还取决于企业能否有效吸收外部创新资源，并实现与企业内部资源的有效整合（Ai and Tan, 2018；Hernandez and Guillén, 2018）。随着全球化竞争的日益加剧，传统的以母国为研发基地的创新模式已难以支撑我国企业创新发展需求，海外研发投资成为我国企业提升创新能力的重要途径。通过在海外直接建立研发单元、收购海外研发机构以及建立国际技术合作联盟等方式将企业研发活动扩展到全球，实现创新资源全球化、创新人才国际化以及创新组织结构网络化的创新模式（陈劲、曾珍云，2011；王智新等，2020）。然而，现有关海外研发的研究成果中，大多数学者基于宏观层面探究海外研发投资动机、区位选择、组织形式以及管理方式等，较少从企业特征等微观视角分析海外研发与母公司创新绩效间的关系，尤其缺乏融合企业内外部资源和制度因素，系统开展海外研发投资与母公司创新绩效关系的研究。本书具有以下重要意义：

一方面，从理论意义上来看，第一，本书以我国制造业上市公司为研究对象，从企业参与海外研发投资的不同组合结构维度、资源异质性以及制度异质性等视角出发，系统考察海外研发投资母公司创新绩效提升效应，为理解新兴经济体后发跨国企业反向技术溢出效应以及影响机制提供了独特的理论视角，进一步完善与丰富了跨国企业海外研发与创新绩效的理论研究。此外，跨国企业作为我国海外研发活动的微观主体，其海外研发活动将受制于企业内部资源能力以及制度环境的影响。本书进一步融合了企业动态能力，系统研究动态能力对海外研发组合结构和母公司创新绩效关系的调节作用，扩展了海外研发组合结构与母公司创新绩效关系的研究边界。第二，本书检验了海外研发深度、海外研发广度匹配状态对母公司创新绩效的影响效应以及边界实现条件，将海外研发深度与海外研发广度纳入统一分析框架，深入检验海外研发深度与海外研发广度匹配关系对母公司创新绩效的协同影响，丰富了不同维度海外研发投资水平影响创新绩效的互动研究。此外，本书进一步检验了海外研发深度与海外研发广度一致性影响母公司创新绩效面临的外部环境约束条件。基于股权结构视角，考察了国有股权以及外资股权对海外研发深度与海外研发广度一致性的调节效应，提高了对不同环境约束条件下海外研发深度与海外研发广度一致性与母公司创新绩效关系的理解，并就如何根据国有或外资股权结构变化调整海外研发深度与海外研发广度匹配提供了新的见解。第三，本书采用模糊集

QCA 方法，考察了新兴经济体后发跨国企业海外研发投资母公司创新绩效提升效应的条件组态，分析了多重条件组态如何共同影响母公司创新绩效，并得出新兴经济体后发跨国企业基于不同情境取得较高母公司创新绩效的实现路径，揭开了海外研发逆向学习的"黑箱"。

另一方面，从实践意义上来看，现阶段我国绿色可持续经济发展需求和生产要素约束间的矛盾日益突出，传统的依赖低廉生产要素成本以及消耗自然环境为代价的经济增长模式已不再适应我国当前发展需求。我国经济已经步入了转型期，人口红利持续下降以及资源环境的刚性约束导致我国传统出口贸易的比较优势不断下滑。此外，长期的贸易顺差、全球经济结构性减速以及中美国之间的贸易摩擦，不断挤压我国外贸市场空间，导致我国经济面临"内忧外患"的双重困境，如何改善经济结构以及提升技术优势成为当前我国经济转型的重要方向。海外研发投资成为现阶段我国后发企业拓展知识渠道、提升创新能力、紧跟产业趋势以及开拓国际市场的主要形式，同时成为推进我国"创新驱动"战略的重要方式（王展硕、谢伟，2017）。通过对跨国企业海外研发投资的系统研究，不仅为我国实施"创新驱动"发展战略提供具体的政策支撑，而且有助于提升我国企业国际竞争优势，缓解当前的发展困境。

1.3　研究目标与内容

1.3.1　研究目标

（1）理论研究目标

本书通过对国内外海外研发投资相关理论以及实践的梳理，构建并验证了"不同维度海外研发组合结构母公司创新绩效提升效应模型——海外研发组合结构匹配状态母公司创新绩效提升效应模型——海外研发组合结构条件组态母公司创新绩效提升效应模型"等不断深化、相互作用的理论模型，利用理论模型科学地阐明不同组合结构海外研发投资水平下母公司创新绩效提升效应以及边界实现条件，不同匹配状态下海外研发组合结构母公司创新绩效提升效应和边界实现条件，不同组态条件下母公司创新绩效提升效应，弥补国内外学者在这方面存在的不足。

（2）应用研究目标

将理论研究成果与实践应用相结合，通过对实际运营中典型的海外研发跨国企业进行系统剖析，找到研究目标的对接点，为新兴经济体后发跨国企业利用海外研发活动获取海外先进知识以提升母公司创新绩效提供针对性的指导意见。同时，在整体化系统性研究中，根据国家对外投资战略确定可行的动态目标，从而在不断提升我国海外研发投资质量和整体水平的基础上，为相关政府部门和跨国企业提供必要的理论支持和实践可操作的应用工具。

1.3.2 研究内容

本书在已有研究的基础之上，构建多维度海外研发组合结构母公司创新绩效提升效应模型、匹配视角下海外研发组合结构母公司创新绩效提升效应模型以及组态视角下海外研发组合结构母公司创新绩效提升效应模型，主要围绕以下几个方面展开研究：第一，不同海外研发组合结构对母公司创新绩效的差异化影响以及实现条件；第二，匹配视角下海外研发组合结构对母公司创新绩效的差异化影响以及实现条件；第三，组态视角下海外研发组合结构对母公司创新绩效提升效应。通过相关案例总结以及大样本制造业上市公司数据，实证检验上述概念模型，丰富海外研发母公司创新绩效提升相关研究成果，更好地指导相关政策的优化。具体研究内容如下：

第 1 章，绪论。首先，论述本书的研究背景与意义，重点对研究思路进行阐述，将跨国企业不同维度海外研发组合结构母公司创新绩效提升效应检验、匹配视角下海外研发组合结构母公司创新绩效提升效应检验以及组态视角下海外研发组合结构母公司创新绩效提升效应检验纳入现有研究框架中。其次，进一步梳理研究技术路线以及主要研究内容。最后，从理论研究和实证分析视角提出研究的重难点以及创新点。

第 2 章，理论基础与文献综述。一方面，对海外研发投资的经典理论进行系统梳理，重点对相关理论的内涵进行界定，并将相关理论对于本书的研究贡献进行阐释，为后续概念模型以及研究假设的构建奠定基础。另一方面，对现有国内外学者海外研发主要成果进行综述，从海外研发投资、企业创新绩效、海外研发投资与创新绩效关系三个层面进行系统总结，进而概括出现有研究存在的不足以及缺陷，希望借助本书的研究可以对既有研究成果进行有效的补充以及完善。

第 3 章，我国海外研发投资现状以及组合结构。通过整理我国跨国企业海外研发投资相关数据，从海外研发投资的时间进程、企业性质、国内区域分布、行业分布以及专利授权和申请数等多个层面展开分析，归纳我国跨国企业海外研发投资现状。另外，分析我国跨国企业海外研发组合结构网络布局及其演进规律。基于海外研发深度与海外研发广度两个维度分析我国跨国企业海外研发网络布局，将跨国企业海外研发网络分成四种形态，深入探讨海外研发网络的知识结构、组织特征以及优缺点，并通过具体的案例进行说明。此外，跨国企业海外研发网络布局并不是静态不变的，相反，其随着跨国企业投资规模、国际化经验的不断积累也将不断进行演进，本书还进一步分析了我国跨国企业海外研发网络布局的演进规律。

第 4 章，海外研发组合结构影响母公司创新绩效的实证研究。海外研发活动是新兴经济体后发跨国企业获取全球先进技术资源，实现技术追赶的重要战略抉择。本书将海外研发投资划分为海外研发深度与海外研发广度两个维度，利用开展海外研发活动的沪深 A 股上市制造业企业为研究样本，探讨海外研发深度与海外研发广度对母公司创新绩效的差异化影响效应。此外，考虑到动态能力作为新兴经济体后发跨国企业参与全球化竞争不可或缺的重要能力，其对于海外研发组合结构与母公司创新绩效间的关系可能存在一定的调节作用，因此本书进一步考察了动态能力的调节效应。

第 5 章，匹配视角下海外研发组合结构与母公司创新绩效关系研究。基于匹配理论，本书将海外研发深度与海外研发广度匹配成四种不同的投资组合状态（海外研发深度低—海外研发广度低、海外研发深度低—海外研发广度高、海外研发深度高—海外研发广度低、海外研发深度高—海外研发广度高），进而比较了海外研发组合结构匹配状态与不匹配状态之间的创新绩效差异、不同水平匹配状态之间的创新绩效差异、不同水平不匹配状态之间的创新绩效差异。此外，考虑到我国企业特有的股权结构，企业的股权结构不同，其拥有的资源禀赋以及所有权行使方式也不同，从而对企业经营策略和战略动机产生不同的影响，因此本书进一步考察了国有股权和外资股权对海外研发深度与海外研发广度一致性与母公司创新绩效间关系的调节效应。

第 6 章，组态视角下海外研发组合结构与母公司创新绩效关系研究。本书基于既有学者有关海外研发投资与母公司创新绩效的研究成果，发现海外研发组合结构与企业内部资源是影响母公司创新绩效的重要前因变量。基于此，本书将海外研发组合结构（海外研发深度、海外研发广度）与企业内部资源能力（吸收能力、组织冗余、国际化经验）纳入综合模型，总结多重情境因素对母公司创新绩效的协同作用机制，探索新兴经济体后发跨国企业利用海外研发布局提升母公司创新绩效的多重复杂路径。

第 7 章，结论与展望。基于前面研究的基础，本书分别从政府职能机构层面（宏观）以及跨国企业层面（微观）提出如何利用海外研发投资改善母国自主创新能力的建议。此外，针对可能存在的研究缺陷及不足之处进行总结，并对未来学术研究发展提出展望。

1.4　研究方法与技术路线

1.4.1　研究方法

（1）理论研究方法

有关交易成本理论、资源基础观、知识基础观、制度理论以及网络嵌入理论等各种理论基础为即将开展的研究工作提供了坚实的理论铺垫与基础。若想在海外研发投资母国反向技术溢出存在性以及边界条件等研究主题方面实现分析范式及理论成果的突破与创新，需要建立在深厚的理论基础之上，系统展开对不同维度海外研发组合结构的内涵与特征、反向技术溢出的途径及评价方法等方面的深入研究。

（2）实证分析方法

在理论研究的基础之上，采用经验验证、实地调研、个案调查、专家咨询、多渠道数据搜集等手段获取案例及数据资料，通过统计分析，运用 STATA、SPSS、QCA 2.0 以及 Origin 等统计分析软件，建立多元回归模型、多项式回归模型以及模糊定性比较模型，验证不同维度海外研发组合结构母国反向技术溢出效应的存在性、约束条件、匹配关系、实现机理以及组态效应等问题。

（3）案例比较分析方法

不同维度海外研发组合结构母国反向技术溢出水平、实现条件、匹配状态以及企业创新绩效提升程度均存在显著的差异性，跨国企业海外研发过程中既有成功的案例，也有失败的案例。通过对不同组合结构跨国企业海外研发投资案例的研究，有助于总结归纳出不同组合结构海外研发投资提升母公司创新绩效的成功模式及反向溢出的实现路径，为我国跨国企业海外研发投资提供有益的研究思路。

1.4.2　技术路线

本书基于国内外最新研究进展，结合实践调查确定不同维度海外研发投资组合结构水平、反向技术溢出、资源因素、制度因素以及母公司创新绩效之间的概念模型；根据该理论模型提出相关的研究假设；随后，根据研究模型中所需的变量以及测算方法，开展数据收集工作，获得有效的数据；接下来，对相关数据进行分析并对理论假设进行实证检验，得出研究结论；在此基础上提出企业管理以及政府介入政策优化建议。

研究的具体技术路线图如图 1-1 所示。

1.5　研究创新点

本书在国内外海外研发投资反向技术溢出存在性和影响因素研究的基础上，结合我国跨国企业海外研发投资发展现状和存在的问题，深入探讨我国跨国企业不同维度海外研发投资组合结构反向溢出效应与实现条件，匹配视角下海外研发组合结构反向技术溢出效应与实现条件，以及组态视角下海外研发组合结构反向技术溢出效应，研究的创新点主要体现在以下几个方面：

第一，研究理论的新探索。现有海外研发投资理论研究中，知识基础观为最重要的理论基础（Zander and Kogut，1995；Awate et al.，2015），但其仅仅解释了海外研发投资的收益，未能阐述海外研发可能面临的多种风险和成本。基于制度理论分析框架，跨国企业海外研发子公司不仅嵌入东道国制度环境中，而且还受到集团公司内部制度环境的影响，从而存在"制度双元"问题

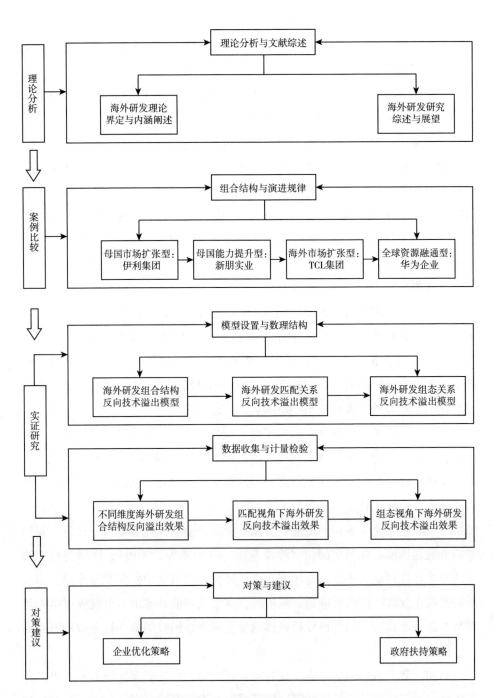

图 1 - 1 研究技术路线图

（Nell et al.，2015）。事实上，海外研发投资逆向知识溢出机制是一种复杂的内在学习机制，会受到海外研发投资水平、内外部资源储备、内外部制度环境、动态能力等多种因素的协同影响，单一的研究理论无法阐释海外研发投资复杂的逆向知识溢出效应。对此，本书将综合运用多种基础理论框架，深入探索我国跨国企业利用海外研发投资提升母公司创新绩效的内在作用机制以及多重情境因素，拓宽海外研发投资理论研究边界。

第二，研究对象的新探索。现有跨国企业海外研发投资与创新绩效的关系研究多聚焦于发达国家，且得出了正向、负向甚至非线性的不一致关系的结论（Hsu et al.，2015；Hurtado-Torres et al.，2018）。然而，伴随经济全球化的不断深入，越来越多的发展中国家后发企业加入海外研发的队列，实现了后发企业技术追赶和创新能力提升。不同于发达国家跨国企业海外研发投资行为，新兴经济体与发展中国家跨国企业在海外研发投资的动机、实现路径以及情境约束等方面均表现出显著的差异（Di Minin et al.，2012），因此基于发达国家样本得出的结论在解释新兴经济体海外研发投资行为时可能存在不足。本书以中国 A 股上市制造业企业为研究样本，基于新兴经济体和发展中国家的情境探讨了海外研发投资影响母公司创新绩效的作用机制，进一步完善与丰富了新兴市场跨国企业海外研发投资与创新绩效的理论研究。

第三，研究情境的新探索。为了提升母公司在逆向知识转移过程中的创新绩效，需要动态能力来搜寻和利用外部战略性资源（汪涛等，2018）。动态能力理论通过诠释跨国企业如何对海外研发资源进行消化、整合以及重构，以将其内化为企业异质性资源的过程（武柏宇、彭本红，2018），有助于理解新兴经济体后发跨国企业如何利用海外研发投资提升企业国际竞争力。此外，我国与西方发达国家存在典型的制度特征差异（陈衍泰等，2019），即所有权结构表现出多样性特征，不仅国有股权在企业经营管理活动中发挥重要作用，而且外资股权也发挥广泛的影响力。基于此，本书从企业动态能力以及股权结构等视角，进一步检验了海外研发投资影响母公司创新绩效的多维复杂情境因素的调节作用。

第四，研究内容的新探索。现有实证研究对于海外研发投资的测度仍然比较粗略，对于海外研发投资的不同特征并没有进行有效区别和界定，大多数学者仅以企业是否进行海外研发活动这样简单的虚拟变量进行测度（李梅、余天骄，2016）。事实上，海外研发投资具有多维度特征，简单的虚拟变量测量方法只关注到海外研发投资的单一维度，无法揭示海外研发活动影响母公司创新绩效的深层次作用机制（Hsu et al.，2015；Hurtado-Torres et al.，2018；李梅、卢程，2019）。对此，本书借鉴当前国际主流的海外研发测量方法，基于组合结构层面将海外研发投资划分成海外研发深度与海外研发广度两个维度（Hsu et al.，2015；Hurtado-Torres et al.，2018），深入探讨不同维度海外研发组合结构对母公司创新绩效的独立影响效应、匹配影响效应以及组态影响效应。

第五，研究方法的新探索。当前海外研发投资组织形式的研究以案例研究为主，存在样本量较小且数据来源不受研究者控制等问题，导致现有研究成果难以被重复验证（陈劲等，2004；谢伟、王展硕，2017）；而现有海外研发投资与母公司创新绩效关系的实证研究虽以定量研究为主，但大多采用面板数据，未能有效解决不同海外研发投资组织结构对母公司创新绩效的差异化影响问题。对此，本书率先利用多项式回归技术实证检验了海外研发不同组织形式对母公司创新绩效的差异化影响，并进一步结合响应面技术生动形象地展示不同组织形式海外研发投资对母公司创新绩效的差异化影响。此外，考虑到海外研发母公司创新绩效是复杂情境下多种因素协同影响的结果，本书采用 QCA 方法，使分析多重条件组态如何共同影响母公司创新绩效成为可能，并指出新兴经济体后发跨国企业基于不同情境取得较高母公司创新绩效的实现路径，揭开了海外研发逆向学习的"黑箱"。

第 2 章　理论基础与文献综述

本章梳理了现有企业层面有关海外研发投资领域重要的理论基础，借助多种基础理论深入分析海外研发投资影响新兴经济体后发跨国企业母公司创新绩效的关键作用机理，解析不同理论视角下海外研发投资影响母公司创新绩效的关键作用环节。随后，总结了既有国内外学者海外研发投资与创新绩效领域相关研究成果，分别从海外研发投资、企业创新绩效以及海外研发投资与创新绩效关系三个层面归纳现有研究综述，以发现既有研究存在的不足之处，为本书研究提供方向。

2.1　理论基础

2.1.1　交易成本理论

交易成本理论是解释跨国企业海外研发行为的通用且重要的理论基础，其认为企业无形资源（如知识与技术等）存在着市场失效问题，跨国企业海外研发活动需要构建特定的治理结构以降低企业成本。首先，海外研发活动属于技术性投资，拥有较高的资产专有性，跨国企业必须保持持续投资，且不能轻易地挪动资源（Williamson，1991）。其次，我国跨国企业普遍缺乏知识整理能力以及创新合作经验，同时海外研发子公司作为外国投资者往往无法有效利用东道国规章制度以保护企业知识产权，导致我国跨国企业核心技术知识面临丢失的风险（Meyer et al.，2009；Sanna-Randacio and Veugelers，2007）。此外，鉴于我国跨国企业母公司相较于海外研发子公司在创新知识方面存在不足，母公司需要与子公司进行谈判以启动反向知识流动，海外研发子公司相对较强的议价能力将增加母公司对子公司机会主义的敞口（Mudambi and Navarra，

2004；Asakawa，2001）。最后，不确定性是我国跨国企业海外研发活动的另一重要特征（Shieh and Pei，2013），特指对企业未来成果的难以预测性的一种测量，其进一步可以划分为行为不确定性以及环境不确定性，分别指交易伙伴行为以及外部环境不确定性（Crook et al.，2013；Griffith et al.，2009）。作为海外研发活动的"后来者"，我国企业普遍面临更高的不确定性，如怀疑、不信任、反对等，这将增加海外研发活动的交易成本并降低研发合作效率（Shieh and Pei，2013）。

交易成本理论主要关注跨国企业海外研发活动成本问题，认为海外研发行为将使企业更多地暴露于东道国制度环境中，外来者劣势以及新进入劣势将导致其研发创新行为面临更大的环境不确定性以及知识泄露风险；此外，海外研发行为带来的组织、地理以及知识边界跨越无疑将增加母子公司间沟通成本、管理成本以及协调成本（李梅、卢晨，2019）。在技术高度复杂以及环境缺乏稳定性的情境下，内部化交易可以降低企业监督成本、协调成本以及沟通成本（Williamson，1991；吴小节等，2020；张玉臣、王芳杰，2019），海外合作研发成为我国跨国企业海外研发投资重要的可选投资方式。

2.1.2　资源基础观

资源基础观常见于企业战略管理的相关文献中，并逐渐被国际商务领域学者采纳并应用于海外研发投资理论研究。不同于交易成本理论关注最小化企业成本，资源基础观关注最大化企业价值，其分析重点聚焦于海外研发活动的价值创造过程（Meyer et al.，2009；Wang et al.，2018）。资源基础观从资源禀赋视角（尤其是知识以及技术资源）解释企业成长以及创造竞争优势的过程（余珮、李珉迪，2019），认为独特的资源与能力是构造企业竞争优势的重要来源；资源投入对企业经营至关重要，而资源可获得性与持续性决定了企业的持续竞争力（Cui et al.，2017）。

海外研发活动被认为是克服企业资源库有限性的重要方式，对企业资源基础竞争优势的形成具有重要作用。通过对发展中国家跨国企业具有的异质性资源展开分析，发现其市场、资源禀赋、文化制度以及企业家才能等方面存在的异质性可以有效解释其海外研发行为。企业若想获取超额收益，有效获取和积累资源、能力以及知识成为关键途径（Kazlauskaitė et al.，2015）。对于我国海外研发投资而言，跨地理边界的研发活动既可以利用母国核心资源获取高额市场收益，也可以通过寻求创新资源来缩小与发达国家的技术差距（杨震宁等，2010），存在着资源利用学说与资源寻求学说两种观点。

资源利用学说把跨国企业海外研发投资视作企业利用已有内部资源在海外市场进行寻租的活动。跨国企业通过将内部异质性资源转移到海外分支，有利于降低海外市场复杂环境所引发的高成本以及高风险，有利于跨国企业实现范围经济以及规模经济。跨国企业从本质上看是实现技术、知识资源跨国界内部转移的一种组织形态，并且在技术知识越复杂、越难以传授时越容易实现跨国企业总部与海外分支的内部转移（Kogut and Zander，1993）。资源寻求学说则认为跨国企业海外研发投资并不是单纯地为了利用已有的资源与能力，同时也为了寻求以及探索新的资源与能力（Wu et al.，2017；Cui et al.，2017）。对于发展中国家跨国企业而言，其海外研发投资活动一方面是为了改变其不利的市场竞争地位以及资源不平衡现状，通过寻求互补性资源弥补所有权劣势并促进资源平衡；另一方面则是为了巩固所有权优势或者创造所有权优势，提升企业国际竞争力。资源寻求学说可以更好地解释发展中国家跨国企业海外研发"知识寻求"动机，即跨国企业希望通过海外研发投资活动获得东道国异质性战略资源，以消除母公司竞争劣势（许晖、单宇，2019）。

2.1.3　知识基础观

知识基础观是对资源基础观的进一步扩展，该理论关注于组织知识与学习领域，阐述了知识特征（复杂性、缄默性、异质性）以及与相关合作伙伴的知识库重叠程度如何影响企业知识获取的有效性（Zander and Kogut，1995；Monteiro et al.，2017；Lara et al.，2017）。从知识观的角度分析，知识可以被划分为隐性知识以及显性知识，其中显性知识可以被高度编码且以较低的成本进行扩散与转移；而与创新活动相关的知识往往是隐性知识，具有"集聚"和"粘着"的特征，转移的难度较大，成本较高（谢丹，2024；刘娟等，2024）。

中国跨国企业大多处在后发追赶者的阶段，通常采用主动搜寻和吸收海外研发节点新知识的扩张战略（Kuemmerle，1997；谢家智、张馨月，2023）。知识资源是新兴经济体后发跨国企业"跳板"战略所寻求的最为重要的资源（崔连广等，2019；王国红、王瑜，2023），新兴经济体国家为了积累知识常常通过嵌入国际市场与海外知识源构建连接关系，以搜索、获取以及转移海外先进的知识资源。跨国企业海外研发投资的关键驱动力是为了获得东道国当地企业和机构的知识溢出，而知识溢出是企业之间通过直接或间接的互动和交流而进行无意识传播的过程，知识溢出效应是由知识外部性所决定的（黄宏斌等，2023；袭讯等，2022）。海外研发投资带来的地理和空间上的接近为企业间会面、接触和交流提供了机会，企业间协作、模仿、竞争和高层次人才的流动给跨国企业带来更大的外部效应（Aldieri et al.，2018）。隐性知识的传播是基于个体或组织之间的面对面互动，海外研发投资让企业研发活动在地理上接近海外市场和东道国环境，从而有利于实现母国知识的转移和本地知识的获取。

另外，知识是企业最重要的战略性资源，复杂、缄默且异质性的知识资源构成了企业核心竞争力。企业所拥有的知识库存量一定程度上反映了企业知识、技术转化能力，当企业知识库存量越充分，其技术转换能力越强（Meyer et al.，2016；Ramamurti and Hillermann，2018）。具体到跨国企业海外研发活动，企业对东道国本地市场知识、技术能力以及行业背景等知识的了解情况构成企业知识基础存量，决定其海外知识逆向转移程度（冯永春等，2020）。一方面，知识资源在母子公司间双向流动，母公司的知识基础存量越高，越有利于其进行知识组合，从而推动母公司创新能力；另一方面，母公司的知识基础存量越高，越有利于其将自身知识与海外知识进行结合，进而获取创新活动的规模效应以提升母公司创新实力（王雷等，2021）。

2.1.4 吸收能力理论

科翰和勒文塔（Cohen and Levinthal，1989）最先将吸收能力理论应用于企业战略管理相关研究，并将其界定为企业对外界知识的搜索、获取、吸收以及应用的综合能力，且该能力存在路径依赖以及积累等特性。他们进一步将吸收能力分解成知识获取、同化以及应用三个维度，其中知识获取指企业对外部知识的有效识别以及获取的能力；知识同化指对企业将从外部获取的知识与企业内部自有知识进行有效融合而形成新知识的能力；知识应用指企业将新知识应用于实践，进而完成企业组织目标的能力。之后，众多学者基于此研究成果，对吸收能力进行了扩展，其中扎拉和耶格（Zahra and Gerge，2002）将知识转化能力引入吸收能力概念中，进一步将吸收能力分解为获取、消化、转化以及开发四个部分，其中知识获取与消化属于企业潜在吸收能力，转化与开发则属于企业实际吸收能力。有学者（Chen，2004）分析认为，潜在吸收能力是企业创新的前提条件，而实际吸收能力强的企业将拥有更强的创新能力。还有学者（Huang et al.，2015）研究发现，企业潜在吸收能力可体现在研发规模上，当企业研发团队的规模较大时，企业吸收以及获取外部知识的能力较强。王宛秋等（2019）研究发现，企业实际吸收能力可体现在对研发的持续投入上，持续性研发投入有利于提升企业转化外部创新知识的效率，进而增强其对外部新知识的转化利用能力。虽然海外研发投资为跨国企业获取海外新知识与技术开辟了新路径，但企业将新知识与新技术进行二次创新以实现企业产品以及技术层面的新突破，这在很大程度上取决于企业吸收能力的强弱。其中，潜在吸收能力有利于跨国企业有效认清自身与海外先进企业之间的技术差距，促使其高效识别自身所需的技术知识，进而可以以较低的成本取得较高的创新收益；而实际吸收能力则可以提升跨国企业融合新旧知识的效率，推动企业开展二次创新，最终促进创新成果的产生。

　　吸收能力理论可以较好地解释海外研发投资获取逆向技术溢出的结果差异（陈初昇等，2024；胥朝阳等，2024；李凡等，2022；王维等，2021）。跨国企业在海外研发投资过程中可能接触到全球范围内各种的新技术、知识以及方法，一旦吸收能力不足，跨国企业将难以有效吸收海外创新知识，阻碍跨国企业与外部创新资源之间的知识共享和交流。这不仅会降低跨国企业获取海外创新知识的积极主动性，而且不利于跨国企业有效整合和转化海外创新知识，因此将严重阻碍跨国企业创新能力与绩效的提升（夏明，2024；朴英爱等，2022；胡潇婷等，2024）。相反，吸收能力可以反映出企业学习外部新知识与技术的主动性和自主性，可以帮助企业在既有知识的基础之上获得新知识与突破新技术（成力为、刘诗雨，2021；张云、赵富森，2017；杨慧军、杨建君，2016）。具体到新兴经济体后发跨国企业海外研发实践活动，一方面，吸收能力能够提升企业获取海外知识的速度；另一方面，还能提升企业开发"世界性新技术"的能力（Kriz and Welch，2018）。既有研究分析认为，吸收能力可以帮助企业高效利用和整合海外新资源以及知识，从而提升企业创新能力（赵甜、曹守新，2023；黄宏斌等，2023；张伟、刘英为，2023；陈凌云等，

2023）。依据约翰松（Johanson，1977）的经典理论，跨国企业国际化活动需要两种类型的知识，包括通用性知识、专用性知识。前一类知识可以比较容易地在母国与东道国之间转移，而后一类知识则因存在模糊性和隐含性等特征，导致其转移海外创新知识难度较大。但相对于通用性知识，专用性知识是跨国企业形成全球竞争优势的根本来源，若想有效转化以及利用海外创新知识，则要求跨国企业具有较强的吸收能力。当跨国企业母公司吸收能力较强时，将有能力从全球研发网络中获取更加多样化、异质性的专用知识，进而提升企业创新能力。海外研发投资是跨国企业扩大技术储备的重要途径，特别是对于那些技术不如发达国家先进的新兴经济体而言。由于知识的缄默性和黏性增加了跨国学习的难度，跨国企业进行海外研发是为了获取和吸收存在位置约束或环境约束的技术（Penner-Hahn and Shaver，2005）。有学者（Hsu et al.，2015）认为，新兴经济体跨国企业将越来越多地通过研发活动的国际化来提升其技术能力，以追赶发达经济体的企业。通过海外研发强度增加知识深度，跨国企业将更好地利用海外子公司的知识，实现子公司知识与母公司知识的融合（Mudambi et al.，2014）。

2.1.5　动态能力理论

资源基础观提出，企业竞争优势源自稀缺的、难以复制的以及不可替代的异质性资源（Wernerfelt，1984），该理论基于静态视角阐述了异质性资源对企业竞争优势获取的重要作用。然而，随着大数据时代的到来，降低了企业异质性资源的模仿成本，提升了异质性资源流动性，导致传统资源基础观适用性受到了严重挑战（周翔等，2023；Kang and Kim，2020；周翔等，2018）。对此，蒂斯和皮萨诺（Teece and Pisano，1994）提出了动态能力理论，并将其界定为企业能够有效感知、吸收、构建以及整合企业内外部资源以提升企业竞争优势的能力。之后，学者们沿袭了蒂斯（Teece，1994）对动态能力的界定，同时进一步研究认为其是多维合并型概念，可分解成吸收能力、适应能力以及创新能力三个维度（Wang et al.，2007），此分类方法也不断得到国内大量学者的参照与验证，具备较强的典型性和代表性（杨林等，2020）。其中，吸收能力被界定为企业通过重新分配内部资源，进而将其运用于其商业用途的相关能力；适应能力则是指企业识别以及利用其他市场机会的相关能力，侧重于企业进行搜索、勘探以及开发等方面的策略；创新能力则特指企业将创新方向、创新行为及流程相统一，以开发新产品以及新市场的相关能力。可以看出，资源基础观基于静态视角阐述企业如何选择与组合异质性资源，从而提升竞争力水平；而动态能力则基于动态视角阐述企业如何对现有内外部异质性资源进行重新组合与更新，从而提升竞争力水平（刘力钢、李琦，2020；董保宝等，2011）。

在国际背景下，企业在其业务国际化的过程中会受到环境的影响。国际化本质上是一个动态过程，其特征是企业与国外市场之间的反复互动，从而使动态能力与企业国际化背景相关（Matysiak et al.，2018；Teece，2014；Vahlne and Ivarsson，2014）。特别是新兴经济体后发跨国企业需要应对全球市场的激烈竞争，并通过开发和扩大其资源和能力，将自己转变为成熟的跨国企业（Luo and Rui，2009；Luo and Tung，2018）。动态能力理论可以为以中国为代表的发展中国家后发跨国企业海外研发行为提供更有力的解释（汪舒明蕊、齐明，2024；彭华涛等，2023；王欣等，2023）。传统的西方"优势论"理论指出，跨国企业海外研发行为更多的是企业优势积累的结果（杨先明、王希元，2019），但难以解释具有相对劣势的发展中国家后发跨国企业的持续性海外研发投资行为。而动态能力理论通过阐释海外研发投资是获取企业竞争优势的重要动因，借助知识的有效获取以及重构，提升企业竞争优势，弥补自身不足。动态能力长期被国内外学者认为是我国后发跨国企业的关键优势，同时在我国跨国企业进行技术追赶活动中发挥重要作用。具体来看，适应能力有助于后发跨国企业辨识海外创新机会，有助于提高企业对海外创新环境的感知能力，帮助跨国企业在持续动荡的海外创新环境中不断关注技术赶超、知识学习等相关信息。跨国企业借助识别海外创新的、有价值的信息，可帮助其选取适合其自身特征的海外创新机会，进而将其进一步整合与内化为企业新知识以及新创意（Haarhaus et al.，2020）。适应能力越强，企业便可以更快、更充分地认知外部环境变化，同时具备更强的感知能力，使企业可以更为轻松地判断自身的发展定位，提升企业转化机会的整体效率，实现技术赶超。此外，吸收能力则为跨国企业融入海外市场提供有效支撑。当跨国企业识别出海外技术赶超潜在机会时，可将既有的反馈信息向相关业务以及资源进行投射，推动企业将资源重新分配到新的技术领域（徐雨森等，2014）。高吸收能力可以提升企业对外部机会的行动灵活性和响应敏捷性，帮助企业针对新出现的机会及时整合资源和有效配置资源，为企业高效利用机会，进而实现技术赶超提供有效支撑。最后，创新能力可以稳固跨国企业转换机会的最终成效。在跨国企业利用机会进行技术赶超过程中，需要对机会进行吸收内化以及对资源进行重新配置，因此企业发现机会并不代表创新赶超过程的结束。由于决定企业机会的技术因素、市场因素及政策因素等仍处于快速变动中，且企业技术水平有限，难以在短时间内实现快速提升，与海外前沿企业的技术差距仍然比较明显，尚存在再次落后的风险，这就需要创新能力来巩固企业转换机会。

其他学者还认为，动态能力在企业实践层面可进一步分为三类子能力，即感知能力、捕捉能力以及重新配置（或转换）能力（Schilke et al.，2018；Teece，2007；Wilden et al.，2016）。感知能力指的是对市场机会的识别和解读，涉及环境扫描、市场搜索以及了解客户需求（包括潜在的需求）等方面的能力。捕捉能力指的是通过投资来应对已识别的机会或威胁，使企业能够创造和利用竞争优势，涉及创新资源的调动和分配，以便从创新机会中获益的能力。重新配置能力指的是企业定期更新公司的资源、商业模式和收入流，以便在需要时转换核心互补资源以及软化僵化的商业模式的能力（Helfat et al.，2007；Matysiak et al.，2018；Teece，2007）。这种分类方法体现出动态能力的过程观（Schilke et al.，2018），有助于理解企业如何识别机会，抓住这些机会并进行自我转型以适应不断变化的市场条件（Kump et al.，2018；Matysiak et al.，2018）。

2.1.6 制度理论

制度理论起源于早期学者对交易成本理论的继承、发展与演变（吴小节等，2023）。制度理论主要探讨制度因素对企业经济活动以及行为的影响，即现有社会框架中如何获取最大化效应（林花等，2019）。早期学者常常忽略了制度因素在企业运行方面所发挥的保障作用，一直到诺思（North，1990）指出制度是影响西方国家经济稳定发展的重要因素时，后续学者才逐渐意识到制度因素的重要性并将其引入国际商务领域。蔡尔德和罗德里格斯（Child and Rodrigues，2005）明确提出中国对外直接投资是制度嵌入的，而不是单纯的企业战略行为，制度可以通过正式制度压力以及非正式制度压力两种方式影响企业经济行为（Marano et al.，2017；Napshin and Azadegan，2012）基于研究派别，制度理论可分成两种不同派系，分别是建立在交易成本基础上的经济学派，以及建立在合法性基础上的社会学派。其中，经济学派基于制度经济学理论，借助交易成本核心分析框架，强调不同制度选择的差异化效率问题（North，1990）；社会学派则从组织合法性以及制度建构层面，质疑组织效率（Meyer and Rowan，1977；Scott，1995）。此外，部分学者基于能动主义研究了制度理论，提出企业不但可以适应外部制度环境，而且可以根据自身需求能动地对制度作出战略反应（Henisz and Delios，2001）。基于内容层面，制度理论认为可从多个维度（管制、认知以及规范）分析制度环境对跨国企业绩效结果的影响效应（Scott，1995）。

制度理论目前已深入对海外研发投资的前因、过程以及结果的具体研究中，尤其是对正处于转型过程中的后发跨国企业战略研究提供了重要的理论解释。基于制度理论的分析框架，参与海外研发活动的跨国企业不仅嵌入东道国制度环境中，而且还受到集团公司内部制度环境的影响，从而存在"制度双元"问题（Lu and Xu，2006；Nell et al.，2015）。海外研发子公司同时从集团内外部环境获取创新资源，引发学者们对跨国企业内外部制度合法性的探讨，其中内部合法性特指受到母公司以及集团内部组织的接受与认可，而外部合法性则是指受到投资东道国的接受与认可（Marano and Kostova，2016；Deng and Zhang，2018；Ding et al.，2018；魏江、王诗翔，2017；程聪等，2017）。母国与东道国因制度环境差异而具有不同的规章制度以及规范要求，导致跨国企业在获取内外部合法性方面常常存在冲突，对于获取何种方式的合法性将取决于企业制度压力感知程度的差异（Haack et al.，2014；Nell et al.，2015）。然而，由于母国和东道国在地理、文化、技术和体制特征上的巨大差异，进入国际市场的跨国企业子公司将不可避免地面临着固有的竞争劣势和技术知识跨国转移额外成本，使得跨国企业知识搜索和整合过程更加复杂，可能导致海外研发投资行为失败。组织内外部制度环境对于塑造组织特征非常重要，因此制度理论成为解释跨国企业海外研发行为重要的理论基础（Haveman et al.，2017；Shi et al.，2017）。

2.1.7　网络嵌入理论

网络嵌入理论是分析和理解海外研发投资战略重要的理论之一（刘震等，2024；刘慧、綦建红，2021；刘敏等，2022）。古拉蒂等（Gulati et al.，2000）

分析认为，企业与其他相关主体所建立的关联是其获取战略性资源的重要方式，企业间的关联以及所处的"战略网络"在很大程度上决定了企业绩效（陶秋燕、孟猛猛，2017；杨博旭等，2019；李永周等，2018；郭建杰等，2019）。全球网络关系是跨国企业参与海外研发活动以获取战略性资源的重要渠道，有利于企业获取、开发以及利用全球创新资源以提升企业绩效（Lew et al.，2013）。对于身处陌生海外经营环境的研发子公司来说，通过与海外利益相关者建立相互信任的网络嵌入关系，不仅有利于组织获得多元化的隐性知识（Uzzi，1997），而且有利于跨国企业与海外其他相关主体构建基于信任基础之上的相互监督机制，帮助海外子公司更快地融入东道国市场。网络嵌入理论将跨国企业视作是由母公司与海外研发子公司共同构成的网络结构，知识资源可以在母公司和不同海外研发子公司间双向流动和转移，其中母公司是知识网络的协调者和整合者，海外研发子公司与母公司在保持联结的同时，也保持了一定的独立性（Birkinshaw and Hood，1998）。

海外研发投资不仅会影响跨国企业母国与投资东道国之间复杂的相互依赖关系，而且也会影响跨国企业内部层级结构，这就涉及跨国企业多重嵌入问题。有关跨国企业海外研发投资多重网络嵌入需要从以下两个不同的层次进行分析：一方面，基于跨国企业整体层级，企业需要与不同东道国的客户、供应商以及其他伙伴进行互动并制定差异化的经营、研发战略（Miller and Eden，2006），这涉及东道国本地嵌入问题。同时，跨国企业通常在其母国建立原始资源禀赋，而这种原始资源禀赋驱动其国际增长（Tan and Meyer，2010），跨国企业在母国环境中的嵌入可能对其海外商业活动起到激励或约束的作用（Narula，2003），跨国企业海外研发活动离不开母国嵌入背景环境。另一方面，基于海外研发子公司层级，海外研发子公司作为跨越国界的组织实体，同时嵌入内外部网络结构中。海外研发子公司需要利用与母公司以及其他子公司间所建立的企业内部网络以获取资源，同时还需要与海外当地政府以及相关商业机构所建立的外部网络以获取资源（Williams，2007；Li and Zhou，2010；Kotabe et al.，2011）。外部嵌入以及内部嵌入是跨国企业海外研发战略实施的两个重要方式（Gammelgaard et al.，2012），其中与本地员工、客户、供应商以及其他利益相关群体连接的关系被称作外部网络嵌入，而与母公司以及其他海外研发子公司构建的连接关系被称作内部网络嵌入（Garcia-Pont et al.，

2009)。跨国企业组织结构是同时嵌入母国网络、东道国网络、外部网络、内部网络的多重网络嵌入结构，因此其海外研发投资战略本质上是跨国企业基于母国、东道国、母公司、子公司四者进行动态互动以实现跨国企业整体网络协同的过程（Pinho and Prange，2016；Rahman et al.，2017）。

具体来看，海外研发网络嵌入可通过提升企业产品附加值、突破价值链低端锁定以及打破技术封锁，影响跨国企业创新收益。首先，嵌入海外研发网络有利于跨国企业打破海外市场的产品限制，提升企业整体贸易规模，降低企业产品成本。海外研发网络嵌入程度越高，网络中节点国家间的联系越紧密，国家间各种信息可以更加顺畅地进行传播，同时跨国企业获取网络节点国家创新信息的成本更低，进而可以提高跨国企业生产环节所带来的附加值（Wang et al.，2022；Amendolagine et al.，2019；Coveri et al.，2020）。其次，嵌入海外研发网络有利于跨国企业引入具有更高附加值的生产环节，提高节点国家的价值链地位。随着海外研发网络嵌入程度提升，跨国企业可能由以前只关注制造加工环节转变成包括信息处理、管理、咨询、保险以及运输等生产性服务业与传统加工制造业在内的全链条布局，提升企业高附加值环节占比（Kano et al.，2020；黄晓燕、陈李强，2023）。最后，嵌入海外研发网络可通过全球市场竞争、研发资本回流、海外技术获取与逆向技术溢出等多种效应，提升跨国企业技术创新水平。海外研发网络嵌入度越高，海外市场边界越大，可以为跨国企业带来更多的贸易机会，促使跨国企业获取更多的研发资本，形成资本回流效应（Kang et al.，2021；Eissa and Zaki，2023）。此外，海外研发网络嵌入度的提高也给跨国企业带来更加激烈的市场竞争环境，倒逼跨国企业提高生产流程以及工艺水平，实现技术创新。海外研发网络嵌入度越高，代表其能够获取的资源越多，对于创新资源的承载、传送以及控制的能力越强，通过技术溢出或"干中学"等渠道，实现技术提升。嵌入度越高，来自海外各国的高级经理和技术人员越多，可促进人力资本溢出，提升跨国企业技术水平（Kogut and Chang，1991；Keller and Yeaple，2009；Eissa and Zaki，2023）。

2.1.8　理论基础研究小结

上述多种基础理论从不同的理论视角探讨了海外研发投资影响母公司创新绩效的作用过程。不同的理论视角为本书研究主题做出了独特的贡献，同时不同的理论间还存在一定的内在关联。表 2 - 1 总结了海外研发投资对于母公司创新绩效作用过程的七种理论视角和代表性文献。整体而言，上述基础理论具有以下重要特征：

表 2 - 1   海外研发投资影响母公司创新绩效的重要理论基础

基础理论	作用过程	代表文献
交易成本理论	环境不确定	Awate et al. (2015)；Hsu et al. (2015)；吴剑峰等 (2015)；Giacomarra et al. (2019)；潘秋玥等 (2013)；张妍和魏江 (2015)
	知识泄露	Hsu et al. (2015)；Giacomarra et al. (2019)；何建洪和钟艳 (2019)
资源基础观	资源利用	Giacomarra et al. (2019)；Awate et al. (2015)；
	资源寻求	Kafouros et al. (2008)；李梅和余天骄 (2016)；Giacomarra et al. (2019)；曾德明等 (2014)；潘秋玥等 (2013)；张妍和魏江 (2015)
知识基础观	知识外溢	Kafouros et al. (2018)；Chen et al. (2012)；Hsu et al. (2015)；李欠强等 (2019)；唐春晖和苏生威 (2018)；易靖韬等 (2017)
	知识转移	Awate et al. (2015)；Hurtado-Torres et al. (2018)；Wu et al. (2016)
制度理论	外来者劣势	Hurtado-Torres et al. (2018)；Hsu et al. (2015)；李欠强等 (2019)
	沟通协调成本	Hurtado-Torres et al. (2018)；Chen et al. (2012)；Hsu et al. (2015)；吴剑峰等 (2015)；易靖韬等 (2017)；何建洪和钟艳 (2019)
网络嵌入理论	内部嵌入	Yoneyama (2013)
	外部嵌入	Yoneyama (2013)；Meyer et al. (2011)
吸收能力理论	潜在吸收能力	司月芳等 (2019)；邓沛东等 (2024)；何爱和钟景雯 (2018)；Yeh and Hsiao (2020)
	实际吸收能力	司月芳等 (2019)；邓沛东等 (2024)；何爱和钟景雯 (2018)；Yeh and Hsiao (2020)
动态能力理论	吸收能力	李梅等 (2022)；陈岩等 (2015)；Yeh and Hsiao (2020)；Ayden et al. (2020)
	适应能力	李梅等 (2022)；陈岩等 (2015)；Ayden et al. (2020)
	创新能力	

资料来源：作者综合相关文献总结得到。

第一，资源基础观、知识基础观以及网络嵌入理论等基础理论均支持海外研发投资有利于提升母公司创新绩效的基本观点。其中，资源基础观认为海外研发投资不仅有利于跨国企业利用企业内部资源，而且有利于跨国企业获取海外资源；知识基础观认为海外研发活动不仅有助于跨国企业获取东道国外溢创新知识，还有助于实现海外子公司创新知识向母国逆向转移；网络嵌入理论则认为海外研发子公司作为跨越国界的组织实体，同时嵌入内外部网络结构中，海外研发活动内外部网络嵌入均有利于母公司创新绩效。其中，邓沛东等（2024）基于资源基础理论，分别从创意产出、知识吸收以及人力资本三个层面分析了海外研发投资对创新绩效提升的绩效效应。

第二，交易成本理论以及制度理论则支持海外研发投资阻碍母公司创新绩效提升的基本观点。交易成本理论认为海外研发活动将导致跨国企业面临更大的环境不确定性以及知识泄露风险，从而不利于母公司创新绩效提升；制度理论则认为跨国企业海外研发活动因外来者身份以及制度差异带来的沟通交流成本，不利于母公司创新绩效提升。有学者（Sanna-Randaccio and Veugelers,2007）基于交易成本理论和制度理论分析认为，跨国企业因对海外知识产权制度的不熟悉而面临知识泄露的风险，海外研发机构为了在海外东道国获得"合法性"地位需要投入大量的资源和成本，因此会给企业创新绩效带来负面影响。

第三，跨国企业海外研发活动存在不同的投资动机、方式、阶段以及结构，海外研发影响母公司创新绩效的作用机制将具有复杂性、动态性特征，单一理论基础难以全面解释跨国企业海外研发活动，需要综合多种理论基础进行深入探讨。比如，有学者（Hsu et al., 2015）同时引入了交易成本理论、知识基础观以及制度理论等理论基础，分析海外研发不同阶段（分散化阶段—过渡阶段—再集中阶段）母公司创新绩效表现。司月芳等（2019）则同时将网络嵌入理论与吸收能力理论引入海外研发投资理论研究，探索企业社会嵌入性和吸收能力作为调节变量，对其海外研发投资与母公司创新绩效关系的影响效应。

2.2　海外研发投资研究综述

2.2.1　海外研发概念界定

海外研发概念是伴随着近年来蓬勃发展的跨国投资活动而衍生出来的，国外学者常用"Internationalization of R&D""Globalization of R&D""Foreign R&D"等专业术语，国内学者则多将其翻译为"海外研发"或者"研发国际化"等术语。海外研发概念不仅强调"海外",要求跨国企业将企业创新资源进行海外布局;还强调"研发"(Research and Development,R&D),这是由研究和开发两个紧密相关的创新活动共同组合而成的复合概念。

海外研发投资的概念界定大多参照现有跨国企业国际化战略的定义,认为其本质上为跨国企业跨越母国地理边界,将企业研发活动向海外进行转移,帮助企业在全球范围内开展新技术、新产品的研发活动,以获取东道国优质人才、科研技术以及科研基础设施等关键资源。国内学者陈劲和曾珍云(2011)认为,海外研发是跨国企业开展技术竞争的重要方式,不同于企业传统研发管理方式。后者常把研发机构设置在母国,仅仅对企业营销活动与推广业务开展国际化战略;前者则通过整合海外优势研发资源,在全球范围内开展研发创新活动。司月芳等(2020)对海外研发的定义是,跨国企业将研发机构融入海外东道国知识网络甚至全球知识网络,进而在全球开展技术研发活动,可通过绿地投资、跨国并购以及合作研发等多种方式实现。综合现有学者对海外研发投资的定义,本书研究认为海外研发投资是指跨国企业借助设立海外研发单元、进行跨国并购或者组建技术联盟等方式,将企业创新资源(人力、知识、资本以及新技术等)在海外不同国家进行跨境配置的投资行为。从微观上看,海外研发投资是我国企业创新资源实现全球配置的重要途径;从宏观上看,海外研发投资是提升我国科技创新能力以及国际竞争力的有效工具。

2.2.2 海外研发投资动机及动态演进

海外研发投资的动机研究是目前国内外学者研究最深入、成果也最丰富的主题(王展硕、谢伟,2017),其主要是为了解答为什么跨国企业要从事海外研发活动这一基本问题,主要研究成果如表 2-2 所示。

表 2-2　　　　海外研发投资动机及动态演进研究成果

作者	研究方法	研究对象	主要结论
Kuemmerle (1999)	实证研究	发达国家医药以及电子行业 32 家企业	海外研发投资动机可以分成技术应用型和探索型两种类型
Von Zedtwitz and Gassmann (2002)	问卷调查/访谈	全球 81 家技术密集型跨国公司	海外研发投资动机分为市场驱动和技术驱动两种类型

续表

作者	研究方法	研究对象	主要结论
李梅和陈嘉杰（2019）	实证研究	中国海外研发投资66个东道国样本	海外研发投资存在市场寻求、效率寻求以及技术寻求动机三种类型
杨洋等（2017）	案例研究	中国五家跨国企业	海外研发投资存在三种投资动机：海外市场型、技术先驱型和技术卓越型
景劲松等（2003）	问卷调查/访谈	中国49家跨国企业	海外研发投资动机包括：技术学习、行业监测、技术能力提升、接近海外研发环境
毛蕴诗等（2005）	案例研究	中国广东地区五家跨国企业	海外研发投资主要动因为信息寻求以及技术吸收
Minin and Zhang（2010）	案例研究	中国位于欧洲的九所研发中心	海外研发投资动因经历从技术探索向技术应用转变
Minin et al.（2012）	案例研究	中国五家跨国企业	海外研发投资动因包括市场驱动、技术驱动以及吸引海外人力资源，并经历技术追赶向海外市场开拓转变
Chen et al.（2011）	案例研究	华为	海外研发活动经历初始阶段、发展阶段以及成熟阶段，对应着技术监测和吸收、海外研发生产以及全球资源整合三大动因

资料来源：作者综合相关文献总结得到。

（1）西方跨国企业海外研发投资动机

根据屈默勒（Kuemmerle，1999）和贝尔德博斯（Belderbos，2003）的研究成果，西方跨国企业海外研发投资的动机分成技术应用型和探索型两种类型。其中，应用型是直接利用母公司技术优势，将其技术转移到海外子公司以占据东道国市场；探索型则是为了寻求东道国技术优势，通过逆向知识溢出提升母公司研发能力以及技术水平。

安博斯（Ambos，2005）以及巴斯和谢拉（Bas and Sierra，2002）也得出了类似的结论。冯策特维茨和加斯曼（Von Zedtwitz and Gassmann，2002）则基于驱动力的视角，将跨国企业海外研发投资动机分为市场驱动和技术驱动，前者偏向于通过适应性的工艺以及产品开发以获取东道国市场，后者则偏向于通过先进技术研发以提升母公司研发实力。

（2）新兴经济体跨国企业海外研发投资动机

对于新兴经济体后发跨国企业而言，其海外研发表现出不同于西方发达国家跨国企业的动机在理论界已达成共识（王砚羽等，2016）。不同于西方发达国家以新兴市场作为重要投资目标国，其海外研发动因主要表现为获取东道国廉价原材料资源、市场份额以及规避政治风险等（李梅、陈嘉杰，2019）；由于新兴经济体在全球创新格局中处于赶超区位与外围区位，在母国范围内因无全球卓越创新中心而缺乏技术支撑，知识与技术的流动方向为从海外向母国转移的逆向流动；此外，投资目的地具有复杂多样性，不仅对发达国家投资，还对"一带一路"发展中国家投资。新兴经济体跨国企业主要的投资动机为技术学习与探索。通过技术学习以及技术监控，可以将投资目标国最新的技术知识以及行业信息转移到母国；通过利用投资目标国领先的研发基础设施以及科技人才进行新产品和新技术的开发，可以提高跨国企业综合技术实力（Minin and Zhang，2010；Minin et al.，2012；景劲松等，2003）。差异化的投资动机预示着已有的基于西方发达国家海外研发投资动机研究对新兴经济体海外研发投资的解释力是有限的（Buckley et al.，2007；Wang et al.，2012）。

　　针对西方发达国家跨国企业海外研发投资动机在解释新兴经济体国家存在的不足，国内外学者近年来聚焦新兴经济体国家海外研发投资动机展开了深入的探讨。蔡尔德和罗德里格斯（Child and Rodrigues，2005）认为，新兴市场跨国企业具有明显的"知识寻找"动机，海外研发投资作为重要的跳板，可以弥补后发跨国企业竞争劣势。景劲松等（2003）通过对我国 49 家跨国企业进行调研，认为我国跨国企业海外研发投资的动机包括：技术学习、行业发展监测、技术能力提升以及接近海外研发环境等。毛蕴诗等（2005）通过对我国广东地区五家跨国企业（中兴、华为、TCL、康佳、科龙）的案例研究，发现跨国企业海外研发的主要动机为信息寻求以及技术吸收，以期向母公司提供技术指导与支持。杨震宁等（2010）选择我国六家跨国企业开展案例研究，发现其具有不同的投资方式，而不同的海外研发投资方式则对应着不同的投资动机，其中市场开拓以及信息获取是所研究的跨国企业最重要的投资动机。司月芳等（2020）认为，一方面，中国企业可与海外企业以及研究机构开展技术合作，以接近海外先进的创新环境，在从海外对我国的技术转移中进行学习以接收正向知识溢出，充分利用海外先进的技术知识开发新技术和新产品；另一方面，中国企业可通过构建技术检验观测点，借此判断该行业技术发展前景和趋势，最终提升企业对未来的预见性。李梅和陈嘉杰（2019）以中国 2008～2017 年跨国企业海外研发投资的 66 个东道国为研究样本，从制度和网络外部性视角检验了海外研发不同动因对海外研发投资的影响。结果显示，海外研发三大动因（市场寻求、效率寻求和技术寻求）对海外研发投资均有显著的影响。在市场寻求动因驱动下，东道国的市场规模正向影响海外研发投资，市场规模越大，知识应用型海外研发的预期收益就越高；在效率寻求动因驱动下，东道国人力成本负向影响海外研发投资，人力成本越低，知识应用型海外研发的预期收益就越高；在技术寻求动因驱动下，东道国的技术水平正向影响海外研发投资，技术水平越高，知识开发型海外研发所获取的技术溢出效应就越大。

（3）海外研发投资动机动态演进

随着对海外研发投资动机研究的深入，新兴经济体海外研发投资动机研究也从静态分析上升到动态分析阶段。有学者（Minin and Zhang，2010）通过对我国跨国企业位于欧洲的九所研发中心进行案例分析，发现我国跨国企业海外研发投资遵循的是"海外技术搜索—扩大母国优势—利用母国优势"的演化过程。还有学者（Chen et al.，2011）以华为为案例分析对象，认为跨国企业海外研发活动会经历初始阶段、发展阶段以及成熟阶段，对应着技术监测和吸收、海外研发生产以及全球资源整合三大动因。每个阶段都有其特定的动机、战略、组织形式和其他发展特征。在初始阶段，海外研发的战略目标是通过与跨国企业合作的研发项目进行技术扫描，贴近海外研发环境，招募优秀海外研发人员，获得研发生产的溢出效应。通过国际技术合作和建立技术监控研发机构，中国企业可以及时掌握技术发展趋势，学习发达国家的先进技术，因此这些海外研发单位通常建立在技术先进的地区。在发展阶段，随着企业走向全球以及相关市场蓬勃发展，海外研发活动开始以调整和改进母公司转让的技术为目标。与此同时，以往的海外研发活动（如技术扫描、技术学习等）也将越来越受欢迎，技术能力的提高和海外市场的开拓将推动其研发国际化向更高的水平发展。在成熟阶段，国际市场与国内市场同等重要，企业的研发活动直接针对全球市场。中国跨国企业将利用全球创新资源，提高其潜在的技术能力，扩大在全球市场的份额。为了获得全球竞争优势，企业会分散其资源，因此将逐渐形成一个相互连接的全球研发网络。米宁等（Minin et al.，2012）选择了五家中资企业作为案例研究对象，发现中国跨国企业随着海外研发投资的不断成熟，其投资动机也将由初始的技术寻求向市场寻求转变。在海外研发初期阶

段，由于我国跨国企业创新能力与竞争能力均较弱，海外研发的主要动机是吸
收与利用海外技术知识，以增强母国技术创新能力；随着企业技术能力逐步提
升以及不断深入参与海外市场竞争，我国跨国企业海外研发的动机将发生转
变，其目的在于实现企业工艺与产品在海外市场的本土化，形成市场寻求与技
术寻求并存的发展状态。中国跨国企业海外研发投资的初始动机是利用当地的
先进技术知识进行技术研发，后期通过不断的技术跟踪以及学习，实现了从行
业"追赶者"向"领先者"的身份转变。杨洋等（2017）基于对中国后发跨国
企业海外研发活动的案例研究发现，市场与技术双重落后的后发跨国企业的
海外研发动机并不是简单的技术导向或市场导向，而是存在技术和市场的双元
驱动。基于此，识别出三类差异化的海外研发动机，即新技术探索 + 国内市场
竞争力提升、已有技术利用 + 海外市场扩张、新技术探索 + 海外市场扩张，分
别对应着不同的功能定位，即海外市场适应点、技术先驱点以及技术卓越中
心。当前，我国跨国企业海外研发动机已脱离单纯的海外工作平台拓展，更多
地表现出海外市场信息搜索，通过搭建先进技术"回流"渠道，逐步实现从
通过自主研发和合作创新积累一定的技术基础，"走出去"进行海外市场扩
张，到撬动海外新技术并"拿回来"服务本地市场的飞跃。

2.2.3　海外研发投资组合及测量指标

现有学者基于不同理论视角对海外研发投资组合进行分维度研究，将其分
为海外研发深度、强度、广度以及多样性等多个维度，扩展了海外研发投资组
合维度，主要研究成果如表 2 - 3 所示。

表 2 - 3　　　　　　　　　　海外研发投资组合及测量指标研究成果

作者	投资组合的划分	投资组合的含义	投资组合的测算
Kafouros et al. (2018)	地理分散性；协 同分布	海外研发业务扩展到多个 国家的范围；单个东道国 布局研发子公司的程度	海外研发单元的国家数量；每个国 家进行研发活动的单位数量
Hurtado-Torres et al. (2018)	海外研发程度； 海外研发多样性	海外研发活动的规模；海 外研发活动的范围	国外专利占总专利的比例；海外研 发东道国数量
Hsu et al. (2015)	海外研发强度； 海外研发多样性	海外研发扩张相对于海外 扩张的程度；海外研发活 动地理分布情况	海外研发子公司数量与海外子公司 总数的比重；Blau 多样性指数

续表

作者	投资组合的划分	投资组合的含义	投资组合的测算
Tang et al. (2019)	海外研发深度；海外研发广度	研发资源在海外投资程度；海外研发资源的地理分布程度	海外研发子公司数与海外子公司数比重：地理距离和心理距离测算
唐春晖和苏生威 (2018)	海外研发深度；海外研发广度	研发资源的海外投入程度；不同国家进行研发投资的地理分散性	海外研发子公司占研发子公司的比重；海外研发分布国家数量和东道国与母国心理距离
李欠强等 (2019)	海外研发强度；海外研发广度	海外研发投资占企业跨国投资的比重；不同国家进行研发投资的地理分散性	海外研发子公司数量与外国子公司总数的比重；海外布局研发子公司国家数量
何建洪和钟艳 (2019)	海外研发强度；海外研发多样性	海外研发投资规模；海外研发投资地理多样性	海外研发机构数与海外机构总数的比值；Blau 多样性指数
李梅和卢程 (2019)	海外研发深度；海外研发广度	海外研发"厚度"；海外研发"宽度"	海外研发子公司总数；1 减去海外研发子机构地理分布的赫芬达尔指数
Yeh and Hsiao (2020)	海外研发强度；海外研发多样性	海外研发投资规模程度；海外研发投资地理多样性	全球研发费用/总销售收入；按地域划分的熵测度法
Mavroudi et al. (2023)	海外研发地理分布；海外研发国际化程度	海外研发投资地理多样性；海外研发投资规模	海外研发单位/总研发单位；海外布局国家（地区）的数量
徐晨和孙元欣 (2021)	海外研发投资规模强度；海外研发投资地域广度	海外研发机构数量；海外研发的地理范围	海外研发机构的数量之和；地理分布的赫芬达尔指数

资料来源：作者综合相关文献总结得到。

卡福罗斯等（Kafouros et al.，2018）基于地理组合视角，将跨国企业海外研发投资组合分解为地理分散性（geographic dispersion of R&D）以及协同分布（co-location of R&D）。其中，地理分散性被定义为跨国企业将其海外研发业务扩展到多个国家的范围，反映出地理分散度：一些跨国企业将其研发子公司分布在多个国家，其他一些跨国企业只选择在少数几个国家进行布局；协同分布则被定义跨国企业在单个东道国布局研发子公司的程度，反映出地理集中度：一些跨国企业在特定东道国只布局一个研发子公司，而其他一些跨国企业在特定东道国有多个研发子公司。对于地理分散性，作者利用海外研发单元的国家数量进行衡量，跨国企业研发部门分布在越多的国家，其海外研发组合的地理分布越分散；对于协同分布，作者通过测算跨国企业在每个国家进行研发

活动的单位数量进行衡量，东道国拥有的研发单位越多，其协同分布水平越
高。乌尔塔多－托雷斯等（Hurtado-Torres et al.，2018）将跨国企业海外研发
投资组合分解为海外研发程度（degree of R&D internationalization）与海外研发
多样性（geographic diversification of R&D internationalization）两个维度。其中，
程度指标反映了跨国企业海外研发活动的规模，即相对于所有研发活动，跨国
企业对海外研发活动的重视程度，使用国外专利占总专利的比例进行衡量；多
样性指标则反映了跨国企业海外研发活动的范围，即评估跨国企业海外研发活
动的不同国家数量。另外，有学者（Hsu et al.，2015）将海外研发投资组合
分解为海外研发强度与海外研发多样性两个维度。其中，强度指标是指跨国企
业海外研发扩张相对于海外扩张的程度，采用海外研发子公司数量与海外子公
司总数的比重进行测量；多样性指标则是指跨国企业海外研发活动的地理分布
情况，采用 Blau 多样性指数进行测量。还有学者（Tang et al.，2019）将跨国
企业海外研发活动划分为海外研发深度与海外研发广度两个维度，前者是指研
发资源在海外投资程度，采用海外研发子公司数量与海外子公司总数的比重进
行测量；后者是指海外研发资源的地理分布程度，同时使用地理距离和心理距
离进行测量。此外，有学者（Yeh and Hsiao，2020）探讨了跨国企业母公司如
何从海外研发子公司的逆向技术转移中有效获益，并分别从销售规模以及地理
范围层面将海外研发投资水平划分成海外研发强度和海外研发多样性两个维
度，前者利用跨国公司全球研发费用占销售总收入的比重进行衡量，后者则使
用按地域划分的熵测度法进行测算。马福鲁迪等（Mavroudi et al.，2023）探
讨了跨国企业如何在知识产权保护薄弱和强大的国家和地区实现研发国际化，
并将海外研发投资组合分解成地理分布以及国际化两个维度，前者采用跨国企
业每年进行海外研发的不同国家和地区的数量进行测算，后者采用跨国企业海
外研发单位占总研发单位的比例进行测算。

　　受国外学者对海外研发投资组合分维度研究的影响，国内学者近年来也开
始重视海外研发投资组合研究。其中，唐春晖和苏生威（2018）将海外研发
投资分解成海外研发深度与海外研发广度两个指标，前者是指跨国企业研发资
源的海外投入程度，用海外研发子公司占全部研发子公司的比重进行测算；后
者是指跨国企业在不同国家进行研发投资的地理分散性，用海外研发子公司分
布的国家数量和海外研发子公司与母国的心理距离的正态标准化均值进行衡

量。李欠强等（2019）从海外研发组合结构属性层面将我国跨国企业海外研发活动分成海外研发强度与海外研发广度，前者是指跨国企业海外研发投资占企业所有跨国投资的比重，采用海外研发子公司数量与给定年份外国子公司总数的比重进行测量；后者是指跨国企业在不同国家进行研发投资的地理分散性，采用跨国企业在海外布局研发子公司的国家或地区数量进行衡量。何建洪和钟艳（2019）基于跨国企业海外研发表现出的不同形态，将其分解为海外研发强度与海外研发多样性，前者是指海外研发投资规模程度，利用跨国企业海外研发机构数与海外机构总数的比值进行度量；后者是指海外研发投资地理多样性程度，采用 Blau 多样性指数进行度量。李梅和卢程（2019）将海外研发投资分为海外研发深度与海外研发广度两个维度，前者是指跨国企业开展海外研发活动的程度，凸显了海外研发投资的"厚度"，利用跨国企业海外研发子公司总数进行测量；后者是指跨国企业布局海外研发子机构地理分散程度，凸显海外研发投资的"宽度"，利用 1 减去跨国企业海外研发子机构地理分布的赫芬达尔指数进行测量。徐晨和孙元欣（2021）将海外研发投资分解成规模强度与地域广度两个维度，前者指海外研发机构的数量，用跨国企业海外研发机构的数量之和来衡量；后者反映了跨国企业海外研发的地理范围，用地理分布的赫芬达尔指数进行测量。

2.2.4　海外研发组织形式及演进路径

随着海外研发投资主体不断多元化，特别是新兴经济体跨国企业海外研发网络布局正逐步从边缘向中心靠拢，跨国企业海外研发进程将表现出不同的组织形式以及演进路径，相关研究成果如表 2－4 所示。

表 2－4　　　　海外研发投资组织形式及演进路径研究成果

作者	研究方法	研究对象	主要结论
Gassmann and Zedtwitz（1998）	案例研究/访谈	美、日、欧 33 家跨国企业	海外研发投资组织形式包括：民族中心型、地域中心型、多中心分散型、研发中心型、整合研发网络型
陈劲等（2003）	问卷调查	中国 28 家跨国企业	中国跨国企业海外研发投资组织形式以"中心边缘型"为主要方式
杨震宁等（2010）	案例研究	中国 22 家跨国企业	中兴为"民族中心型"，金帝为"地域中心型"；TCL 为"研发中心型"

续表

作者	研究方法	研究对象	主要结论
Zhou (2011)	案例研究	中国五家跨国企业	中国跨国企业海外研发主要表现为"民族中心型"以及"地域中心型"
Chen et al. (2011)	案例研究	华为	华为海外研发经历中心边缘式、星型结构式以及全球网络式三种形式
Liu et al. (2010)	案例研究	华为、中兴	中国跨国企业海外研发经历"民族中心型""地域中心型"和"研发中心型"组织形式
胡欣悦等 (2016)	社会网络分析	华为	初期阶段没有构成研发合作网络;中期阶段逐渐形成"核心—边缘"网络;后期阶段形成"核心—半边缘"网络
柳卸林等 (2017)	网络分析方法	华为	华为海外研发路线走的是从发达国家和地区到发展中国家和地区的道路

资料来源:作者综合相关文献总结得到。

根据加斯曼和策特维茨(Gassmann and Zedtwitz, 1998)的研究成果,海外研发投资组织形式可划分为以下形式:第一,民族中心型,即企业研发活动主要聚焦于母国,并且严密监控与保护企业核心技术;第二,地域中心型,即跨国企业拥有少量海外研发分支,但仅负责东道国市场检测以及适应性开发;第三,多中心分散型,即跨国企业在多国布置了海外研发分支,但独立开展研发任务,各研发分支间缺乏沟通交流;第四,研发中心型,即由母公司负责统筹各个海外研发单元的研发工作;第五,整合研发网络型,即将全球研发分支进行整合,各研发分支间紧密联系并拥有特有核心技术,协同开展技术研发以及市场开拓。布罗克霍夫(Brockhoff, 1998)进一步将海外研发组织形式简化为中心边缘型、多区域中心型以及全球互联型三种形式。景劲松等(2003)以及陈劲等(2003)是我国早期研究海外研发投资组织形式的代表人物,其分析认为我国跨国企业海外研发投资组织形式以"中心边缘型"为主要方式,即母国研发总部负责产品以及工艺的创新,海外研发分支则主要负责技术检测以及搜索,并且受到母公司的严密控制。

随着跨国企业研发实力的不断提升以及国际化程度的不断开拓,企业海外研发投资组织形式也将发生动态变化。陈劲等(2003)分析认为,企业海外研发模式会经历一个从初始到成熟的演进过程,其组织形式也会经历从"中心边缘式"到"全球互联式"的发展。胡欣悦等(2016)从网络规模、密度以及中心性三个层面分析华为研发合作网络演变特征，发现在初期阶段，母国研发分支较少，没有构成研发合作网络；在中期阶段，逐渐形成了以深圳为研发中心的"核心—边缘"网络；在后期阶段，网络规模不断扩大，网络边数以及网络联结次数也不断增多，形成了以深圳和美国为中心的"核心—半边缘"网络。有学者（Liu et al.，2010）以华为和中兴作为案例研究对象，发现其依次经历单产品、多产品以及全球研发战略阶段，分别对应"民族中心型""地域中心型"和"研发中心型"三种组织形式。还有学者（Chen et al.，2011）选择华为进行案例研究，发现中国企业的海外研发经历了初始阶段、发展阶段以及成熟阶段，分别对应着中心边缘式、星型结构式以及全球网络式三种组织形式。柳卸林等（2017）运用网络分析方法，选取中国华为公司作为案例分析对象，以解析华为海外研发网络演进过程与战略路线。结果显示，华为海外研发路线走的是从发达国家和地区到发展中国家和地区的道路，先选择技术资源存在优势的发达国家和地区作为开路"先锋"，以获取先进的技术资源作为前进驱动力；在后续发展过程中，通过灵活把握获得人才优势的技术窗口；最后，在其全球研发网络中加入一些不具备技术资源优势但具备市场价值的发展中国家和地区。

2.3　创新绩效研究综述

2.3.1　创新绩效概念界定

创新绩效是企业管理领域重要的研究主题，特别是在 21 世纪科技创新已发展成为引导企业发展的第一动力，创新绩效对于企业成长发展的重要性毋庸置疑。现有学者基于不同视角对创新绩效进行界定与诠释，阿赫多恩和克洛特（Hagedoorn and Cloodt，2003）分别从狭义以及广义角度对创新绩效进行了概念界定：狭义层面的创新绩效是指企业将发明专利以及其他相关技术应用引入市场的过程；广义层面的创新绩效则是指整个企业发展进程中着眼于人类历史发展的战略思考，开展颠覆性新概念、新想法以及技术应用的整体过程。梅乌斯和欧勒曼（Meeus and Oerlemans，2000）则分析认为，创新绩效原则上需要量化考核，主要包括两个量化指标，分别为产品创新绩效和过程创新绩效。阿莱格雷和奇瓦（Alegre and Chiva，2013）则指出创新绩效应当把创新系统视作生产要素纳入企业管理过程中，以提升实际收益与生产效率。高建（2004）提出，在创新体系中，企业投入相关资源要素所获得的生产效率提高以及其他成果即创新绩效，其包括过程创新绩效以及创新产出绩效两个维度。

创新包括多个维度，基于当前创新内外含义不断丰富的背景，现有学者对其多样性维度进行了有益探索。部分学者按照创新的水平，将其分成两类：一类是侧重于对企业产品与工艺开展改进的渐进性创新；另一类是侧重于推出新产品以及使用新工艺和技术实现的突破性创新。渐进性创新仅仅改变了产品原有的生产技术，包括创新产品以及改良原有产品；突破性创新又称为过程创新，其改革现有生产技术以实现技术创新，包括改良现有工艺技术以及使用新工艺等。部分学者按照创新过程中的开放程度，将创新进一步分解成开放式创新以及封闭式创新两类（Chesbrough，2003），前者通常使用内部力量与外部资源开展创新活动；后者则仅依赖自身力量，与内部资源开展创新活动。也有学者基于双元视角将创新分成两种类型，即探索性创新与利用性创新，前者指企业超越了既有的技术以及知识，以全新的能力和知识推出新产品、开发新市场以及提供新服务，进而满足客户的潜在需求；后者指企业通过现有的知识以及技术，改变与提升当前产品或者服务功能，进而满足现有客户需求（Benner and Tushman，2003）。

2.3.2　创新绩效测算指标

从上述创新绩效的概念界定中可以看出创新绩效并不是固定的、静态的范畴，而是具有多维属性的动态概念。企业创新活动本身就是多要素共同作用的结果，内外部因素不可或缺。在测算企业创新绩效时，可综合考虑多个因素，包括市场因素、技术因素、环境因素、社会绩效以及资源投入因素等。对于中国跨国企业而言，建立科学的、合理的评价指标体系尤为重要，需要综合考虑创新活动对经济、环境以及社会的多重影响效应，以全面精准地评估企业创新绩效。现有学者基于差异化的企业领域、市场环境构建出不同的指标测算创新绩效：部分学者基于数据可获性，选用企业财务绩效进行衡量；部分学者则尝试选用创新成果作为创新绩效替代指标。综合现有研究成果，创新绩效测算指标主要包括以下三种：

第一，基于研发绩效的测算方法。学者们多采用企业专利授权数量、专利被引次数以及新产品数量等研发绩效相关指标进行衡量。其中，一些学者（Chen et al.，2012；Hsu et al.，2015）使用企业专利被引次数与企业专利授权总数的比重衡量企业创新绩效；一些学者（吴剑峰等，2015；曾德明等，2014）则使用企业专利申请数量测算企业创新绩效；还有一些学者（Wu et al.，2016；陈衍泰等，2019）使用企业专利授权数进行创新绩效指标测算；另有学者（李梅等，2016）采用专利申请数和新产品销售数量测算企业创新绩效。

第二，基于财务绩效的测算方法。学者们多采用企业单位产品成本降低率、新产品销售额等财务绩效相关指标进行测算。例如，卡福罗斯等（Kafouros et al.，2015）以及王晓燕等（2017）均采用新产品销售额占企业员工总数的比重进行测算；王晓娟（2008）则使用企业新产品销售额与总销售额的比重测算企业创新绩效；王一卉（2013）选用企业新产品产值占企业全部产值的比重来衡量创新绩效。

第三，基于过程绩效的测算方法。学者们多使用研发人员和科研机构交流情况、研发支出占销售收入比重等相关指标进行衡量。高建（2004）分析认为，为准确测算企业创新绩效，需要综合考虑企业创新过程绩效以及产出绩效，但并未提出具体的测算指标；陈劲等（2005）基于现有创新绩效衡量体系存在的局限性，提出了一套全面的创新绩效评价体系，涵盖创新过程绩效以及产出绩效。

2.3.3　创新绩效影响因素研究

本书的研究将企业创新绩效作为核心概念，对影响该核心概念的相关因素进行全面综述，具体研究成果如表2－5所示。

表2－5　　　　　　　　　　创新绩效影响因素相关研究成果

作者	实证方法	研究对象	主要结论
余传鹏等（2024）	回归分析	华南地区559家制造业企业	数字创新网络结构以及关系嵌入与企业新产品开发绩效呈倒U形关系
林春培等（2024）	决策树算法	专利检索平台无人机领域专利数据	类完全合作团队高颠覆性创新绩效占比最高，二元合作团队高颠覆性创新绩效占比最低

续表

作者	实证方法	研究对象	主要结论
朱婧祎等 （2024）	理论分析	企业案例	企业群内中心度、群间中介度、网络社群稳定性以及封闭性均对企业知识创新产生的影响呈倒 U 形
李晓敏等 （2024）	回归分析	2012～2019 年中国新能源汽车上市公司	新能源汽车企业研发投入显著提升创新绩效
胡潇婷等 （2024）	PSM - DID 方法	2008～2017 年中国 A 股上市制造业企业	国家间知识距离显著负向影响并购企业创新绩效
钱丽萍等 （2023）	回归分析	2012～2019 年沪深两市 A 股上市公司	上市公司独立董事网络结构洞显著正向影响创新绩效
李志广等 （2023）	回归分析	2019～2021 年中国科创板申报企业数据	相较于非学术型创始人，学术型创始人的企业表现出更优的创新绩效
石静和孙建军 （2023）	回归分析	全球专利数据库	知识多样性的三个维度均显著正向影响技术团队创新绩效
杨刚和王健权 （2024）	回归分析	科创企业问卷访谈数据	文化距离通过知识隐藏降低突破性创新绩效
魏启迪和苏文 （2023）	回归分析	ESIEC 数据	开放式创新广度对创新绩效的影响呈倒 U 形，开放式创新深度积极影响创新绩效
张振刚等 （2023）	PLS - SEM 分析工具	222 家制造业企业问卷数据	计算型信任分别能够通过稳定调整型、开拓创造型两种数据资源整合行为赋能产品创新绩效；关系型信任通过稳定调整型、开拓创造型两种数据资源整合行为与产品创新绩效存在非线性中介作用关系
唐锦玥和罗守贵 （2023）	多时点双重差分法	2011～2018 年上海市科技企业微观数据	城市内部企业迁移行为对其技术创新绩效有显著的促进效应

资料来源：作者综合相关文献总结得到。

（1）组织方面的因素

组织方面的因素包括组织能力以及组织特点等。很多学者在研究组织特征时，往往会选择企业年龄与企业规模作为研究对象。学者们在研究企业年龄对创新绩效的影响时，主要存在以下两种观点：一种观点认为企业年龄越大，企业发展得越成熟，此时企业将不断减少研发投入，从而负向影响企业技术创新（Huergo and Jaummandreu，2004）；另外一种观点则认为企业年龄越大，受到组织惯性的影响程度越深，因此更倾向于渐进性创新（Mens et al.，2015）。

针对企业规模与创新绩效的关系研究，当前学者尚未形成共识。一部分学者认为大型企业在资金实力以及人力资源储备方面均存在一定的优势，因此相对于中小型企业，其更能积极推动企业创新行为（Ali，1994）；一部分学者却认为因组织惯性的存在，大型企业在开展突破性创新方面存在劣势，如米德默特和欧康纳（MeDermott and O'Connor，2002）研究发现企业创新模式与企业规模以及成熟度之间存在一定关系，其中成熟的大型企业更加倾向于阻力较小的渐进性创新，而运营灵活的中小企业则更加倾向于阻力较大的突破性创新。此外，还有学者分析认为企业规模将对创新绩效造成一定影响，但不是简单的线性关系，而是存在倒 U 形关系（Acs and Audretsch，1987；周方召等，2014）。

依据资源基础观，企业可通过有效利用资源以提高竞争力。有学者基于资源的特征以及内容等层面开展了其对创新绩效的影响研究。其中，基里亚科普罗斯等（Kyriakopoulos et al.，2016）通过将企业资源分解成关系资源、荣誉资源以及市场知识资源三种类型，检验了其对突破性创新的影响效应。结果显示，关系资源正向影响企业突破性创新，而荣誉资源以及市场知识资源则负向影响企业突破性创新。李晓敏等（2024）实证检验了新能源汽车企业研发投入对其创新绩效的影响效应。研究结果表明，新能源汽车企业研发投入显著正向影响创新绩效，且该影响效应在产业链中下游，以及在后补贴时代更加显著。李志广等（2023）实证检验了创始人身份异质性对科创企业创新绩效的影响效应及其渠道机制。研究发现，相较于非学术型创始人，学术型创始人的企业表现出更优的创新绩效。具体而言，在其他条件不变的情况下，科创企业创新绩效的表现呈现学术型创始人 > 技术型创始人 > 商业型创始人。张振刚等（2023）基于信任视角，探究组织间计算型与关系型信任如何通过稳定调整型、开拓创造型两种数据资源整合行为赋能产品创新绩效。研究结果发现，计算型信任分别能够通过稳定调整型、开拓创造型两种数据资源整合行为赋能产品创新绩效；关系型信任通过稳定调整型、开拓创造型两种数据资源整合行为与产品创新绩效存在非线性中介作用关系；稳定调整与开拓创造两种数据资源整合行为对于产品创新绩效的影响存在交互效应。

有价值的资源为企业提升自身创新绩效提供了有利条件，但若想切实提升其创新绩效，仍需要企业具有较强的能力进行有效转化。对此，学者们通过引入吸收能力以及动态能力对此进行了有益探索。学者们普遍认为吸收能力可通过改善企业创新频次，进而正向影响企业创新活动（Kostopoulos et al.，2011）。动态能力则可以帮助企业搜索外部机会、获取外部资源，进而提升企业创新收益（Danneels，2008）。石静和孙建军（2023）构建了团队知识网络并同时测度了知识多样性，从创新数量、质量以及广度三个维度探索其对团队创新绩效的影响效应。结果显示，知识多样性的三个维度均显著正向影响技术团队创新绩效。具体来看，当以创新数量为目标时，大团队更能发挥知识多样性正向效应；当侧重于创新成果的新颖性以及创造性时，小团队中知识多样性的正向提升效应更加明显。

（2）环境方面的因素

环境因素主要包括环境变化性、动荡性以及活力等多个方面。大多数学者研究发现，剧烈变动的环境促使企业更加青睐于突破性创新以强化企业适应外部环境变动的综合能力。对此，赫梅林纳－劳堪恩（Hurmelinna-Laukkanen，2008）研究发现，当外部环境不确定性较高时，企业原有的技术与知识容易落伍，促使企业不得不改变原有技术路线，挖掘新的利润增长渠道，进而使企业更加倾向于突破性创新。柯伯格等（Koberg et al.，2003）研究发现，企业对外部环境的感知能力越强，越青睐于进行突破性创新。胡潇婷（2024）等基于制度理论视角，分析与检验国家间知识距离对并购企业创新绩效的影响效应。结果发现，国家间知识距离对并购企业的创新绩效产生负面影响。杨刚和王健权（2024）基于交易成本理论，探究领导文化距离对突破性创新绩效的影响及传导机制。其实证结果表明，领导文化距离通过知识隐藏降低突破性创新绩效；而任务互依则在领导文化距离与突破性创新绩效的作用路径中发挥调节效应，削弱了知识隐藏与突破性创新绩效间的负向关系。

（3）管理方面的因素

现有学者还从企业文化以及管理方式等层面检验了管理因素与创新成果的关系，如研究了企业双元治理（契约治理和关系治理）对企业创新结果的影响效应。其中，布罗姆等（Blome et al.，2013）认为双元治理会对企业创新绩效产生积极影响。欧康纳和德马蒂诺（O'Connor and De Martino，2006）研究发现企业管理系统负向影响其所选创新模式，企业可运用当前管理模式开展渐进性创新活动，但需要运用重建管理系统方式才可以实现突破性创新。另外，企业高管团队的风险承受能力以及所采取的激励制度等因素也会显著影响企业创新能力。魏启迪和苏文（2023）基于管理者风险偏好与供应链社会关系联结双重视角，分析并检验了开放式创新对中小企业创新的影响效应。结果表明，开放式创新广度与创新绩效间存在倒 U 形关系，开放式创新深度积极影响创新绩效。唐锦玥和罗守贵（2023）实证检验了城市内部企业迁移对企业技术创新绩效的促进效应。研究发现，整体而言，城市内部企业迁移行为对其技术创新绩效具有显著促进作用。分样本研究表明，迁移对于不同行业的企业的影响程度不同，服务业、高新技术行业企业的迁移效应强于制造业和非高新技术行业企业；企业规模越大，企业迁移的技术创新效应越强；迁移对非国有企业的技术创新的促进效应更强，对国有企业技术创新绩效无明显提高；此外，向郊区迁移、向开发区迁移对企业技术创新的促进效应更强。

（4）网络方面的因素

既有研究发现创新网络的规模、密度等网络特征会影响企业创新绩效。例如，谢洪明等（2011）发现创新网络密度与技术创新两者之间存在正相关关系。曾萍等（2017）将企业创新分解为渐进性创新与突破性创新两个维度，进而分别探索企业外部网络同质性对不同创新绩效的差异化影响效应。结果显示，外部网络同质性正向影响渐进性创新，但对突破性创新的影响效果却不显著。张方华（2010）通过实证研究发现，企业凭借创新网络的关系型嵌入以及结构型嵌入获取外部知识，进而提升企业创新绩效。任胜钢等（2011）进一步将关系嵌入以及结构嵌入分解成五个子变量，深入探索不同网络嵌入变量间的相互关系及其与企业创新绩效间的关系。余传鹏等（2024）构建并检验了数字创新网络嵌入影响新产品开发绩效的框架模型。研究结果显示，数字创新网络结构以及关系嵌入均与企业新产品开发绩效呈现先上升后下降的倒 U 形关系。林春培等（2024）通过将跨界团队网络特征分解成二元合作、类完全合作以及复杂合作三类网络类型，分析并检验了不同类型跨界团队网络特征对其颠覆性创新绩效的差异化影响效应。研究结果表明，类完全合作团队高颠覆性创新绩效占比最高，二元合作团队高颠覆性创新绩效占比最低。朱婧祎等（2024）探索了企业嵌入网络社群的位置特征与网络社群的结构特征对企业知识创新的影响效应。研究结果发现企业群内中心度、群间中介度、网络社群稳定性以及网络社群封闭性对企业知识创新的影响均呈倒 U 形。钱丽萍等（2023）引用知识基础理论以及结构洞理论，构建并检验了上市公司独立董事网络结构洞影响创新绩效的框架模型。研究结果显示，上市公司独立董事网络结构洞显著正向影响创新绩效。

2.4　海外研发投资与创新绩效关系研究

2.4.1　海外研发投资影响创新绩效机理研究

（1）海外外溢知识获取

海外研发活动有助于跨国企业融入东道国供应链，与海外企业、研究机构、实验室以及高校开展正式以及非正式研发合作，雇用东道国科研人才与工程师（王展硕、谢伟，2018）。通过嵌入东道国创新环境，可以提升海外研发单元合法性地位、建立合作信任关系并生成社会资本，为获取东道国外溢知识创造渠道，而且有利于其构建海外知识处理体系，增强知识吸收能力（Inkpen and Tsang，2005；Lane and Lubatkin，1998）。

市场寻求为主要动机的跨国企业，通过布局海外研发单元，有利于其深入了解东道国市场信息，可以更好地将母国研发产品在东道国进行销售。一方面，海外研发单元融入东道国供应链，帮助跨国企业在与东道国供应商交互合作的过程中获取核心技术；另一方面，通过与东道国客户、竞争对手以及其他群体的接触而获取相应的外溢知识，如客户的需求与特征、竞争对手商业策略等知识源。技术寻求为主要动机的跨国企业，通过布局海外研发单元，同样有利于其获取海外外溢知识。通过与海外本土企业、高校以及研发机构开展正式合作，有助于其获取东道国技术开发、制造工艺、产品设计、基础研究以及组织管理等领域隐性知识；通过雇用东道国科学家、技术人才以及研发人才，增加跨国企业外部嵌入性，利用东道国员工携带的社会网络提供企业获取外溢知识的渠道（Møen，2005）。黄宏斌等（2023）采用多种方法排除内生性问题后研究发现，研发子公司的设立显著提升了企业集团的协同创新水平。机制检验还发现，设立研发子公司主要通过发挥"信息共享"

和"知识溢出"效应以实现创新资源在集团内部的优化配置，从而促进企业集团的协同创新。

（2）海外知识逆向转移

相较于外部嵌入性，内部嵌入性特指海外研发单元与母公司间的网络联系。母公司可以外派经理以及工程师进入海外研发子公司，借助内部网络嵌入实现海外创新知识向母国转移，提升母公司产品开发能力以及创新能力；此外，通过强化母公司与海外研发单元的联系，可以增进母子公司间的信息共享水平，促进知识、人力、信息以及资金等要素的流动（Yoneyama，2013）。

海外研发单元内部嵌入性将增加东道国知识逆向转移到母公司的倾向（Kotabe et al.，2007），内部嵌入性越强，母子公司间信息共享水平越高，逆向知识转移越通畅。一方面，海外知识逆向转移嵌入跨国企业内部劳动力网络中，跨国企业通过协调母公司与海外研发子公司间的人才流动可以实现海外知识与信息向母公司转移与传递（Rabbiosi and Santangelo，2013）；另一方面，海外知识逆向转移嵌入母子公司间构建的正式以及非正式沟通机制中，包括线上会议、线下会议以及电子化沟通系统等，借助母子公司间沟通机制实现海外知识逆向转移。

（3）海外知识吸收与创新整合

海外研发单元向母公司逆向转移的知识来源主要包括以下三个部分：第一，海外市场以及采购部门，帮助母公司协调和调整海外研发战略；第二，海外供应商以及客户，帮助跨国企业根据海外市场需求开发新产品；第三，吸收与整合东道国获取的新知识，提升母公司技术与工艺水平（许晖、单宇，2019）。为了将逆向转移的知识转化为企业创新能力，企业吸收能力与创新整合能力将发挥关键作用。吸收能力是企业识别外部新信息价值，吸收并应用于商业终端的能力，在很大程度上取决于自身的知识水平（Cohen and Levinthal，1990）。当企业内部已有知识与海外新知识比较接近时，将有利于跨国企业将海外新知识整合到现有知识体系中；当海外创新知识比较多元时，将有利于跨国企业有效的、富有创造力地应用该类知识。整合能力是吸收能力重要的维度，特指企业基于知识整合与开拓经验而获取的能力。海外研发活动的价值创造过程本质上是将从海外获取的知识与既有知识进行整合（Kogut and Zander，1993），整合能力对于跨国企业母公司创新绩效具有积极影响。许晖等（2017）通过案例研究分析了海外研发过程中技术知识如何，以及流动机理。结果表明，新兴经济体跨国企业海外研发是由技术追赶到技术引领的动态演化过程，对空缺技术知识认知以及对未来技术方向感知的差异性使其海外研发采取差异化的战略举措。此外，知识位势的高低决定了技术知识的流动方向。随着知识位势的不断提高，新兴经济体跨国企业知识流动路径由最初的单向流动路径向双向流动路径演化，知识流动控制权由弱势地位向主导地位转变。最后，新兴经济体跨国企业海外研发过程中流入的技术知识与母国研发机构对知识的消化和吸收能力相适应，流出的技术知识与技术在海外市场的适应性相匹配。

（4）研发效率提升

海外研发投资提升企业研发效率，进而促进创新绩效，具体可表现在以下几个方面：首先，海外研发行为有利于跨国企业开拓海外市场，提高企业本土技术的市场应用多样性、优化企业资源配置效果，进而提高跨国企业整体研发效率（Stiebale and Vencappa，2018），开发生产出可以满足东道国市场需求的多元化产品。其次，海外研发行为有助于跨国企业跟踪以及学习海外先进的知识与技术，获取企业创新活动所需的多样性互补资源（谢子远、王佳，2020），显著降低创新研发存在的不确定性并缩短研发周期，提升跨国企业海外研发效率（张文菲、金祥义，2020；郑玮，2020；Kafouros et al.，2015）。其中，朱朝晖（2008）选取我国跨国企业作为研究样本，实证检验发现新兴经济体跨国企业在开放创新模式下运作时，跨国企业可以充分地整合利用海内外创新资源，通过将该类创新资源进行有效组织，形成企业全球竞争优势以提升跨国企业海外研发效率。再次，人才是第一生产力，科技人才是跨国企业海外研发战略最重要的要素。跨国企业海外研发机构通过招聘海外高技术研发人才以充实企业现有研发团队，同时借助与海外科研机构间的学习以及交流以培养企业自有的研发人员，通过上述研发人员在跨国企业内部的有效流动可提升跨国企业研发效率（陈菲琼等，2013）。最后，跨国企业借助海外研发行为可以将自己置于更具竞争性的全球创新环境中，有利于跨国企业直接感知全球竞争对手在市场开拓、技术研发等方面的进步所带来的巨大压力，鞭策跨国企业主动强化研发成果导向，激发企业研发人员创新动力，进而提升企业海外研发综合效率（谢子远、王佳，2020）。

（5）外来者劣势与成本负担

海外研发投资除了对母公司创新绩效产生积极影响外，同时也会因外来者劣势以及研发分散化而增加企业管理成本。跨国企业海外研发单元由于身处东道国的陌生环境，缺乏对东道国制度环境的了解，以及母国与东道国间的制度差异，将导致其面临外来者劣势（Sanna-Randaccio and Veugelers，2007）。一方面，由于跨国企业缺乏对东道国知识产权制度的认知，导致其面临较高的知识泄露风险；另一方面，跨国企业为获得东道国合法性地位，需要为此投入大量的资源与成本，这将负向影响母公司短期创新绩效。

此外，跨国企业为维持母公司与海外研发单元的关系，将增加其沟通成本、协调成本以及监督成本等（Singh，2008）。海外研发单元一般需要一定的自主权以接触海外本地知识网络，但由于海外研发单元地理分散化，母公司为此需要统筹与协调不同地理位置的研发单元，可能存在重复研发投入，从而造成研发资源浪费。同时，为加强母子公司间的联系，跨国企业母公司需要构建有效的协调与沟通机制，如组建海外研发团队、建立研发人员轮岗机制等，这些都将增加跨国企业成本负担。

海外研发活动还将降低跨国企业研发活动的范围经济以及规模经济效应，其中规模经济效应特指研发活动资产的不可分割性，研发资源集中化将比研发资源分散化更高效；范围经济效应特指将不同领域的研发活动进行地理聚集时，同一地区的企业可以在技术与知识上进行相互支持与补充，此时知识溢出更加容易。然而，当跨国企业将研发活动在海外进行分散化分布时，这将影响跨国企业研发活动的范围经济以及规模经济效应。

2.4.2　海外研发投资与创新绩效关系实证研究

海外研发投资对企业创新绩效既有积极影响，也有消极影响，当海外研发投资收益大于成本时，企业创新绩效将上升；当海外研发投资成本大于收益时，企业创新绩效将下降。由于实证研究情境、研究对象以及发展阶段差异化，海外研发活动的收益与成本将不同，导致现有实证研究存在线性正向关系、线性负向关系、U形关系、倒U形关系以及S形关系等结果，相关研究成果如表2-6所示。

表 2 – 6 海外研发投资与创新绩效关系实证研究成果

作者	实证方法	研究对象	主要结论
曾德明等 (2014)	回归分析	中国 2006～2010 年 158 家上市车企	海外构建研发机构有利于提升企业创新绩效
钟昌标等 (2014)	倾向得分匹配方法	中国高科技企业调查数据	海外研发活动对颠覆式创新与渐进式创新均具有正向影响
王晓燕等 (2017)	回归分析	中国高科技企业调查数据	具有政治关联的跨国企业倾向于利用科学技术导向型海外研发提升创新绩效；非政治关联跨国企业倾向于利用市场技术导向型海外研发提升创新绩效
李梅和余天骄 (2016)	泊松分布	中国 2009～2014 年信息技术行业上市公司	海外研发活动对我国跨国企业创新绩效具有显著的提升作用
李梅和卢程 (2019)	泊松分布	中国 2009～2015 年信息技术行业上市企业	海外研发广度对企业创新绩效产生积极正向效应；海外研发深度则产生消极负向效应
何爱和钟景雯 (2018)	泊松分布	中国 2011～2017 年信息技术业上市公司	中国企业海外研发显著促进母公司创新绩效的提升
Hurtado-Torres et al. (2018)	PCSE 模型	欧洲 2007～2012 年能源行业 110 家企业	海外研发程度、海外研发地理分散化对企业创新绩效的影响均呈倒 U 形
Hsu et al. (2015)	GLS 模型	2000～2010 年 202 家中国高科技企业	海外研发强度、海外研发多样性均与母公司创新绩效存在 U 形关系
吴剑峰等 (2015)	负二项线性回归	中国电子设备制造业企业	海外研发合作地域广度与企业技术创新绩效存在倒 U 形关系
李欠强等 (2019)	负二项回归模型	中国 2009～2014 年八个行业上市公司	海外研发广度与母公司创新绩效间存在倒 U 形关系；海外研发强度与母公司创新绩效间存在 U 形关系
何建洪和钟艳 (2019)	泊松分布	中国商务部境外投资企业目录	海外研发强度和海外研发多样化均与母公司创新绩效存在 U 形关系
Chen et al. (2012)	GLS 模型	中国信息技术行业 210 家企业	海外研发与母公司创新绩效存在 S 形关系

资料来源：作者综合相关文献总结得到。

（1）线性关系

海外研发投资对企业创新绩效的实证研究多以西方发达国家跨国企业为研究样本，探讨其在其他发达国家以及发展中国家构建海外研发单元的行为影响，其中正向线性关系得到广泛的证实。岩佐和小田切（Iwasa and Odagiri，2004）以 137 家在美国设立研发单元的日本跨国企业为研究样本，实证检验结果表明：以研究为目的的海外研发活动积极影响企业创新绩效，以销售和生产为目的的海外研发活动则对企业创新绩效没有明显的影响。达利克乌（Adalikwu，2011）利用新产品种类以及创新产品增长率为因变量，实证结果表明，同时开展国内研发以及国外研发的跨国企业将比仅在国内开展研发活动的本土企业更有可能推出新产品并取得更高的销售增长额。拉赫科（Rahko，2016）利用倾向得分法和差分法进行研究，实证结果发现海外研发活动正向影响企业创新产出与技术多样性，但对创新产出质量影响不显著。有学者（Leung and Sharma，2021）利用 385 家沪深上市民营企业的均衡面板数据，研究创新绩效在研发强度和海外研发对企业绩效影响中的中介作用。

　　近年来，以中国为代表的新兴经济体的跨国企业纷纷选择海外研发活动以进行技术追赶，国内外学者对此商业现象开展了大量的实证研究。曾德明等（2014）以我国 2000～2010 年上市车企为研究对象，实证结果显示在海外构建研发机构有利于提升企业创新绩效，且网络中心性正向调节上述关系。钟昌标等（2014）根据创新特征将其划分成颠覆式创新与渐进式创新两种类型，分别探讨了海外研发活动对不同类型创新绩效的影响，实证结果显示，海外研发活动对颠覆式创新与渐进式创新均具有正向影响。岳中刚（2014）基于创新资源寻求视角，进一步结合我国汽车产业发展的事实特征，分析了海外研发合作、构建海外研发中心以及海外并购三种逆向研发外包行为对企业创新绩效的影响效应。研究发现，构建海外研发中心以及开展海外并购能显著促进企业创新绩效提升，而海外研发合作的创新效应则不显著。唐春晖和苏生威（2018）将海外研发投资分成海外研发深度与海外研发广度两个维度，实证检验其对国际化绩效的影响，结果显示海外研发深度显著正向影响企业国际化绩效，而海外研发广度对企业国际化绩效的影响则不显著。王晓燕等（2017）实证检验了政治关系对企业海外研发战略的影响，结果显示，具有政治关联的跨国企业倾向于利用科学技术导向型海外研发投资提升创新绩效，而非政治关联跨国企业倾向于利用市场技术导向型海外研发投资提升创新绩效。李梅和余天骄（2016）以我国 2009～2014 年信息技术行业上市公司数据进行实证分析，结果显示海外研发活动对母公司创新绩效具有积极的影响。李梅和卢晨（2019）

以我国 2009~2015 年信息技术行业上市公司数据进行实证分析，结果显示海外研发广度因组织学习收益，将对企业创新绩效产生积极正向效应；海外研发深度因外来者劣势而提高企业学习成本，将对企业创新绩效产生消极负向效应。何爱和钟景雯（2018）以我国 2011~2017 年信息技术业上市公司为研究样本进行实证检验，结果显示我国跨国企业海外研发活动将显著促进母公司创新绩效的提升。向鹏飞和符大海（2019）考察了企业海外研发活动对企业创新效率的影响效应，发现企业从事海外研发在短期内并没有带来研发创新的协同效应，反而抑制了企业研发技术创新效率和研发成果转化效率的提升。另外，企业海外研发范围对于创新效率的提升也呈现负向影响。司月芳等（2019）使用 2016~2018 年中国国际工业博览会问卷调研数据，采用有序多分类 Logistic 回归模型检验了三种海外研发行为（跨境合作研发、跨国并购、设立海外研发机构）与企业创新之间的关系。结果发现，跨国并购与设立海外研发机构均显著正向影响企业创新；相较于单一的海外研发行为，多元化海外研发行为与企业创新存在显著的正向关系。肖慧敏和周红霞（2018）基于组织二元学习理论，考察了海外并购前后不同类型海外研发对并购绩效的差异化影响效应。结果显示，在海外并购前，探索式研发比利用式研发更有利于提升企业绩效；而在海外并购后，利用式研发比探索式研发更有利于提升企业绩效。徐晨和孙元欣（2021）实证检验了海外研发及其规模强度以及地域广度对母国企业自主创新能力的影响效应，指出海外研发对自主创新能力有显著的正向影响；对绝大多数中国跨国企业而言，海外研发规模强度与地域广度同自主创新能力间存在边际效应递减的正向关系。邓沛东等（2024）通过构建"海外研发—创新资源溢出—东道国创新绩效"三维阶梯式理论框架，运用双重差分模型检验了中国智慧出海对东道国创新绩效的影响。结果表明，中国海外研发中心对东道国创新具有显著的正向促进作用。邱晨和杨蕙馨（2022）利用 2009~2018 年中国上市公司样本数据，分析了研发国际化对母公司绿色创新的影响。结果发现，随着研发国际化广度和深度进程的强化，其在母公司表现出更积极的绿色创新。李静怡等（2022）建立固定效应模型进行实证分析，选取汽车行业作为研究对象，结果表明海外研发中心能够更好地将获取的国际资源转化为以专利数量为代表的母公司的创新绩效，但对专利质量为代表的母公司创新绩效的作用效果有所不同。徐晨等（2024）选取 2014~2022 年中国 A 股高科技上市公司作为研究样本，考察全球贸易保护主义抬头的背景下，海外研发能否提升母公司创新绩效。研究结果显示，中美贸易摩擦非但没有侵蚀中国跨国企业海外研发创新绩效，反而产生了倒逼效应，推动中国跨国企业积极主动提升投资效率并积累国际投资经验，进而增强了海外研发的反哺作用。通过区分海外研发目的地分样本，研究进一步发现，此倒逼效应在赴非美国家的样本中更加的显著。谭云清和马永生（2020）聚焦于对外直接投资企业双元网络嵌入、跨界搜索对其双元创新的影响研究，发现东道国网络关系广度有利于对外直接投资企业的探索性创新，而不利于其利用式创新；关系密度和结构强度有利于对外直接投资企业的利用式创新，而不利于其探索式创新。

（2）U 形关系

达利克乌（Adalikwu，2011）以跨国企业海外研发实验室总数作为自变量，新产品种类和销售增长额作为因变量，实证检验发现中等数量的海外研发实验室对于提升企业创新输出和新产品销售额的效果最明显，过少的或过多的海外研发活动均不利于提升企业创新绩效。贝尔基奇（Berchicci，2013）利用意大利研发密集型制造业企业数据得出了类似的结论，认为跨国企业增加海外研发活动，需要投入大量的金钱与时间进行控制、沟通与协调，因此将抵消海外知识搜索、吸收与转移所带来的收益。有学者（Hsu et al.，2015）综合外来者劣势以及制度理论解释海外研发投资与母公司创新绩效间的关系，通过将海外研发投资分成海外研发强度与海外研发多样性，分别检验了其对母公司创新绩效的影响，研究发现海外研发强度与海外研发多样性均与母公司创新绩效呈 U 形关系。乌尔塔多－托雷斯等（Hurtado-Torres et al.，2018）采用 110 家能源行业跨国企业组成的非平衡面板数据检验了跨国企业海外研发程度以及地理多样化对创新绩效的影响效应，实证检验结果发现，海外研发程度以及地理多样化均与创新绩效存在倒 U 形关系。

吴剑峰等（2015）从开放式创新理论出发，结合海外研发组织边界跨越与地域边界跨越，探讨海外研发合作地域广度、资源禀赋与技术创新绩效间的关系。通过我国电子设备制造企业的实证研究发现，海外研发合作地域广度与企业技术创新绩效间存在倒 U 形关系。李欠强等（2019）利用面板负二项回归，分别检验了不同海外研发组合结构维度（海外研发强度与海外研发广度）对母公司创新绩效的影响效应，实证检验结果显示海外研发广度与母公司创新绩效间存在倒 U 形关系，海外研发强度与母公司创新绩效间存在 U 形关系。何建洪和钟艳（2019）以我国商务部境外投资企业目录参与海外研发活动的上市公司作为研究样本，实证检验了我国跨国企业海外研发活动对母公司创新绩效的影响。实证检验结果显示，海外研发强度和海外研发多样化均与母公司创新绩效存在 U 形关系。李梅和陈鹿（2021）基于组织学习视角，探讨了海外研发的地理多样化对企业创新绩效的作用机制。研究显示，中国企业海外研发的地理多样化程度和创新绩效之间呈现出先上升后下降的倒 U 形关系，企业拥有的国际化经验和探索式组织学习方式则增强了这种倒 U 形关系。向鹏飞和符大海（2019）考察了企业海外研发范围对企业创新效率的影响效应，指出企业跨国研发的持续时间对创新效率的影响呈现 U 形特征。

（3）S 形关系

当把跨国企业海外研发行为划分成去中心化阶段、过渡阶段以及再中心化阶段时，有学者（Chen et al.，2012）实证研究发现，当跨国企业海外研发行为处于不同发展阶段时，海外研发活动带来的收益与成本将对企业创新绩效产生不同的影响，最终导致海外研发投资与企业创新绩效间呈现 S 形关系。在去中心化阶段，跨国企业处于海外研发布局初始阶段，地理阻隔将导致母公司对海外研发单元的监管与控制变少，海外研发单元知识搜索与学习收益将大于母子公司间沟通与协调成本，因此母公司创新绩效将提升。在过渡阶段，随着海外研发单元数量迅速增加，母公司需要构建紧密高效的控制体系以处理母子公司协同研发成本，海外研发单元自主决策权将受到限制，母子公司间摩擦将变多，不利于母子公司间信息共享，因此母公司创新绩效将受到负面影响。在去中心化阶段，跨国企业更加追求组织内部整合，调整跨国企业研发组织结构和海外研发单元职能，强化研发规模经济效应和母子公司协同效应，有利于降低重复研发活动，因此母公司创新绩效将再次提升。

2.4.3　海外研发投资与创新绩效关系调节效应研究

海外研发活动除了对母公司创新绩效产生直接影响外，还受到企业异质性、母国环境、东道国环境以及研发网络等多层面因素的调节作用，调节效应实证研究进一步刻画了海外研发投资对母公司创新绩效的内部作用过程，具体研究成果如表 2-7 所示。

表 2 - 7   **海外研发投资与创新绩效关系调节效应研究成果**

作者	实证方法	研究对象	主要结论
曾德明等 (2014)	回归分析	中国 2006～2010 年 158 家上市车企	网络中心位置正向调节海外研发活动与创新绩效间的正向关系
钟昌标等 (2014)	倾向得分匹配方法	中国高科技企业调查数据	高新技术企业海外研发活动相比非高新技术企业更有利于企业颠覆式创新；非国有企业海外研发更利于促进颠覆式创新，而国有企业海外研发更利于促进渐进式创新
王晓燕等 (2017)	回归分析	中国高科技企业调查数据	具有政治关联的跨国企业倾向于利用科学技术导向型海外研发来提升创新绩效；非政治关联跨国企业倾向于利用市场技术导向型海外研发来提升创新绩效
李梅和余天骄 (2016)	泊松分布	中国 2009～2014 年信息技术行业上市公司	研发能力、政治资源、国际化经验正向调节海外研发投资与母公司创新绩效间的正向关系；组织冗余负向调节海外研发投资与母公司创新绩效间的正向关系
李梅和卢程 (2019)	泊松分布	中国 2009～2015 年信息技术行业上市公司	制度距离正向调节海外研发广度与母公司创新绩效间的正向关系；制度距离正向调节海外研发深度与母公司创新绩效间的负向关系
何爱和钟景雯 (2018)	泊松分布	中国 2011～2017 年信息技术业上市公司	吸收能力正向调节海外研发和创新绩效间的关系；地理多样性负向调节海外研发与创新绩效间的关系
Hurtado-Torres et al. (2018)	PCSE 模型	欧洲 2007～2012 年能源行业 110 家企业	海外研发合作弱化海外研发程度、海外研发地理分散化与母公司创新绩效间的倒 U 形关系
Hsu et al. (2015)	GLS 模型	2000～2010 年 202 家中国高科技企业	国际化经验正向调节海外研发强度、海外研发多样性与母公司创新绩效间的 U 形关系
吴剑峰等 (2015)	负二项回归模型	中国电子设备制造业企业	资金资源以及技术资源正向调节海外研发合作地域广度与企业技术创新绩效间的倒 U 形关系
李欠强等 (2019)	负二项回归模型	中国 2009～2014 年八个行业上市公司	企业吸收能力、海外投资经验在海外研发广度、强度与母公司创新绩效之间起着积极的调节作用

作者	实证方法	研究对象	主要结论
何建洪和钟艳 (2019)	泊松分布	中国商务部境外投资企业目录	研发能力正向调节海外研发多样性与创新绩效间的关系，负向调节海外研发强度与创新绩效间的关系；人力资源正向调节海外研发强度与创新绩效间的关系，但对海外研发多样化与创新绩效关系的调节作用不显著；国际化经验正向调节海外研发多样化与创新绩效间的关系，但对海外研发强度与创新绩效关系的调节作用不显著
Chen et al. (2012)	GLS 模型	中国信息技术行业 210 家企业	组织冗余负向调节海外研发与母公司创新绩效间的 S 形关系
李梅和余天骄 (2016)	泊松分布	中国 2009～2014 年信息技术业上市公司	高管政治联系正向调节海外研发与企业创新绩效间的关系；国有股权则负向调节海外研发与企业创新绩效间的关系

资料来源：作者综合相关文献总结得到。

（1）企业异质性因素

首先，海外研发活动需要跨国企业具备一定的技术实力以及资源储备。钟昌标等（2014）通过对中国跨国企业海外研发活动的分析，发现高新技术企业海外研发活动相比非高新技术企业更有利于企业颠覆式创新；非国有企业海外研发活动更利于促进其颠覆式创新，而国有企业海外研发活动更利于促进其渐进式创新。有学者（Chen et al.，2012）通过对中国信息技术行业跨国企业海外研发行为的实证研究发现，组织冗余负向调节海外研发投资与母公司创新绩效间的 S 形关系：当跨国企业在分权阶段拥有更多的组织冗余，而在再集权阶段拥有更少的组织冗余时，企业会取得更好的创新绩效。吴剑峰等（2015）实证检验了企业资源禀赋对海外研发合作地域广度与企业技术创新绩效间的调节作用，结果显示企业资金资源以及技术资源正向调节海外研发合作地域广度与企业技术创新绩效间的倒 U 形关系。李梅和余天骄（2016）检验了企业资源以及国际化经验的调节作用，实证结果发现研发能力、政治资源正向调节海外研发投资与母公司创新绩效间的正向关系，组织冗余负向调节海外研发投资与母公司创新绩效间的正向关系。李静怡等（2022）选取中国汽车制造业企业为研究对象，分析并检验了国有控股的调节作用，指出国有控股企业因国内政策支持，反而会受到东道国的某些限制，从而抑制母公司创新绩效的提升。

　　其次，吸收能力可以帮助跨国企业识别与评估海外知识、发现海外市场机会，进而有利于其从海外研发活动中受益。李欠强等（2019）实证检验了吸收能力对海外研发投资与母公司创新绩效的调节作用，研究发现吸收能力在海外研发广度、海外研发强度与母公司创新绩效间起到积极的调节作用。何建洪和钟艳（2019）进一步检验研发能力、人力资源、国际化经验等吸收能力要素对海外研发投资与母公司创新绩效间关系的调节作用，实证结果表明：研发能力正向调节海外研发多样性与创新绩效间的关系，负向调节海外研发强度与创新绩效间的关系；人力资源正向调节海外研发强度与创新绩效间的关系，但对海外研发多样化与创新绩效关系的调节作用不显著；国际化经验正向调节海外研发多样化与创新绩效间的关系，但对海外研发强度与创新绩效关系的调节作用不显著。何爱与钟景雯（2018）则检验了企业吸收能力以及地理多样性的调节作用，指出企业吸收能力正向调节海外研发投资和创新绩效间的关系，地理多样性则负向调节海外研发投资与创新绩效间的关系。司月芳等（2019）将企业社会嵌入性以及吸收能力作为调节变量，研究其对海外研发与企业创新绩效关系的影响。研究发现，中国企业海外研发行为对创新绩效的影响受到其在东道国本地的社会嵌入性以及自身吸收能力的正向调节作用。

　　最后，国际化经验有利于跨国企业海外运营活动承担较少的监督成本以及协调成本，帮助企业克服外来者劣势。有学者（Hsu et al.，2015）实证检验了国际化经验对海外研发投资与母公司创新绩效的调节作用，实证结果显示国际化经验正向调节海外研发强度、海外研发多样性与企业创新绩效间的 U 形关系。李梅和余天骄（2016）检验了企业资源以及国际化经验的调节作用，实证结果发现国际化经验正向调节海外研发投资与母公司创新绩效间的正向关系。徐晨和孙元欣（2021）检验了匹配型高管境外经历以及高管任期的调节作用，指出两者均有显著正向调节海外跨境对自主创新能力的作用。唐春晖和苏生威（2018）、李欠强等（2019）、何建洪和钟艳（2019）等均验证了国际化经验的积极调节作用。

　　（2）母国环境因素

　　新兴发展中国家因特殊的制度环境以及市场经济体制，企业与政府间的关系将影响跨国企业海外研发创新绩效。李梅和余天骄（2016）将企业与政府间的政治关联分为先天显性的社会资源（国有股权）以及后天隐性的社会资源（高管政治联系）两种类型，实证检验发现高管政治联系正向调节海外研发投资与企业创新绩效间的关系，国有股权则负向调节海外研发投资与企业创新绩效间的关系。此外，社会资源对海外研发投资和企业创新绩效关系的调节作用还可能因企业所处地区制度环境不同而存在显著的差异。王晓燕等（2017）考察了企业与政府政治关系对企业海外研发战略的影响，实证结果发现具有政治关联的跨国企业倾向于利用科学技术导向型海外研发投资来提升创新绩效，非政治关联跨国企业倾向于利用市场技术导向型海外研发投资来提升创新绩效。邱晨和杨蕙馨（2022）检验了东道国制度环境对研发国际化与母公司绿色创新关系的调节作用，发现东道国制度环境削弱了研发国际化广度和母公司绿色创新的正向关系，而对研发国际化深度和母公司绿色创新的正向关系具有强化作用。

（3）东道国环境因素

海外研发投资区位选址也将对海外研发活动的创新绩效产生一定的调节作用。李梅和卢程（2019）考察了母国与东道国间的制度距离所带来的调节作用，实证结果显示制度距离积极调节海外研发投资与母公司创新绩效间的关系：制度距离正向调节海外研发广度与母公司创新绩效间的正向关系，随着母国与东道国制度距离的增加，海外研发广度促进创新绩效的正向效应将得到强化；制度距离正向调节海外研发深度与母公司创新绩效间的负向关系，随着母国与东道国制度距离的增加，海外研发深度阻碍创新绩效的负向效应将得到强化。此外，将制度距离进一步划分为管制距离、规范距离以及认知距离时，作者也得到了相同的结论。徐晨等（2024）基于在全球贸易保护主义抬头的情况下，资源要素自由流动愈发困难的国际背景，考察了中美贸易摩擦对中国跨国企业海外研发与母公司创新绩效关系的调节效应。结果显示，中美贸易摩擦增强了海外研发对母公司创新绩效关系的正向影响。

（4）研发网络因素

海外研发投资导致跨国企业研发活动地理分布更加分散，因此构建协调、有机的全球研发网络将对母公司创新绩效具有重要的促进作用。肖慧敏和周红霞（2018）使用 Heckman 两步法检验了海外并购前后不同类型的海外研发对并购绩效的差异化影响，以及关系嵌入强度的调节作用。结果表明，主并企业与目标企业间的关系嵌入强度正向调节并购后海外研发与并购绩效间的关系，并且关系嵌入强度对探索式海外研发与并购绩效的调节作用效果更强。乌尔塔多－托雷斯等（Hurtado-Torres et al.，2018）探讨了不同海外研发单元合作对海外研发程度、海外研发地理分散化与母公司创新绩效关系的调节作用，实证结果显示不同海外研发单元合作越多，海外研发程度对母公司创新绩效影响效应越小；不同海外研发单元合作越多，海外研发地理分散化对母公司创新绩效影响效应越小。曾德明等（2014）探讨了网络中心位置的调节作用，实证研究发现网络中心位置正向调节海外研发投资与母公司创新绩效间的正向关系，企业所处的网络位置越中心，对其创新绩效越有帮助。李梅和赵乔（2021）基于社会网络理论视角，探究了中国跨国企业在全球研发网络中所处的位置（包括中心位置与结构洞）对海外研发行为与创新绩效关系的调节作用。实证结果显示，海外研发投资正向影响企业创新绩效，中国跨国企业在海外研发网络中所处的中心位置和结构洞位置均正向调节海外研发投资与企业创新绩效间的关系。分样本回归结果进一步显示，中心位置以及结构洞对海外研发行为与企业创新绩效关系的正向调节作用在小规模企业和高新技术企业中表现得更为显著。邱晨和杨蕙馨（2022）检验了知识搜索节奏对研发国际化与母公司绿色创新关系的调节作用，发现知识搜索节奏对于研发国际化深度和母公司绿色创新关系具有正向调节作用。

2.4.4　海外研发投资与创新绩效关系中介效应研究

海外研发活动除了直接影响母公司创新绩效，还可能通过一系列内在机制间接影响母公司创新绩效。中介效应实证研究进一步刻画出海外研发投资对母公司创新绩效的内部作用过程，具体研究成果如表 2－8 所示。

表 2－8　　　　海外研发投资与创新绩效关系中介效应研究成果

作者	实证方法	研究对象	主要结论
樊霞和李苑珊（2021）	QCA 方法	42 个实施研发国际化活动的企业案例	实现创新高绩效的路径并非唯一，导致非高创新绩效的组态有三个
徐晨和孙元欣（2021）	回归分析	2007～2014 年中国高科技类上市公司的数据	探索型技术获取以及利用型市场开拓在海外研发与自主创新能力间起部分中介作用

续表

作者	实证方法	研究对象	主要结论
黄宏斌等 （2023）	回归分析	2009～2020 年沪深两市 A 股上市公司	研发子公司通过信息共享和知识溢出效应促进企业集团协同创新
邓沛东等 （2024）	双重差分模型	2003～2019 年上市公司微观数据	海外研发中心主要通过优化东道国创意产出、知识吸收能力和人力资本等途径促进东道国创新
李欠强等 （2021）	倾向得分匹配—双重差分模型（PSM‒DID）	2009～2018 年沪深制造业上市公司数据	知识基础扩增以及研发效率提升成为海外研发投资影响企业创新绩效的重要机制
李梅等 （2022）	回归分析	开展海外研发的中国知识密集型行业企业	海外研发通过提升企业动态能力以促进创新绩效
Ferraris et al. （2019）	偏最小二乘（PLS）结构方程模型（SEM）	112 家拥有成熟海外研发合作伙伴关系的中型意大利公司	海外研发合作伙伴关系通过搜索能力与整合能力来积极影响企业创新绩效

资料来源：作者综合相关文献总结得到。

樊霞和李芷珊（2021）基于 SCP 范式的组态，分析了影响中国跨国企业海外研发创新绩效的制度环境—社会嵌入结构—组织学习行为因素。研究发现，实现海外研发创新高绩效有两条途径，分别为制度主导下开发市场的基地打造型和环境复杂化下突破创新的联盟合作型，这说明实现创新高绩效的路径并非唯一；导致非高创新绩效的组态有三个，当东道国存在较为明显的制度距离时，通过直接派遣本国员工的方式建立关系结构不利于创新绩效的达成。徐晨和孙元欣（2021）基于知识基础观和高阶梯队理论，将海外研发分解成规模强度和地域广度，进而考察了不同海外研发维度影响自主创新能力的内在机制。结果显示，探索型技术获取以及利用型市场开拓在海外研发与自主创新能力间发挥部分中介作用。黄宏斌等（2023）分析并检验了海外研发子公司的设立是否能有效提升企业集团的协同创新水平及其影响机制。研究结果表明，设立研发子公司主要通过发挥"信息共享"和"知识溢出"效应以实现创新资源在集团内部的优化配置，从而促进企业集团的协同创新。异质性分析发现，当集团高管具有研发背景、集团信息不对称程度较低以及金字塔控制链长度较短时，设立研发子公司对企业集团协同创新的促进作用更为显著。邓沛东等（2024）考察了创新资源配置国际化与创新活动复杂化的背景下，中国海外研发中心影响东道国创新的内在机制。研究发现，中国海外研发中心可以通过促进创意产出、增强区域知识吸收能力以及提升本土人力资本三类渠道显著提升东道国创新能力。李欠强等（2021）运用 PSM – DID 模型实证检验了中国跨国企业海外研发行为对母公司创新绩效的影响效应及其内在机制。研究结果显示，海外研发行为可以显著提升跨国企业创新绩效，并且该影响效应可通过知识基础扩增与研发效率提升两个重要内在机制得以实现。李梅等（2022）选取中国知识密集型行业中开展了海外研发活动的企业作为研究样本，基于动态能力视角探究海外研发对企业创新绩效的具体影响机制。结果表明，企业通过开展海外研发提高自身动态能力（机会感知能力、环境适应能力、协调整合能力、学习吸收能力），从而提升创新绩效。弗拉瑞斯等（Ferraris et al.，2019）实证分析了海外研发合作伙伴关系、搜索能力与整合能力同企业创新绩效间的相互关系，利用偏最小二乘（PLS）结构方程模型（SEM）对 112 家拥有成熟海外研发合作伙伴关系的中型意大利公司进行了假设检验。结果表明，从普通合伙人那里获得的知识在被分析企业的创新过程中起着至关重要的作用，但只有在与所研究的两种内部子能力（即搜索能力和整合能力）的发展相结合时，才会显示出间接的影响。此外，研究还发现，与综合能力相比，搜索能力的影响更大，同时也会影响企业的综合能力。

2.5　研究评述与小结

西方发达国家跨国企业海外研发投资一直是国际商务领域重要的话题。近年来，伴随着中国等新兴经济体后发跨国企业海外研发活动的不断兴起，利用海外研发活动获取海外创新资源得到国内外学者的广泛关注。已有研究主要探讨了海外研发投资内部动因、外部影响因素、地理区位选择以及进入模式等，针对海外研发投资与母公司创新绩效关系的研究尚不充分。部分学者从母公司吸收能力视角探讨了海外研发投资提升母公司创新绩效的问题，然而并没有得出统一的结论，海外研发投资母公司创新绩效提升理论框架也并未建立。基于上述理论框架和文献回顾的梳理，本书的研究对现有研究做出以下总结：

第一，需要关注海外研发投资影响母公司创新绩效的作用机制。通过海外研发投资获取全球创新资源，进而提升母公司创新实力是后发跨国企业海外研发投资的重要动因。现有学者通过实证检验也验证了上述关系，但仍有大量研究得到更复杂的结论。海外研发投资虽然提高了企业获取海外互补知识的可能性，但海外知识所具备的"黏性"特征反而增加知识转移、整合、协调以及沟通的成本，从而要求后发跨国企业在吸收能力方面具有一定的实力（Chen et al.，2012；Hsu et al.，2015；Piperopoulos et al.，2018）。海外研发活动将面临复杂的收益以及成本，如何识别海外研发活动所面临的收益与风险的影响机制，如何平衡多种收益与风险的综合影响值得深入研究。

第二，海外研发投资研究需要进一步引入组合结构维度。作为组合结构维度中的重要组成部分，海外研发深度和海外研发广度从不同层面解读海外研发投资水平，因此具有更丰富的研究意义。这两个维度反映出跨国企业如何布局海外研发机构、获取创新资源以及规避投资风险等战略目的，相比较是否参与海外研发测量方法，更能深入刻画跨国企业完整的海外研发特征。当前，关于海外研发深度的研究成果不断得以丰富，现有学者从前因变量、影响结果以及情境因素等方面入手，获得丰富的研究成果。海外研发广度研究还留有较大研究空间，可以更多地借鉴其他领域中关于广度的研究来进行深入探讨。因此，海外研发深度与海外研发广度应得到学者们的更多关注，丰富海外研发组合结构层面的研究成果。

第三，海外研发投资过程的匹配结构特征需要深入解构。海外研发深度与海外研发广度等组合结构反映的意义不尽相同，大多数文献分开讨论海外研发深度与海外研发广度的作用机制，极少数学者将海外研发深度与海外研发广度本身或是其影响机制整合在一起进行探讨（Tang et al.，2019；李欠强等，2019；Hurtado-Torres et al.，2018），这也为探索海外研发不同组合结构维度之间的匹配关系留足研究空间。

第四，海外研发投资不一致的结论需要得到更多的实证检验。如上所述，对于海外研发组合结构与创新绩效关系的研究正在逐步丰富的过程中，且相关实证研究得出了不一样的结论。这与研究者运用的解释理论框架、测度差异、检验情境等都可能存在联系。交易成本理论（负向影响）是普遍被使用的解释逻辑，在此基础上，这一框架或单独或与资源获取（正向）、组织学习（正向）等视角整合，带来了不同的海外研发投资与创新绩效关系。而海外研发组合结构本身是一个多层次的概念，包含了海外研发深度和海外研发广度，不同的海外研发组合结构带来的创新绩效结果也将不同。

第3章 我国海外研发投资现状与组合结构

3.1 我国海外研发投资现状

随着顾客需求持续变化、技术不确定性不断加剧以及产品价值链地理分布越发复杂化以及分散化，不同行业的企业改变组织边界内部运行的封闭式创新模式，越来越多的跨国企业选择在海外布局研发单元（Dunning and Lundan，2009；Piening et al.，2016）。中国作为最大的新兴经济体国家，先后提出"走出去"战略以及"一带一路"倡议，加速了国内跨国企业海外研发进程和节奏（谷军健、赵玉林，2020）。据统计，2008 年中国企业参与的海外研发项目仅有 152 条，到 2017 年我国企业参与的海外研发项目已高达 2745 条，十年间增长了 18 倍（李梅、陈嘉杰，2019）。此外，创新能力以及技术水平的高低作为衡量一国综合实力的核心要素，国家间综合实力的竞争更多地体现在自主创新能力方面。

近年来，我国海外研发投资呈现快速增长的态势。一方面，我国政府积极推动创新驱动发展战略，鼓励企业加大科技创新投入，拓展国际市场，提升国际竞争力；另一方面，我国企业海外研发投资逐渐成熟，开始在全球范围内配置创新资源，提升自身的研发能力和技术水平。

本章将针对我国海外研发投资的现状进行全面分析与概括，以把握我国海外研发投资的现状特征以及发展趋势，为之后的机理研究以及实证检验提供经验支撑以及数据支持。

3.1.1 海外研发投资时间进程

跨国企业海外研发投资活动始于具有技术优势的美国以及欧洲高科技公司，随后是以日本和韩国为主的发达国家跨国企业形成第二个波次，第三个波次才是以中国以及印度为代表的发展中国家跨国企业（柯银斌，2011）。发达国家海外研发投资活动兴起于 20 世纪 70 年代，并在随后的十年时间内逐渐发展成为普遍的现象。我国作为新兴经济体国家，其海外研发活动相比西方发达国家晚了近 20 年，直到 20 世纪 90 年代我国跨国企业才逐渐在海外建立研发机构。追溯我国海外研发投资历程，上海复华实业被认为是我国企业参与海外研发投资的先行者，其在 1991 年就与日本 JAIDO 机构合作成立了上海中和软件有限公司，并于当年在日本建立研发机构。因此，1991 年成为我国企业参与海外研发活动的元年，到目前为止，我国海外研发投资已有 30 余年的投资历程。按照投资时间历程，可以将我国跨国企业海外研发投资分成三个阶段。

首先，起步发展阶段（1991～2004 年）。自 1991 年上海复华实业率先在日本设立研发机构，我国跨国企业进入了海外研发投资的元年。2000 年，华为在印度成立研究所，从事通信产品研发。2003 年，中兴分别于俄罗斯成立中兴通讯（俄罗斯）有限责任公司，研发、生产、代理、销售、营销中兴通信产品，并提供相应的工程及售后的服务；并于瑞典成立中兴通讯欧洲研究所，从事电信技术研发及技术支撑。2004 年，上海杰德微电子有限公司于美国成立 Aris Logic Inc 公司，负责辅助研发、设计、销售大规模集成电路芯片及相关产品和服务。同年，中金投资（集团）有限公司在美国成立 CCIG International LLC 公司，负责药物研发及相关产品和技术的销售和服务。在海外研发起步阶段，主要是以我国具有相当实力的高科技公司（如华为、中兴、联想等企业）开始尝试在西方具有技术优势的发达国家从事海外研发活动。总体而言，此时海外研发投资处于起步阶段，海外新设研发机构数量较少，我国多数企业仍以国内研发为主要的技术来源。

其次，稳步发展阶段（2005～2010 年）。党的十六大报告中明确提出"走出去"与"引进来"的战略方针，此后我国跨国企业海外研发投资步伐逐渐加速。根据商务部发布的《境外投资企业（机构）名录》等，2005 年，我国跨国企业共在海外新建研发分支 37 家，到 2010 年新建海外研发分支增长到 188 家，增长了 5 倍多。2005 年，中兴通讯在巴基斯坦建立子公司，开展通信技术开发、生产与销售，软件研发与销售，通信工程安装承包与咨询服务等。2006 年共成立 46 家海外研发机构，其中澳恺威进出口有限公司建立的澳利威（美国）纽约公司从事以高档织物面料为主的研发及进出口业务，开发家用纺织品的贸易与生产。2007 年成立 56 家海外研发分支机构，其中大连瓦机赛丁席士机床有限公司在德国成立赛丁席士有限公司，负责销售 Vertimaster 以及 Vertiturn 系列的立式车铣加工中心及相关产品，提供售后维护服务，研发新产品，销售进口机床产品。在海外研发投资稳步发展阶段，我国高科技以及非高科技跨国企业均逐渐将研发机构设置到海外地区，投资区位选择既包括具有技术领先优势的西方发达国家，又包括具有市场规模领先优势的发展中国家（如印度、巴基斯坦等）。

最后，快速发展阶段（2011 年至今）。自 2011 年起，我国海外研发投资进入了快速发展阶段。根据商务部发布的《境外投资企业（机构）名录》等，2011 年共设立了 210 家海外研发分支机构，其中广西柳工在南非成立分公司，从事机械产品研发、销售、租赁、服务和培训；江苏新思通信息技术有限公司在日本成立 NSC 日本株式会社，从事计算机技术及通信设备的研发、销售及维护，网络信息网站的建设、运营和管理，网络和通信终端的销售，视频技术的开发、销售及进出口业务，计算机相关书籍、杂志的翻译、出版、销售及进出口业务，半导体及电子机械的开发、制造与销售等。在快速发展阶段，我国海外研发投资的特点包括投资规模显著增长、投资区域多元化以及投资领域广泛。随着我国经济快速发展和科技创新能力提升，越来越多的企业开始意识到海外研发投资对于获取先进技术、提升品牌影响力以及拓展市场的重要性。此外，我国海外研发投资的发展也获得了政策支持。政府通过提供税收优惠、财政补贴、金融支持等措施，鼓励企业开展海外研发活动，提升国际竞争力。同时，我国也在积极参与国际科技合作，通过建立联合研发平台、技术交流与合作机制，促进全球科技创新资源的整合与共享。

3.1.2　海外研发投资主体的发展变化

根据企业所有权和控制权属性，对我国 383 家海外研发投资企业进行分类，共分为国有企业、合资企业和私营企业。第一类是国有企业由国家（通常是政府）独资或控股的企业，其资产属于全民所有。国有企业的发展战略和经营决策往往与国家宏观经济政策、产业政策紧密相连，承担着国家经济结构调整、产业升级等重任。第二类是合资企业。这些企业由两个或两个以上不同国籍的企业或其他经济组织共同投资者共同投资建立，各投资方根据协议持有企业一定比例的股份。合资各方通常会共享技术、市场渠道、管理经验等资源，以达到优势互补、风险共担、利益共享的目的。第三类是私营企业，由个人或家族所有，企业的所有权与控制权高度集中，决策过程相对灵活。这类企业的主要目的是追求利润最大化，其经营策略和决策直接服务于所有者的经济利益。统计数据显示，参与海外研发投资的跨国企业中，私营企业数量最多，为 295 家，占海外研发投资跨国企业总数的 77%；国有企业次之，为 87 家，占海外研发投资跨国企业总数的 22%；合资企业仅有 1 家（见图 3 − 1）。

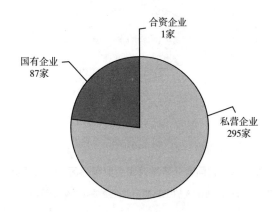

图 3 − 1　我国跨国企业海外研发企业类型

资料来源：作者根据所选沪深两市 A 股上市制造业企业的相关数据绘制。

整体上看，当前私营企业为我国海外研发投资最重要的企业类型。不同所有制企业参与海外研发的动机存在显著的差异，国有企业海外研发投资主要是为了获取海外廉价的能源、人力等资源，获取技术溢出的意愿并不强烈；而私营企业海外研发投资根本目标是为了利益最大化，因此具有较为强烈的技术寻求动机。

3.1.3　海外研发投资国内区域分布

按照我国地理区位特点，可以将我国分成东部地区、中部地区以及西部地区[①]。通过分析我国海外研发投资机构的母国区域分布情况（见图 3 − 2）可

---

　　① 东部地区包括北京、天津、河北、辽宁、吉林、黑龙江、上海、江苏、浙江、福建、山东、广东、海南，中部地区包括山西、安徽、江西、河南、湖北、湖南，西部地区包括内蒙古、广西、四川、重庆、贵州、云南、陕西、甘肃、青海、宁夏、新疆、西藏。

知，我国海外研发投资母国区域分布表现出明显的集聚效应，东部地区参与海外研发投资的跨国企业数量最多，为303家，占海外研发投资跨国企业总数的79.1%；中部地区次之，为48家，占海外研发投资跨国企业总数的12.5%；西部地区数量最少，为32家，占海外研发投资跨国企业总数的8.4%，这与各地区经济规模、省份数量等因素有关。

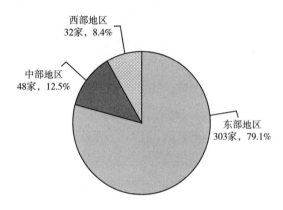

图3-2   我国海外研发跨国企业国内区域分布情况

资料来源：作者根据所选沪深两市A股上市制造业企业的相关数据绘制。

具体到我国各省（区、市）海外研发投资区域分布，我国海外研发投资数量排名前十的省（区、市）分别是广东（75家）、浙江（57家）、江苏（37家）、山东（37家）、上海（35家）、北京（29家）、湖北（15家）、安徽（11家）、福建（10家）、河北（8家）。从海外研发投资机构数量来看，我国各省（区、市）间仍然存在较大的差距。广东、浙江的海外研发投资机构数量均超过50家，为海外研发第一梯队；江苏、山东、上海、北京、湖北、安徽、福建以及河北的海外研发投资机构数量均超过10家，为海外研发投资第二梯队；其他省（区、市）的海外研发投资机构数量均低于10家，为海外研发投资第三梯队。处于第一梯队和第二梯队的省（区、市）多位于沿海地区，其经济开放程度较高，基础设施较好；而处于第三梯队的省（区、市）多位于内陆地区，其经济开放水平以及基础设施建设相较于沿海地区仍有较大的差距和提升空间。

3.1.4   海外研发投资行业分布

按照国家统计局颁布的《国民经济行业分类（GB/T 4754—2017）》标准，

针对《境外投资企业（机构）名录》中的海外研发投资企业实施两位数的行业编码与分类。基于时间变化维度，我国海外研发投资企业最初主要涉足通信、家电等传统制造业领域，现阶段已经进一步拓展到批发和零售业、住宿和餐饮业、电力、科学研究等 17 个行业类型，行业分布较之前更加分散化与多元化。

科学技术的快速发展加强了世界上不同地理位置企业的联系和合作，使得跨国企业可以将技术密集型活动以及知识密集型活动在全球范围内进行分散化布局。目前，我国跨国企业海外研发活动所投资的行业主要集中于专业技术服务业以及高端技术制造业。我国跨国企业海外研发投资活动已由过去以汽车零部件、机械制造以及电子设备为主的集中化投资转向行业范围更加广泛的领域，包括新能源技术、航空航天技术以及生物技术等高科技行业领域。

制造业是国家现代化的重要标志，其发展程度决定了我国现代化以及工业化水平，成为评价我国综合实力的主要指标（赵先进、梁璐，2016）。为此，我国历届政府都非常重视制造业的地位，相继出台了各种措施以鼓励制造业企业参与国际化竞争。在我国"创新驱动"发展新阶段，制造业企业全球化竞争越发表现为获取以及利用战略性资源，而海外研发单元成为制造业企业在全球范围内进行市场开拓以及技术探索的重要平台。近年来，我国跨国企业海外研发投资机构行业分布基本集中于制造业。通过进一步对制造业企业的二级行业分类可以发现，我国制造业跨国企业海外研发活动主要集中于计算机、通信和其他电子设备制造业、专用设备制造业、电气机械和器材制造业、医药制造业、通用设备制造业以及汽车制造业。

制造业是我国参与全球经济分工的强项，但是与西方发达国家相比仍存在技术短板以及竞争劣势，因此亟待提升我国制造业企业技术能力。参照美国国家科学基金会（NSF）公布的《科学与工程指引 2018》的数据，进入 21 世纪以来我国高科技制造业增加值迅猛增长，2001 ~ 2015 年增长了 10 倍以上。在各高科技制造业领域中，我国医药制造业与信息通信技术实力尤其突出，其中医药制造业产品占全球总额的比例高达 28%，信息通信技术相关产品占全球总额的比例更高达 39%。

以我国制造业跨国企业海外研发投资机构数量来看（见图 3 - 3），机构数量最多的为计算机、通信和其他电子设备制造业，总计 74 家，占制造业跨国企业海外研发投资机构总数的比重高达 19.3%，其中 TCL 集团、中兴通讯以及立讯精密等通信类高科技企业海外研发活动表现尤为突出。该类企业由于身处技术波动性以及市场波动性剧烈的环境，对技术以及市场的变动异常敏感，利用海外研发投资活动获取海外先进技术、提高自身竞争力的意愿较强。此外，医药制造业是我国高科技海外研发投资另一重要领域，随着我国医药制造行业的高速发展，医药制造业的海外研发投资步伐也不断加速，我国医药制造业跨国企业共计在海外投资 34 家机构，占制造业跨国企业海外研发投资机构总数的比重达 8.9%，具有代表性的医药制造业企业包括江苏恒瑞医药、上海药明康德以及上海复星医药等。

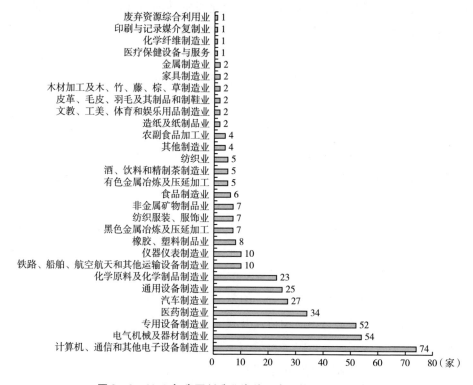

图 3－3　2018 年我国制造业海外研发机构行业分布情况

资料来源：作者根据所选沪深两市 A 股上市制造业企业的相关数据绘制。

除高科技制造业行业外，专用设备制造业，电气机械及器材制造业，通用设备制造业，汽车制造业，纺织服装，服饰业，化学原料及化学制品制造业，金属制造业，纺织业等技术、资金以及人才密集型的传统制造业行业设立海外研发投资机构的数量也较多，2018 年所设立的海外研发机构数量分别是 52

家、54 家、25 家、27 家、7 家、23 家、2 家和 5 家，所占制造业跨国企业海外研发投资机构总数的比重分别是 13.5% 、14% 、6.5% 、7% 、1.8% 、6% 、0.5% 和 1.3% 。

从我国制造业企业海外研发投资前五大行业来看，除了医药制造业以外，其他均属于装备制造业，因此装备制造业成为我国制造业跨国企业参与海外研发投资的重要主体，其主要原因在于：首先，装备制造业是制造业领域的高端行业，具备劳动、技术以及资本密集等特点，并在产业链中处于核心地位，因此成为我国制造业企业布局海外研发投资活动的重要行业。其次，目前我国装备制造业行业技术水平较低，主要从事产品加工以及组装工作，薄弱的自主创新能力限制了我国装备制造业国际竞争力，海外研发活动成为装备制造业实现向高端升级的必要途径。再次，近年来我国装备制造业存在严重的产能过剩现象，且面临着原材料价格以及劳动力成本上涨的挑战，导致我国传统成本竞争优势逐渐丧失。在发达国家高端装备制造业以及发展中国家低端装备制造业的双重竞争压力下，海外研发投资成为装备制造业企业转移本国过剩产能并实现与其他相关企业进行竞争的重要手段。最后，自 2008 年金融危机之后，西方发达国家装备制造业普遍面临着经营困境，急需海外资金。在此机遇下，我国在 2009 年提出了装备制造业振兴计划，政府出台的各项相关政策极大激发了我国装备制造业企业参与海外研发活动的积极性。

3.1.5　海外研发企业费用支出

通过分行业统计我国海外研发投资企业管理费、财务费以及销售费等费用支出数据可以看出，我国不同行业的海外研发投资企业费用支出表现出明显的行业差异（见表 3 - 1）。

表 3 - 1　　　　海外研发投资企业在不同行业的费用统计　　　　单位：亿元

制造业分类	管理费用	财务费用	销售费用
酒、饮料和精制茶制造业	39.70	- 3.30	95.72
金属制造业	6.60	- 1.20	5.99
皮革、毛皮、羽毛及其制品和制鞋业	1.28	- 0.07	1.72
化学纤维制造业	2.48	- 0.06	1.03
医疗保健设备与服务	2.10	0.11	3.98

制造业分类	管理费用	财务费用	销售费用
木材加工及木、竹、藤、棕、草制造业	8.81	0.22	10.87
印刷与记录媒介复制业	3.15	0.23	0.93
文教、工美、体育和娱乐用品制造业	2.49	0.28	3.53
家具制造业	4.77	1.12	4.91
纺织业	11.12	1.65	11.13
废弃资源综合利用业	6.79	4.64	0.81
食品制造业	55.78	5.09	293.88
农副食品加工业	24.39	5.58	22.89
其他制造业	10.04	6.47	15.41
纺织服装、服饰业	24.90	7.19	44.69
有色金属冶炼及压延加工	16.11	7.98	4.10
仪器仪表制造业	18.62	8.28	0
橡胶、塑料制品业	65.23	12.11	28.85
铁路、船舶、航空航天和其他运输设备制造业	176.49	20.18	86.80
汽车制造业	472.22	22.46	993.35
非金属矿物制品业	51.50	28.15	58.44
造纸及纸制品业	15.10	29.19	16.55
医药制造业	193.65	35.34	421.55
化学原料及化学制品制造业	111.80	47.67	91.67
专用设备制造业	264.16	60.38	226.80
通用设备制造业	176.16	85.84	105.81
电气机械及器材制造业	405.84	86.97	999.85
计算机、通信和其他电子设备制造业	474.47	98.07	558.55
黑色金属冶炼及压延加工	119.12	125.60	90.01

资料来源：作者根据所选沪深两市 A 股上市制造业企业的相关数据总结得到。

　　一方面，从整体行业分布来看，汽车制造业、电气机械及器材制造业，以及计算机、通信和其他电子设备制造业的总费用支出分别高达 1488.03 亿元、1492.66 亿元和 1131.09 亿元，均超过了 1000 亿元[1]，处于海外研发企业费用支出的前列；医药制造业，专用设备制造业，通用设备制造业，食品制造业，

―――――――――――

① 若没有特殊说明，本书中的货币单位均为人民币。

黑色金属冶炼及压延加工，铁路、船舶、航空航天和其他运输设备制造业，化学原料及化学制品制造业，非金属矿物制品业，酒、饮料和精制茶制造业，橡胶、塑料制品业的总费用支出分别为 650.54 亿元、551.34 亿元、367.81 亿元、354.75 亿元、334.73 亿元、283.47 亿元、251.14 亿元、138.09 亿元、132.12 亿元、106.19 亿元，均超过了 100 亿元，处于海外研发企业费用支出的中等水平；而金属制造业，皮革、毛皮、羽毛及其制品和制鞋业，化学纤维制造业，医疗保健设备与服务，木材加工及木、竹、藤、棕、草制造业，印刷与记录媒介复制业，文教、工美、体育和娱乐用品制造业，家具制造业，纺织业，废弃资源综合利用业，农副食品加工业等其他制造业的费用支出均低于 100 亿元，处于海外研发企业费用支出的较低水平。基于上述不同行业的海外研发企业费用支出数据可以看出，处于费用支出前列的海外研发企业多为知识密集型行业，此类型企业的技术水平较高、参与海外研发的比例较高，其高额的费用支出也反映了其在技术创新和市场拓展方面的努力；相反，处于费用支出末端的海外研发企业多为劳动密集型行业，此类型企业技术水平较低，因此没有太大的动力参与海外研发活动。

另一方面，从具体行业来看，电气机械及器材制造业的总费用支出处于行业第一，且财务费和销售费用都是最多的（分别为 86.97 亿元、999.85 亿元）。比如，包括美的集团、格力电器、青岛海尔等国内顶级家电企业纷纷支撑海外自主品牌向高端升级，其业务模式也从单纯的贸易转变为"研产销三位一体"的本土化，大力地推进研发、生产、供应链以及销售的全球资源整合，实现更优配置。此外，汽车制造业的总费用支出虽处于行业第二，但与电气机械及器材制造业的差距较小，是我国"走出去"研发的另一重要行业，其管理费、财务费以及销售费用分别为 472.22 亿元、22.46 亿元、993.35 亿元，在行业费用支出方面同样占据领先地位。比如，以上汽集团、长安汽车、长城汽车为代表的中国车企纷纷出海，建设海外生产、研发、销售网络，不断深化属地运营，以更好服务当地市场。以长安汽车为例，根据长安汽车公布的企业年报，长安汽车加速布局全球研发中心，目前已经构建起"六国十地"全球研发布局，建设有 16 个技术、产品研发中心，拥有全球 30 个国籍的工程技术团队上万余人。此外，需要关注的行业领域为计算机、通信和其他电子设备制造业，其总费用支出超过 1000 亿元，处于行业第三，其在管理费、财务费以及销售费用方面的分别为 474.47 亿元、98.07 亿元、558.55 亿元，同样处于行业领先位置。近年来，我国计算机、通信和其他电子设备制造业发展迅速，形成了覆盖芯片与终端、网络建设与运营等各个环节的完整产业链，在多项技术领域赶超国际先进水平，实现了国际国内市场的双丰收，其中以中兴通讯、海信电器以及立讯精密为代表的中国企业纷纷参与全球市场竞争，成为引领全球通信业发展的一支重要力量。

综上所述，在我国参与海外研发布局的跨国企业中，其费用支出呈现出明显的行业差异，以电气机械及器材制造业，汽车制造业，计算机、通信和其他电子设备制造业，医药制造业等为代表的高科技产业在费用支出方面占据了较大比重，反映出高科技产业更加重视海外研发活动，同时在费用支出方面的投入也更多。这也提示我们，我国不同行业的跨国企业在海外研发投资过程中应根据自己的行业特点和需求，合理安排管理费、财务费以及销售费用，以实现更好的研发投资效果。

此外，我国参与海外研发活动的跨国企业在管理费用、财务费用以及销售费用上同样存在着明显的企业性质差异。通过分类统计不同性质的跨国企业的费用支出可以发现，私营企业的总费用支出最高，达 4016.80 亿元；国有企业的总费用支出次之，达 3656.31 亿元；合资企业的总费用支出最少，仅 5.97 亿元（见表 3-2）。由此可见，当前我国参与海外研发活动的跨国企业中，以私营企业和国有企业为主，同时这两类企业在费用支出方面的投入较大。

表 3-2　　　　　　　不同性质的海外研发跨国企业费用支出　　　　　　单位：亿元

企业性质	管理费用	财务费用	销售费用	费用总计
国有企业	1340.98	295.88	2019.45	3656.31
合资企业	4.09	0.08	1.80	5.97
私营企业	1419.81	400.20	2196.79	4016.80
总计	2764.88	696.16	4218.04	7679.08

资料来源：作者根据所选沪深两市 A 股上市制造业企业的相关数据总结得到。

进一步分类别分析费用支出可以发现，国有企业的销售费用最多，达 2019.45 亿元，占总费用支出的 55.23%；管理费用次高，为 1340.98 亿元，占总费用支出的 36.68%。上述两类费用占企业总费用支出的九成以上，这可能是由于国有企业自身具有较为庞大的管理架构、运营规模以及销售规模。国有企业的财务费用相对较少，为 295.88 亿元，表明国有企业财务费用支出控制得当。此外，相比国有企业，私营企业的销售费用支出更多，达 2196.79 亿元，这可能与其更加注重市场推广和销售渠道建设有关；同时，私营企业的管理费用支出也较多，达 1419.81 亿元，这可能是由于私营企业缺乏国有企业所具备的资源优势，在企业经营以及海外研发投资过程中面临着较高的融资成本。合资企业无论在管理费用支出或财务费用和销售费用上均明显低于上述两类企业，这可能与其在海外研发投资上的谨慎态度和较小的投资规模有关。上述费用支出差异可能对我国跨国企业在海外市场的竞争力和长期发展产生影响，国有企业在管理费用上的高支出可能需要通过优化管理流程来降低，私营企业需要在销售推广和成本控制之间找到平衡，而合资企业则需要在风险控制和市场机会之间做出权衡。

3.1.6　海外研发企业规模分析

首先，企业的规模往往决定了其在市场中的竞争力、研发能力以及对外投资潜力。规模较大的企业通常拥有更多的资源和资金来支持其海外研发活动，承担更高的海外投资风险，并有能力在全球范围内寻求创新资源和技术优势。例如，大型跨国企业通常会在多个国家和地区设立研发中心，以便接近当地的人才、市场和创新生态系统，同时也可以分散风险，提高研发效率。其次，企业规模与海外研发投资间存在互动关系，企业规模扩张往往伴随着企业海外研发投资需求的增加，而成功的海外研发投资可以促进企业的进一步扩大规模。这种互动关系使我国跨国企业可以在全球化竞争中持续创新和进步。最后，企业规模将影响企业海外研发投资的策略选择。大型企业可能更倾向于通过并购或建立自己的研发中心来进行海外研发投资，而中小型企业可能更倾向于通过合作、联盟或外包等方式来进行海外研发投资。

通过统计 2018 年我国参与海外研发活动的跨国企业规模数据可以发现，这一年共有 383 家跨国企业参与海外研发投资活动，企业员工总数达 3618838 人，平均每家企业员工数为 9473.4 人，整体上参与海外研发投资的跨国企业具有较大的企业规模，显示出该类企业具有较为丰富的资源储备以及较强的研发和生产能力（见表 3-3）。此外，我国参与海外研发活动的跨国企业在企业规模方面还表现出显著的差异，企业员工数量最大值（215711 人）是最小值

（101 人）的 2136 倍，这反映出我国参与海外研发活动的跨国企业规模具有显著的多样性。

表 3 – 3　　2018 年我国参与海外研发投资的跨国企业规模的描述性统计　　单位：人

统计	员工人数
平均值	9473.40
总值	3618838
最大值	217511
最小值	101

资料来源：作者根据所选沪深两市 A 股上市制造业企业的相关数据总结得到。

进一步而言，从企业性质视角来看，我国参与海外研发投资的跨国企业在企业规模方面表现出显著的差异性，国有企业、合资企业和私营企业在不同制造业分类企业中的员工人数分布不均（见表 3 – 4）。整体来看，2018 年国有企业在一些传统和重工业领域仍然占据重要地位，如在黑色金属冶炼及压延加工领域，国有企业的员工人数为 974791 人，这反映出国有企业在重工业和资源密集型行业中仍然保持着传统优势；在化学原料及化学制品制造业，国有企业的员工人数为 313604 人，远超其他类型企业，这可能与国有企业在该行业的规模经济以及市场控制力有关。而私营企业则在纺织服装、服饰业，计算机、通信和其他电子设备制造业，以及汽车制造业等新兴和高科技领域中显示出较强的竞争力。例如，在电气机械及器材制造业，私营企业的员工人数达到 2210319 人，远超过国有企业的 771294 人；与之类似，在传统劳动密集型制造行业，如纺织业，私营企业的员工人数为 211310 人，约是国有企业的 9 倍，这显示出私营企业在上述相关行业领域具有较强的活跃度以及扩张能力；而在计算机、通信和其他电子设备制造业这一高科技领域，私营企业的员工人数为 2739166 人，远超国有企业的 1335163 人，这显示出私营企业在该领域的快速发展和对人才的大量需求，而这一现象可能与私营企业在创新和技术应用方面的灵活性和积极性有关。此外，合资企业在部分行业占据一席之地，如在汽车制造业，员工人数总计为 3171831 人，其中私营企业的员工人数为 913216 人，国有企业为 2225803 人，合资企业为 32812 人，这表明尽管国有企业仍然是该行业的主导力量，在资金和政策支持方面拥有更多的优势，但私营企业与合资企业在该领域也具备一定的实力。

表 3 - 4　　　　海外研发企业规模在不同性质、不同行业的分布情况　　　单位：人

制造业分类	企业性质			
	国有企业	合资企业	私营企业	总计
电气机械及器材制造业	771294	0	2210319	2981613
纺织服装、服饰业	202776	0	122678	325454
纺织业	24129	0	211310	235439
非金属矿物制品业	129836	0	224955	354791
废弃资源综合利用业	0	0	27850	27850
黑色金属冶炼及压延加工	974791	0	138201	1112992
化学纤维制造业	0	0	13054	13054
化学原料及化学制品制造业	313604	0	206041	519645
计算机、通信和其他电子设备制造业	1335163	0	2739166	4074329
家具制造业	13681	0	63496	77177
金属制造业	0	0	46747	46747
酒、饮料和精制茶制造业	335492	0	53683	389175
木材加工及木、竹、藤、棕、草制造业	0	0	45380	45380
农副食品加工业	37282	0	162244	199526
皮革、毛皮、羽毛及其制品和制鞋业	0	0	17766	17766
其他制造业	14598	0	42009	56607
汽车制造业	2225803	32812	913216	3171831
食品制造业	139102	0	364927	504029
铁路、船舶、航空航天和其他运输设备制造业	1121101	0	98994	1220095
通用设备制造业	348084	0	354580	702664
文教、工美、体育和娱乐用品制造业	11447	0	14912	26359
橡胶、塑料制品业	81224	0	179227	260451
医疗保健设备与服务		0	17676	17676
医药制造业	144825	0	772301	917126
仪器仪表制造业	19946	0	110611	130557
印刷与记录媒介复制业	0	0	13842	13842
有色金属冶炼及压延加工	0	0	59010	59010
造纸及纸制品业	79436	0	47346	126782
专用设备制造业	665326	0	662500	1327826
总计	8988940	32812	9934041	18955793

资料来源：作者根据所选沪深两市 A 股上市制造业企业的相关数据总结得到。

最后，通过分析我国参与海外研发活动的跨国企业规模，可以帮助我们探究不同企业的市场策略以及发展方向。其中，大型企业由于规模优势，能够实现成本效益和市场影响力，可能更加注重规模经济以及市场占有率；而小型企业则能够通过专注于特定细分市场或提供定制化服务来获得竞争优势，因此其可能更侧重于专业化和差异化竞争。此外，通过对企业规模的分析，我们还可以观察到企业的社会责任以及可持续发展方向。企业规模的扩大往往伴随着对资源的需求增加和对环境的影响增大，因此企业在追求经济效益的同时，也要考虑其对环境和社会的影响。企业可以通过技术创新、资源节约和社会责任实践来实现可持续发展，这对于企业的长期发展和社会的整体福祉都至关重要。

3.1.7　海外研发企业销售额分析

海外研发投资已成为中国后发跨国企业提升自主创新能力的重要战略，能显著促进企业创新绩效的提升，并且具有逐年递增的动态效应，而企业创新绩效的提升还可以进一步转化为企业销售额的增长。企业在海外设立研发单元的战略定位以及组织形式取决于企业发展所处的内外部环境和发展战略。其中，正确的战略定位和组织形式可以促进海外研发单元提升研发效率，进而提升企业的销售额。

通过统计2018年我国参与海外研发活动的跨国企业的销售额数据，我们发现汽车制造业在销售额总数上遥遥领先，达到了14643.49亿元，其次是计算机、通信和其他电子设备制造业，销售总额为9938.33亿元，紧随其后的是电气机械及器材制造业，销售总额为9491.15亿元（见表3-5）。上述三个行业的跨国企业在市场销售方面的表现尤为突出，显示出较强的市场竞争力和品牌影响力，尤其是汽车制造业，其销售额远远超过了其他行业，这可能与汽车制造业的高附加值、技术创新以及全球市场需求有关。

表3-5　　　　2018年我国参与海外研发活动的跨国企业的销售额　　单位：亿元

制造业分类	企业性质			总计
	国有企业	合资企业	私营企业	
电气机械及器材制造业	2509.54	0	6981.61	9491.15
纺织服装、服饰业	227	0	131.79	358.79

续表

制造业分类	企业性质			总计
	国有企业	合资企业	私营企业	
纺织业	32.6	0	161.3	193.9
非金属矿物制品业	141	0	706.77	847.77
废弃资源综合利用业	0	0	139	139
黑色金属冶炼及压延加工	6381	0	244.03	6625.03
化学纤维制造业	0	0	35.7	35.7
化学原料及化学制品制造业	1264.43	0	719.49	1983.92
计算机、通信和其他电子设备制造业	4279.5	0	5658.83	9938.33
家具制造业	7.55	0	43.9	51.45
金属制造业	0	0	77.2	77.2
酒、饮料和精制茶制造业	508	0	115.2	623.2
木材加工及木、竹、藤、棕、草制造业	0	0	88.6	88.6
农副食品加工业	175	0	248.6	423.6
皮革、毛皮、羽毛及其制品和制鞋业	0	0	18.61	18.61
其他制造业	438	0	138.57	576.57
汽车制造业	12614.5	66.7	1962.29	14643.49
食品制造业	530.3	0	820.9	1351.2
铁路、船舶、航空航天和其他运输设备制造业	2487.62	0	123.8	2611.42
通用设备制造业	1442	0	801.85	2243.85
文教、工美、体育和娱乐用品制造业	19.7	0	20.5	40.2
橡胶、塑料制品业	188.3	0	548.75	737.05
医疗保健设备与服务	0	0	23.1	23.1
医药制造业	337.7	0	1659.43	1997.13
仪器仪表制造业	7.78	0	210.44	218.22
印刷与记录媒介复制业	0	0	33.3	33.3
有色金属冶炼及压延加工	0	0	364.2	364.2
造纸及纸制品业	289	0	148	437
专用设备制造业	1724	0	1552.12	3279.44

资料来源：作者根据所选沪深两市 A 股上市制造业企业的相关数据总结得到。

　　进一步而言，不同性质的企业在不同制造业分类中的销售额分布可以反映出各个行业的市场特性和竞争格局，为我们深入理解企业性质和制造业分类之间关系提供信息，并有助于我们更好地把握不同行业的发展趋势和市场机会。

具体来看，私营企业在高科技和消费品制造业中显示出较强的市场竞争力和创新能力，这可能与私营企业的灵活性、创新驱动以及对市场需求的快速响应有关。数据显示，私营企业在我国的多个制造业分类中占据主导地位，尤其是在电气机械及器材制造业，以及计算机、通信和其他电子设备制造业中，私营企业的销售额高分别达 6981.61 亿元和 5658.83 亿元，充分展示了私营企业在高科技领域的活跃度和创新能力。此外，私营企业在汽车制造业、医药制造业、专用设备制造业以及通用设备制造业中的销售额也较高，分别为 1962.29 亿元、1659.43 亿元、1552.12 亿元和 801.85 亿元。国有企业在一些传统重工业领域中占据重要地位，这可能与国有企业在这些行业中的规模经济、资源优势和政策支持有关。数据显示，国有企业在我国多个传统劳动密集型制造业分类中占据主导地位，如在纺织服装、服饰业，国有企业的销售额高达 227 亿元，明显高于私营企业的 131.79 亿元；在黑色金属冶炼及压延加工行业，国有企业的销售额高达 6381 亿元，其营业额是私营企业（244.03 亿元）的 26.15 倍；而在其他行业（包括酒、饮料和精制茶制造业，铁路、船舶、航空航天和其他运输设备制造业，造纸及纸制品业等行业）也是如此。合资企业虽然在某些行业的销售额不高，但其在特定领域拥有专业化和技术合作的优势，特别是汽车制造业。

3.1.8　海外研发企业技术人员分布

在全球化的背景下，随着我国企业不断开拓国际市场，寻求更广阔的全球发展空间，海外研发机构俨然成为我国跨国企业获取全球先进技术、促进技术创新的重要途径。这些研发机构通常位于技术发达、人才密集的地区，吸引了来自世界各地的优秀人才。技术人员作为研发团队的核心力量，不仅拥有丰富的技术、知识和经验，而且具备国际化的视野和思维方式，能及时了解与掌握国际科技发展趋势，为企业提供前沿技术信息和创新解决方案；还能够通过与国内技术团队开展紧密合作，推动企业的技术进步和产品升级。因此，分析我国不同制造业企业技术人员的分布情况，有助于我们了解行业技术实力和发展趋势。通过对比不同行业技术人员的数量和结构，我们可以发现哪些行业在技术创新方面具有优势，哪些行业存在技术短板，从而为我国企业提供有针对性的发展策略和建议。与此同时，这还有助于我们了解行业技术人才的需求和供给状况。对于那些技术人员较多、技术实力较强的行业，可以通过加强与高校和科研机构的合作，培养和吸引更多的技术人才；而对于那些技术人员较少、技术实力较弱的行业，则可以通过引进海外技术人才、建立海外研发机构等方式，提升企业自身的创新能力。总之，在全球化的背景下，跨国企业海外研发活动和技术人员之间的关系越来越紧密，技术人员不仅能够为我国跨国企业提供国际先进技术，推动技术创新，还能够帮助我国跨国企业更好地适应国际市场需求和规则，提升企业产品的市场竞争力。因此，分析和了解不同制造业行业技术人员的分布情况，对于我国跨国企业制定发展战略、提升技术实力具有重要的指导意义。

通过统计 2018 年我国参与海外研发的跨国企业技术人才相关数据（见图 3 - 4）可以发现，计算机、通信和其他电子设备制造业共有 100535 名技术人员，位居全行业第一。这主要是由于，随着科技的飞速发展，计算机、通信和其他电子设备制造业成为当今科技行业的重要组成部分，涵盖了计算机硬件、通信设备以及半导体等多个领域，使得其对技术人才的需求不断增加。计算机、通信和其他电子设备制造业的技术人员主要从事软件开发、硬件设计、系统集成等工作。数量庞大的技术人员对该行业企业获取和保持全球市场竞争优势以及市场份额至关重要，同时这也反映出该行业企业在技术创新和产品研发方面的积极投入。此外，汽车制造业是一个典型的资本密集型和技术密集型行业，这意味着在生产过程中需要大量的资金投入用于先进设备、技术研发和生产线建设，同时要求从业人员具备较高的技术水平和专业知识。该行业从设计、研发、生产制造到维修服务等各个环节都需要不同类型的技术人才，包括但不限于车辆工程、机械设计、电子信息技术、材料科学、软件开发、人工智能等领域的专家。根据本书研究样本统计可知，该行业共雇用了 51930 名技术人员，可见其在技术创新和产品升级方面投入了大量的人力资源。但随着汽车智能化、电动化趋势的加强，该行业对具有跨界能力、掌握最新技术的专业人才的需求激增，尤其是对新能源汽车技术、自动驾驶技术、车联网技术等方面的人才的需求尤为迫切。再者，电气机械及器材制造业是一个涉及广泛领域的行业，包括但不限于电机、变压器、电池、开关设备、电线电缆、照明器具等产品的设计、生产与销售。随着行业技术的快速进步，特别是自动化、智能化技术的应用，行业对具备电子、机械、自动化控制、信息技术等多领域知识的复合型高技能人才的需求迫切。根据本书研究样本统计可知，该行业雇用了共47548 名技术人员，可以不断提高产品的性能、效率和智能化水平，适应快速变化的市场需求和技术趋势。另外，专用设备制造业是一个高度专业化的行业，主要涉及为特定行业或用途设计和生产非标准的、定制化的机械设备，这些设备广泛应用于工业生产、医疗、建筑、农业等多个领域，以满足客户在特定工作环境或加工过程中的独特需求。该行业需要跨学科的技术人才，如机械工程师、电气工程师、软件开发人员及系统集成专家等，他们应具备将多种技术融合创新的能力。根据本书研究样本数据，该行业共雇用了 46412 名技术人员，这反映出该行业企业越来越重视技术人员的创新能力，以开发出更高效、更智能的产品。

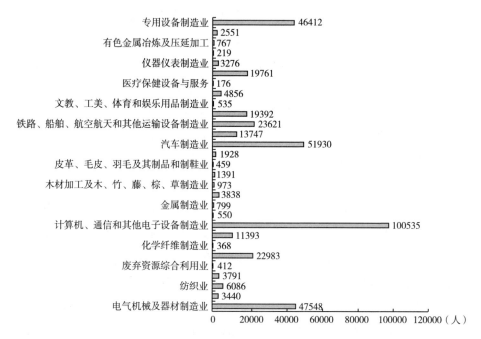

图 3-4　不同行业的海外研发跨国企业技术人员分布

资料来源：作者根据所选沪深两市 A 股上市制造业企业的相关数据绘制。

　　通过对上述四个技术人员数量最多的制造业行业的统计分析，并对比其他制造业企业技术人员数据，可以观察到不同制造业行业在技术创新和产品研发方面的投入程度。这些行业技术人员的数量反映了该行业企业对技术创新的重视程度以及技术实力。在全球化背景下，我国企业需要不断加强技术研发和创新实力，以提升产品竞争力和满足市场需求，因此技术人员作为企业技术创新的核心力量，对企业发展具有重要意义。

3.1.9 海外研发企业经营性现金流分析

经营性现金流的健康状况是企业能否成功实施国际化战略的关键因素之一，它不仅影响着企业的直接投资能力，还间接决定了企业在国际舞台上的竞争力和抗风险能力。首先，经营性现金流是衡量企业在日常运营活动中产生现金的能力，直接影响到企业是否有足够的资金来支持其国际化扩张计划。充足的经营性现金流可以为企业提供资金，以投资新市场、建立海外分支机构、进行市场调研和品牌推广等，这些都是国际化战略实施的基础。其次，在国际化过程中，企业往往会遇到各种不确定性因素，包括汇率波动、政治风险、文化差异等。良好的经营性现金流状况能够增强企业的财务稳定性，提供一个缓冲区以应对国际市场不可预见的风险，确保在遭遇困难时企业仍能维持正常运营。最后，国际化战略的成功往往依赖于产品不断创新和适应不同市场需求的能力。经营性现金流为持续的研发投入提供了资金保障，使企业能够在国际竞争中保持技术领先和实现产品差异化。因此，企业在制定和执行国际化战略时，必须重视现金流管理，确保有足够的现金流来支撑其进行全球扩张。

通过统计 2018 年我国参与海外研发活动的上市制造业企业数据（见表 3 - 6），我们发现汽车制造业的经营性现金流总计高达 15587.47 亿元，是所有行业中最高的，这表明汽车制造业在经营活动中产生了大量现金，这可能与其高销售额、稳定的市场需求和有效的成本控制有关，并反映了汽车行业在规模经济、市场渗透率和消费者需求方面的优势；计算机、通信和其他电子设备制造业的经营性现金流在所统计行业中位居第二，总计 10184.91 亿元，同样具有较为强劲的现金流，这可能与其快速发展的科技市场、持续创新的技术产品以及不断优化的全球供应链有关；电气机械及器材制造业的经营性现金流在所统计行业中位居第三，总计 8109.26 亿元，反映出该行业企业的盈利能力、运营效率以及财务健康状况，为该行业企业的稳定发展和未来投资提供了坚实的基础；黑色金属冶炼及压延加工行业作为劳动密集型行业的代表，同样展现出较强的现金流能力，其经营性现金流为 6823.08 亿元，这可能是因黑色金属行业通常与基础设施建设和重工业紧密相关，其现金流强劲可能与宏观经济的稳定增长和基础设施投资有关；此外，需要注意的是医药制造业，其经营性现金流为1881.78亿元，这主要是由于医药行业本身是一个高研发投入的行业，其现金流强劲可能与新药的研发、专利保护和市场需求的增长有关。

表 3 – 6　　　　　　　不同性质企业与不同行业企业的经营性现金流　　　单位：亿元

制造业分类	企业性质			总计
	国有企业	合资企业	私营企业	
电气机械及器材制造业	1759.07	0	6350.20	8109.26
纺织服装、服饰业	232.80	0	120.58	353.38
纺织业	32.29	0	145.54	177.83
非金属矿物制品业	141.18	0	664.01	805.19
废弃资源综合利用业	0	0	157.16	157.16
黑色金属冶炼及压延加工	6585.50	0	237.58	6823.08
化学纤维制造业	0	0	34.85	34.85
化学原料及化学制品制造业	1219.52	0	517.38	1736.91
计算机、通信和其他电子设备制造业	4594.44	0	5590.46	10184.91
家具制造业	8.25	0	42.34	50.59
金属制造业	0	0	77.67	77.67
酒、饮料和精制茶制造业	599.86	0	119.16	719.02
木材加工及木、竹、藤、棕、草制造业	0	0	93.64	93.64
农副食品加工业	191.61	0	243.36	434.98
皮革、毛皮、羽毛及其制品和制鞋业	0	0	19.77	19.77
其他制造业	557.60	0	135.97	693.57
汽车制造业	13368.25	47.62	2171.60	15587.47
食品制造业	583.67	0	919.70	1503.37
铁路、船舶、航空航天和其他运输设备制造业	2856.91	0	100.70	2957.61
通用设备制造业	1498.69	0	710.90	2209.59
文教、工美、体育和娱乐用品制造业	22.93	0	24.02	46.95
橡胶、塑料制品业	197.77	0	383.42	581.19
医疗保健设备与服务	0	0	21.31	21.31
医药制造业	265.94	0	1615.84	1881.78
仪器仪表制造业	6.11	0	174.60	180.71
印刷与记录媒介复制业	0	0	33.70	33.70
有色金属冶炼及压延加工	0	0	338.36	338.36

续表

制造业分类	企业性质			总计
	国有企业	合资企业	私营企业	
造纸及纸制品业	320.90	0	171.01	491.91
专用设备制造业	1608.39	0	1507.08	3115.47
总计	36651.70	47.62	22721.89	59421.21

资料来源：作者根据所选沪深两市 A 股上市制造业企业的相关数据总结得到。

此外，通过分企业性质统计我国参与海外研发活动的上市制造业企业数据，我们发现不同性质行业企业的经营性现金流存在显著差异。其中，国有企业的经营性现金流总计 36651.7 亿元，占总现金流的 61.68%，反映出我国国有企业在资源获取、市场准入和政策支持方面的显著优势；私营企业的经营性现金流总计 22721.89 亿元，占总现金流的 38.24%，为我国私营企业提供了稳定的内部资金来源，可支持扩大再生产、进行研发投入、市场拓展等长期投资，有利于企业的自主发展和持续成长；而合资企业的经营性现金流为 47.62 亿元，相对较少，这与合资企业在特定领域的专注度和市场规模有关。通过分析我国不同制造业行业经营性现金流总额以及不同企业性质制造业行业经营性现金流数据可知，不同行业、不同性质的制造业企业在经营性现金流方面存在显著差异。对此，我国制造业企业应根据自身的行业特点与企业性质特征，合理规划海外研发活动，以实现经营性现金流的优化和企业的长期发展；同时还应关注宏观经济环境和市场动态，灵活调整经营策略，以应对不断变化的全球市场挑战。

3.1.10 海外研发企业研发投资分析

近年来，我国跨国企业纷纷在海外设立研发分支机构。海外研发子公司的广泛设立是企业实现技术创新、市场扩张、风险管理及品牌国际化等多维度发展战略的重要支撑。首先，通过多点布局海外研发机构，使企业能直接触及全球顶尖技术资源和人才库，促进技术交流与合作，加速国内企业技术创新与产品升级；其次，可以靠近目标市场，有助于更敏锐地捕捉当地市场需求和消费趋势，有针对性地开发符合区域特点的产品，增强市场竞争力；最后，海外研发基地作为企业国际形象的窗口，有助于提升品牌形象，促进企业的全球化战略布局，吸引更多国际合作机会。另外，我国跨国企业越来越重视自身研发能力，在研发方面的投入也不断增加。高额的研发投入不仅是我国企业技术进步和产品创新的直接推手，更是企业战略定位、市场竞争、品牌建设和可持续发展的重要基石。

通过统计我国 2018 年参与海外研发活动的制造业跨国企业研发子公司数量以及研发投资额，我们发现我国不同省份跨国企业研发子公司数量以及研发投资额存在显著差异（见表 3 - 7）。其中，广东在研发子公司数量（213 个）以及研发投资额（430.64 亿元）方面均位居第一，这显示了广东的跨国企业积极探索国际合作路径，包括合资、战略联盟及直接并购海外研发机构，以促进技术引进与市场渗透。探究其背后的原因，这可能与其是我国改革开放的前沿阵地和经济大省的地位密切相关。广东在电子信息、生物医药、新材料等高新技术产业领域具有明显优势，吸引了大量企业。紧随其后的是上海，其跨国企业研发子公司有 112 个，位居第三；研发投资额为 335.85 亿元，位居第二。这反映出上海作为国际化大都市，非常重视海外研发投资，视其为实现科技创新、产业升级、市场拓展、人才聚集和品牌全球化等多维度发展目标的关键举措。上海在金融、贸易、航运等领域具有强大的竞争力，同时也在生物医药、新能源、高端制造等战略性新兴产业领域加大研发投入。北京的跨国企业研发子公司有 96 个，位居第五；研发投资额为 242 亿元，位居第三。这表明，北京作为国家的政治、文化和教育中心，在研发资源的集聚上具有天然优势。北京拥有众多高等院校和科研机构，为企业提供了大量的研发人才和技术支持。江苏的研发子公司数量位居全国第四，但其研发投资额相对较低，这可能与江苏的产业结构有关，即在传统制造业领域具有较强的竞争力，而在高新技术产业领域的研发投入相对较少。此外，浙江、山东等东部地区省份同样重视海外研发投资。通过海外研发投资，能够直接接入全球顶尖的科学技术资源，包括先进的研发设施、专业人才及前沿的科研成果，加速技术创新步伐。

表 3 - 7　　　　　　不同省份海外研发子公司数量与研发投资金额

省份	研发子公司数量（个）	母公司研发投资额（亿元）
安徽	75	30.22
北京	96	242.00

续表

省份	研发子公司数量（个）	母公司研发投资额（亿元）
福建	10	9.57
甘肃	5	3.99
广东	213	430.64
广西	9	4.35
贵州	4	2.30
河北	27	82.02
河南	8	28.37
黑龙江	6	5.79
湖北	53	56.24
湖南	22	20.97
吉林	6	2.78
江苏	111	116.49
江西	11	13.83
辽宁	6	5.65
内蒙古	13	6.75
宁夏	5	0
青海	4	2.20
山东	81	189.03
山西	2	22.17
陕西	7	7.99
上海	112	335.85
四川	20	23.60
天津	10	7.92
西藏	3	2.04
新疆	9	16.29
浙江	206	159.19
重庆	13	40.87

资料来源：作者根据所选沪深两市 A 股上市制造业企业的相关数据总结得到。

　　此外，从我国各省份海外研发子公司数量与研发投资额的折线图（见图 3 - 5）可以发现，研发子公司数量与母公司研发投入之间存在一定的正相关关系，即海外研发子公司数量较多的省份，其母公司的研发投资也相对较高。例如，广东、北京和上海这三个省（市），不仅其海外研发子公司数量位居前列，而且其母公司研发投资额也同样位于前三。这表明，这些省份的跨国企业在研发方面的投入与产出之间形成了良性循环，即通过增加研发投入来支持更多的研发子公司，进而推动技术创新和产业升级。然而，这种关系并非绝对。例如，江苏的研发子公司数量为 111 个，仅仅比上海少了 1 个，然而其研发投资额仅 116.49 亿元，是上海的 34.69%。这可能与江苏的产业结构和研发效率有关，即在相对较少的研发投资下，能够通过优化研发资源配置和提高研发效率来维持较多的研发子公司。

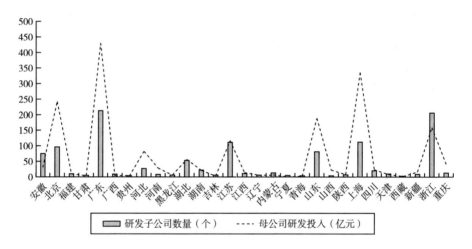

图 3 - 5　我国各省份海外研发子公司数量与研发投资额的折线图

资料来源：作者根据所选沪深两市 A 股上市制造业企业的相关数据绘制。

3.1.11　海外研发企业专利数量分析

企业专利数据对于维护竞争优势、指引研发方向、促进合作与合规等方面具有不可或缺的价值，并且在全球化和技术发展的背景下展现出新的动态特征。企业专利数量和质量可以直接反映出企业的技术创新能力和研发投入强度，是衡量企业核心竞争力的重要指标。拥有丰富的专利组合可以帮助企业建立技术壁垒，保护自主研发成果不被侵权，维护市场独占地位，增加竞争对手的进入难度。此外，通过专利授权或转让，可以获得直接的经济收益，同时专利产品往往具有更高的附加值，有助于提升企业的盈利水平。而专利成果彰显了企业的研发实力和前瞻视野，有助于提升品牌形象，增强消费者和投资者的信心。

通过分别统计我国 2013 年与 2018 年参与海外研发活动的制造业上市企业专利数据省份分布数据（见表 3 - 8 和表 3 - 9）可以发现，2013 年我国海外研发投资跨国企业的专利总量主要集中在东部地区。其中，在广东，参与海外研发投资的跨国企业无论在新型专利、外观设计专利与发明专利授权数，还是新型专利、外观设计专利与发明专利申请数方面，均在全国各省份中遥遥领先，体现出该地区创新生态的繁荣和经济转型的成效，同时也彰显了其在国内乃至国际市场的科技竞争力。紧随其后的是山东，其新型专利申请总数为 1904 件，说明山东在科研创新和技术创新方面取得了显著成果。专利数量是衡量创新能力的直接指标，反映出该地区企业和研究机构的研发活力。上述东部地区省份专利成果较丰富的原因可能与东部各省份的产业布局、经济发展水平和政策环境有关。这主要得益于该地区经济基础坚实、教育资源汇集、开放程度高、政策环境优越，以及市场需求强劲和商业化能力较强。这些省份不仅自身创新能力强，它们还通过一系列政策措施带动了区域乃至全国的创新发展，展现了东部地区作为国家创新高地的关键作用。然而，以江西和山西等为代表的中部省份，以及以青海和西藏为代表的西部省份的专利成果较少，这意味着这些地区在研发投入、创新环境建设等方面还有较大的提升空间。

表 3 - 8　　　　　2013 年我国海外研发机构专利授权与申请数　　　单位：件

省份	新型专利授权数	外观设计专利授权数	发明专利授权数	新型专利申请数	外观设计专利申请数	发明专利申请数
安徽	99	272	34	315	277	32
北京	352	1967	511	1374	1393	461
福建	17	93	35	53	107	21
甘肃	9	39	0	29	28	3
广东	2509	4020	1441	5952	4624	1492
广西	9	142	16	131	113	15
贵州	2	3	1	19	5	2
河北	51	529	202	444	440	195
河南	26	215	26	76	219	24

续表

省份	新型专利授权数	外观设计专利授权数	发明专利授权数	新型专利申请数	外观设计专利申请数	发明专利申请数
黑龙江	111	121	10	161	146	18
湖北	108	159	8	307	174	50
湖南	319	1014	181	815	931	190
吉林	11	23	2	15	18	2
江苏	155	691	125	527	765	190
江西	10	150	1	50	73	4
辽宁	0	1	2	8	2	0
内蒙古	243	190	89	250	167	95
宁夏	0	0	0	0	0	0
青海	1	4	0	3	10	0
山东	324	1558	753	1904	1483	681
山西	95	277	0	191	219	0
陕西	7	50	0	7	27	0
上海	173	592	145	651	546	287
四川	88	377	425	469	303	302
天津	90	22	17	65	20	10
西藏	2	0	0	32	2	0
新疆	40	33	1	62	25	2
浙江	267	599	304	774	697	396
重庆	186	589	319	400	495	414
总计	5304	13730	4648	15084	13309	4886

资料来源：作者根据所选沪深两市 A 股上市制造业企业的相关数据总结得到。

　　相较于 2013 年，2018 年我国专利授权和申请量的地区分布特点总体保持不变，仍然以东部省份为主。另外，整体而言，各省份的专利授权和申请数量都有所增长。例如，北京的外观设计专利授权达 1558 件，浙江的发明专利申请增长至 800 件。同时，贵州和黑龙江也显示出了明显的增长，新型专利申请数分别为 23 件和 211 件，这反映出这些省份在高端技术研发和创新保护方面的重视。综合来看，这些数据不仅揭示了我国各省份在专利授权和申请方面的发展态势，还反映出不同地区在科技创新和知识产权保护方面的策略和成效。
同时，这些数据也提示我们需要进一步优化创新资源配置，提升创新能力和知
识产权保护水平，以促进经济的高质量发展。

表 3-9　　　　　2018 年我国海外研发机构专利授权与申请数　　　　单位：件

省份	新型专利授权数	外观设计专利授权数	发明专利授权数	新型专利申请数	外观设计专利申请数	发明专利申请数
安徽	217	639	141	617	424	138
北京	652	1558	510	1259	1061	473
福建	53	202	153	161	135	172
甘肃	20	23	6	18	21	5
广东	6960	9596	2591	12443	8400	2369
广西	68	134	23	157	72	20
贵州	5	7	4	23	3	8
河北	391	1077	273	449	681	221
河南	80	448	59	56	222	41
黑龙江	94	173	6	211	89	8
湖北	401	309	93	477	227	97
湖南	262	274	85	481	133	85
吉林	7	4	2	6	14	2
江苏	544	1708	268	1564	1216	192
江西	9	166	9	85	90	9
辽宁	14	54	10	19	18	8
内蒙古	228	486	189	606	399	241
宁夏	0	0	0	0	0	0
青海	6	27	2	0	32	3
山东	1757	3040	611	3532	2243	567
山西	40	51	0	109	40	0
陕西	2	33	0	145	30	1
上海	419	1038	441	731	652	347
四川	384	417	369	906	297	197
天津	45	46	7	8	39	2

续表

省份	新型专利 授权数	外观设计专利 授权数	发明专利 授权数	新型专利 申请数	外观设计专利 申请数	发明专利 申请数
西藏	16	3	0	19	1	0
新疆	75	149	2	128	73	0
浙江	880	1499	956	976	1221	800
重庆	263	592	491	538	566	325
总计	13892	23753	7301	25724	18399	6331

资料来源：作者根据所选沪深两市 A 股上市制造业企业的相关数据总结得到。

3.1.12　现状评述与小结

为了把握我国海外研发投资的现状特征以及发展趋势，本小节从我国海外研发投资的时间进程、企业性质、国内区域分布、行业分布，以及专利授权和申请数五个层面，针对我国海外研发投资的现状进行全面的分析与概括，具体结论如下：

第一，从时间进程上看，我国作为新兴经济国家，海外研发活动相比西方发达国家晚了近 20 年，直到 20 世纪 90 年代，我国跨国企业才逐渐在海外建立研发机构。根据我国海外研发投资机构数量变化，可以将其时间历程分成三个阶段：起步发展阶段（1991~2004 年），海外新设研发机构数量较少，国内多数企业仍以国内研发为主要的技术来源；稳步发展阶段（2005~2010 年），我国高科技以及非高科技跨国企业均逐渐将研发机构设置到海外，投资区位选择既包括具有技术领先优势的西方发达国家，还包括具有市场规模领先优势的发展中国家；在快速发展阶段（2011 年至今），大量国内企业纷纷走出国门，在海外设置研发机构。

第二，从投资主体上看，2018 年私营企业成为参与海外研发投资的跨国企业的主导力量，总数达到 295 家，占比高达 77%；国有企业在海外研发投资的企业中排名第二，共有 84 家，占比 22%；而政府部门和合资企业参与较少，分别为 3 家和 1 家。可见，私营企业无疑是海外研发投资的中坚力量。然而，不同所有制企业在海外研发投资的目的和动机存在显著差异。国有企业的主要目的是获取海外的低成本资源和人力资源，追求技术溢出的意愿并不强烈。相比之下，私营企业追求利益最大化的目标驱使其在海外研发投资中表现出更强烈的技术寻求动机。

第三，从国内区域分布看，通过比较母国区域分布，我国海外研发投资母国区域分布表现出明显的集聚效应，东部地区参与海外研发投资的跨国企业数量最多；中部以及西部地区参与海外研发投资的企业数量较少，这与各地区经济规模、省份数量等因素有关。具体到我国各省份海外研发投资区域分布，2013～2015 年我国海外研发投资数量排名前十的省份分别是广东、浙江、江苏、山东、上海、北京、湖北、安徽、福建、河北。

第四，从行业分布上看，近年来我国跨国企业在海外的研发投资主要集中在专业技术服务和高科技制造业。从过去集中在汽车零部件、机械制造和电子设备领域，逐渐扩展到新能源、航空航天和生物技术等更广泛的科技行业。2018 年，医药制造业的跨国企业在海外投资了 34 家机构，占制造业海外研发投资总数的 8.9%。此外，技术、资金和人才密集型的传统制造业行业也在海外设立了研发机构。

第五，从海外研发投资行业费用支出看，我国海外研发投资企业在 2018 年的费用支出状况显示出明显的行业特点。汽车制造业在管理费、财务费和销售费用方面的支出最高，这反映了其在技术创新和市场拓展方面做出的积极努力。医药制造业则在管理费和财务费方面的支出较高，这可能与该行业研发周期长、研发成本高的特性有关。而电气机械及器材制造业在销售费用方面的支出最高，表明其在市场推广和销售方面的投入大。这些数据表明，不同行业在海外研发投资中的费用支出策略与其行业特性紧密相关，企业在进行海外研发投资时，需要根据行业特点合理配置费用，以实现更好的投资效果。

第六，从不同性质的企业海外研发投资费用支出来看，国有企业、合资企业、私营企业和政府部门在海外研发投资上的费用支出倾向存在显著差异。国有企业在管理费用的支出最高，这可能与其庞大的管理架构和运营规模有关。合资企业在各项费用上的支出相对较低，这可能反映了其在管理策略和成本控制上的高效性。私营企业在销售费用上的支出显著高于其他类型企业，这可能与其更加注重市场推广和销售渠道建设有关。政府部门的支出相对较少，可能是因为其对海外研发投资的谨慎态度和项目规模较小。这些差异有可能对企业在海外市场的竞争力和长期发展产生影响。因此，不同性质的企业需要根据自身特点和需求，制定合适的海外研发投资策略。

第七，从企业规模来看，大型企业通常拥有更多的资源和资金来支持海外研发投资，能够承担更高的风险，并在全球范围内寻求创新资源和技术优势。海外研发投资可以帮助企业扩大规模和提高竞争力，通过在海外市场进行研发活动，企业不仅可以获取新的技术和知识，还可以更好地了解和适应当地市场的需求。此外，企业规模与海外研发投资之间存在互动关系，企业的规模扩张往往伴随着对海外研发投资的需求增加，而成功的海外研发投资又可以促进企业的进一步发展和规模扩张。企业规模也影响着海外研发投资的策略选择，大型企业可能更倾向于通过并购或建立自己的研发中心来进行海外研发投资，而中小型企业可能更倾向于通过合作、联盟或外包等方式来进行海外研发。通过对 2018 年 383 家海外研发投资企业的企业规模进行分析，我们能够了解不同行业和企业性质的员工人数分布，洞察企业规模与行业特性、市场策略、社会责任和可持续发展之间的关系，为企业提供全面的运营和发展视角。

第八，从海外研发企业的销售额分析，海外研发投资扮演着越来越重要的角色，它不仅能提升企业的自主创新能力，还能显著促进企业创新绩效的提升。这种提升在销售额上得到了明显体现，其中汽车制造业、计算机、通信和其他电子设备制造业以及电气机械及器材制造业在海外市场的销售额表现尤为突出。特别是汽车制造业，其销售额远超其他行业，这可能与汽车制造业的高附加值、技术创新和全球市场需求紧密相关。私营企业在多个制造业分类中占据了主导地位，尤其是在计算机、通信和其他电子设备制造业，其销售额高达5658.83 亿元，显示了私营企业在高科技领域的活跃度和创新能力。国有企业则在黑色金属冶炼及压延加工行业中保持强势地位，销售额为 6381 亿元。这些数据不仅反映了不同性质企业在海外市场的竞争地位，也揭示了各个制造业分类的市场潜力和发展机遇。

第九，从不同行业的技术人员分布来看，海外技术人员作为研发团队的核心力量，不仅拥有丰富的技术知识和经验，而且具备国际化的视野和思维方式。计算机、通信和其他电子设备制造业拥有的技术人员最多，共 100535 人，表明该行业在技术创新和产品研发方面的投入大。电气机械及器材制造业和汽车制造业分别以 47548 名和 51930 名技术人员位列其后，表明这些行业对技术研发和生产的重视。专用设备制造业也显示出其在特定领域的技术实力，共有

46412 名技术人员。这些技术人员在产品设计、系统集成、应用开发等方面的工作对企业满足市场需求和提升产品竞争力至关重要。

第十，从海外研发企业经营性现金流分析来看，经营性现金流是衡量海外研发企业国际化战略成功与否的重要指标。汽车制造业的经营性现金流为15587.48 亿元，位居所有行业之首，可见其在经营活动中产生了大量现金。计算机、通信和其他电子设备制造业的经营性现金流总计为 10184.91 亿元，位居第二，这可能与快速发展的科技市场、持续的产品创新和全球供应链的优化有关。国有企业的经营性现金流总计为 36045.05 亿元，占总现金流的大部分，反映了国有企业在资源获取、市场准入和政策支持方面的优势。私营企业的经营性现金流为 22721.9 亿元，显示出较强的市场活力和创新能力。这些数据表明，不同行业和不同性质的企业在经营性现金流方面存在显著差异，企业应根据自身的行业特点和企业性质，合理规划海外研发活动。

第十一，从研发子公司数量和母公司研发投资分析来看，广东以 213 个研发子公司的数量位居榜首，其母公司研发投资额也以 430.64 亿元遥遥领先，这反映了广东在吸引和培育研发型企业方面的领先地位。上海和北京分别以 112 个和 96 个研发子公司位列其后，这两个城市在科技创新和研发活动上具有强大的吸引力。研发子公司数量与母公司研发投入之间存在一定的正相关关系，即研发子公司数量较多的省份，其母公司的研发投入也相对较高。这种关系表明，通过增加研发投入来支持更多的研发子公司，可以推动技术创新和产业升级。然而，这种关系并非绝对，不同省份在研发投入和产出之间存在差异，这可能与各省份的产业结构、政策导向和创新环境有关。

第十二，从专利授权和申请数来看，我国海外研发投资的专利总量在各省份的分布呈现出明显的地域差异，其中广东在各类专利申请和授权数方面遥遥领先。山东紧随其后，也显示出较高的创新活跃度。东部省份由于其完善的产业链和创新生态，吸引了大量跨国企业的研发投资，从而在专利申请和授权方面取得了领先。然而，中部和西部省份的专利授权和申请数相对较低，表明这些地区在研发投入、创新环境建设等方面仍有提升空间。总体而言，我国各省份在专利授权和申请方面的发展态势，以及不同地区在科技创新和知识产权保护方面的策略和成效表明，应进一步优化创新资源配置，提升创新能力和知识产权保护水平。

3.2　我国海外研发投资组合结构

3.2.1　海外研发投资组合结构

创新管理大师熊彼特认为，创新是将"新的生产要素组合"引到企业生产体系中，因此创新本质上是对资源要素进行创造性的组合以及配置。经济学基本原理也认为，企业创新绩效决定于企业对创新资源的合理组合及优化配置，企业资源的有效配置不仅可以提高企业生产效率，而且可以提高企业创新产出（姚铮等，2016）。网络嵌入理论是分析和理解海外研发投资网络布局重要的理论基础，该理论认为跨国企业并不是层级森严的组织系统，而是由各个松散连接的母子公司所构成的网络结构（Birkinshaw and Hood，1998）。子公司作为构成跨国企业知识网络结构中的相关成员，通过分析跨国企业研发子公司的海外布局就可以得出海外研发网络结构。

基于组合结构属性，有学者（Hsu et al.，2015）将海外研发投资分为投资深度与投资广度，反映出跨国企业海外研发投资全球网络布局特征。深度与广度概念已经被充分运用到组织知识管理相关研究中（Katila and Ahuja，2002），但在海外研发投资知识网络管理方面研究相对有限。深度概念聚焦于精细程度，而广度概念则聚焦于领域范围，海外研发深度反映了跨国企业海外研发活动的规模，表明跨国企业对海外研发的重视程度；海外研发广度则通过评估参与研发活动的不同国家数量来反映其范围维度（Hurtado-Torres et al.，2018）。

本书的研究将跨国企业在国外进行研发活动所占的比例定义为海外研发深度（Narula and Santangelo，2009），反映了跨国企业东道国嵌入与母国嵌入双重嵌入的相对程度。较高的东道国嵌入有利于企业快速获取当地信息、资源与知识等创新资源，降低母公司与东道国之间的制度距离以及文化距离（Dhanaraj and Beamish，2009），提高企业核心竞争力。另外，东道国网络嵌入的加深将增加海外分支与母公司的协调成本、知识独占与保护成本（Belderbos et al.，2013；Athukorala and Kohpaiboon，2010）。同时，跨国企业还面临着外部知识整合困境以及制度文化差异带来的知识吸收困境。跨国企业研发活动的母国布局与跨国布局，并因此形成的母公司知识获取"东道国嵌入"以及"母国嵌入"就体现在海外研发深度维度上。海外研发广度则反映了跨国企业所涉及不同投资东道国间的异质性（Leiponen and Helfat，2011），与代表企业海外研发活动规模的海外研发深度相比，海外研发广度代表企业在全球范围内研发活动的分散度。海外研发投资的地域多元化使跨国公司能够获得多个国家的区位优势，这些优势可能来自不同的制度环境，包括科学、技术、法规和当地文化体系的差异。此外，海外研发投资的地域多样化为更好地认识不同外部需求和市场趋势提供了额外的机会（Cloodt et al.，2006）。然而，海外研发投资的地域多元化会显著增加母子公司有效沟通和协调的复杂性（Casillas and MorenoMenéndez，2014），引发规模不经济效应（Lahiri，2010），从而抑制海外知识的进一步转移。

海外研发深度与海外研发广度这两个维度不同且并存，两者共同构成跨国企业复杂的知识网络结构。海外研发投资深度与广度概念之间并不存在相互促进或者抵消效应，即两者之间的匹配关系是随机的，不存在必然的同向或者反向变动趋势（Katila and Ahuja，2002）。跨国企业可能在海外开展许多研发活动（即高度的海外研发深度），并将海外研发活动聚集于少数子公司（即低度的海外研发广度）或遍布于全球多个子公司（即高度的海外研发广度）。同样，低水平的海外研发深度可能伴随着较低或较高的海外研发广度。据此，本章从深度和广度两个维度对海外研发投资水平进行分解，进而构建起海外研发深度低—海外研发广度低、海外研发深度低—海外研发广度高、海外研发深度高—海外研发广度低、海外研发深度高—海外研发广度高四种不同类型的海外研发投资知识网络结构以及资源组合模式（见表 3 - 10）。

表 3 - 10　　　　　　　　海外研发投资不同组合结构

海外研发组合结构	基本特点	代表企业
海外研发深度低—海外研发广度低	企业技术能力以及国际化程度均较低；国外市场重要性较低；海外研发主要动机在于开拓国内市场	伊利集团
海外研发深度高—海外研发广度低	企业技术能力得到一定程度的提升，但国际化程度较低；海外研发主要动机在于提升母国技术能力	新朋实业

续表

海外研发组合结构	基本特点	代表企业
海外研发深度低— 海外研发广度高	企业拥有一定的国际化经验以及核心技术实力；海外研发主要动机在于实现海外市场的扩张	TCL集团
海外研发深度高— 海外研发广度高	企业具有强大的技术实力以及高度国际化水平；海外研发的主要动机在于获取全球创新资源	华为企业

资料来源：作者根据相关文献绘制。

（1）海外研发深度低—海外研发广度低

自我国加入世界贸易组织（WTO）之后，各类企业不仅面临着国内厂商的同技术水平竞争，而且还面临着具有技术优势国外厂商的激烈竞争。然而，受限于国内技术水平以及知识资源的相对不足，企业产品已经无法满足国内消费者日益增长的产品需求，在与国外同行业竞争中常常处于弱势的一方。为了摆脱国内有限的创新资源以及提升同行竞争地位，对外开展研发活动成为一项可行的战略途径。然而，作为世界上最大的发展中国家，我国的海外研发实践活动相较于西方发达国家晚了近20年，我国众多跨国企业海外研发活动仍处于初级阶段。当前，我国很多跨国企业技术实力以及国际化水平均处于较低的位置，一方面是因为较低的技术能力影响企业吸收能力；另一方面是因为较低的国际化程度导致企业目标市场仍集中于国内市场。在此情景下，跨国企业海外研发活动并不能在短期内提升母公司研发能力，海外研发主要动机在于开发和拓展国内市场（谢伟、王展硕，2017；陈劲等，2004）。

当跨国企业技术能力以及国际化程度均处于较低水平时，国外市场相较国内市场的重要性较低，生产与营销活动国际化程度较低，海外研发活动的主要动机在于针对国内市场需求展开技术创新活动以开拓国内市场。在此情境下，跨国企业常常采用海外研发深度低—海外研发广度低的投资网络结构，将研发活动主要集中于母国，在少数海外地区布局研发机构展开技术监控活动。母国拥有研发中心负责企业整体研发活动，而处于东道国的研发子公司则主要观察海外前沿的技术动态，直接利用海外领先的研发资源和技术优势开发满足国内市场需求的新产品和服务。此时，跨国企业仅仅需要使用少量的人力、物力以及财力在海外布局技术监控单元，通过跟踪海外技术动态，特别是参与经营国内市场的外国跨国企业所运用的技术、知识以及工艺动向，并及时有效地向国内传递海外技术信息，由国内研发中心安排海外研发项目以应对国内市场激烈的产品竞争（陈劲等，2004）。

海外研发深度低—海外研发广度低网络结构不仅有利于跨国企业提升对国内市场的反应速度以及竞争力，而且有利于跨国企业提升自身技术创新潜力。该网络结构具有以下几个方面的特征：第一，从母公司实力特征来看，此类跨国企业母公司常常因技术能力低而导致无法充分吸收海外创新知识，并且其国际化程度也较低，国际市场参与程度以及国际化经验明显不足。第二，从研发任务来看，海外子公司通过监控和利用国际领先的创新技术，开发适用于国内的产品和服务。第三，从海外研发区位选择来看，跨国企业偏向于选择具有技术优势的发达国家。第四，从知识流动以及人才流动来看，跨国企业由于自身技术能力较弱而无法直接吸收海外技术知识，企业偏向于"拿来主义"，直接利用国外优秀的人才以及领先的技术水平，因此母子公司间的知识流动以及人才流动水平均比较低。第五，从研发类型来看，此时海外研发的主要动机在于开拓国内市场，重视针对市场商业化的产品发展和改进活动（开发研究），对中长期的应用研究以及基础研究重视程度明显不足。

海外研发深度低—海外研发广度低的网络结构主要拥有多方面的优势：首先，由于创新知识、核心技术是由国内母公司创造出来的，有利于跨国企业将创新知识以及核心技术严格地保护在国内，避免跨国企业在海外研发过程中因技术流失而失去核心竞争优势。其次，研发活动集中于母国研发中心有利于跨国企业利用研发投资的规模效应以及专业化效应，不仅可以提高跨国企业研发效率，而且可以降低企业研发时间以及研发成本。最后，一体化的管理体系、共同的研发愿景以及相同的文化背景促进母国研发中心研发人员的信息流动，从而有利于跨国企业对研发活动的管理以及控制。除了上述多方面的优势，海外研发深度低—海外研发广度低的网络结构同时拥有多方面的劣势：首先，由于研发活动主要集中于母国研发中心，从而对国外市场信号缺乏敏感性，较少考虑当地市场需求。其次，研发活动知识、资源来源较单一，缺乏多样性异质性的外部知识资源，容易陷入"闭门造车"的困境。最后，母子公司间一体化的管理结构虽然有利于跨国企业总部的管理活动，但该管理结构非常刚性，限制了海外子公司的主观能动性。

以伊利集团为例。伊利集团是我国当前规模最大、产品种类最齐全的乳业制造企业，利用引进国外先进技术与开发本地化产品逐渐在国内市场建立起优势地位。为了响应"一带一路"倡议，伊利集团积极在海外开拓业务。2013年公司首次推出"全球织网"战略，到后来的"全球智慧链"战略，再到"让世界共享健康"战略，公司国际化步伐不断加速。国际化与创新是伊利集团最重要的战略，当前已在欧洲、亚洲以及美洲等乳业先进区域建立起全球化创新网络。伊利集团一直坚持创新战略，在国内构建起多个先进的技术研发平台、产学研平台、科研工作站、检测研究室等研发平台，并且不断升级海外研发创新机构，整合全球创新资源，聚焦行业基础及关键共性技术研究，进一步提升产品研发创新能力。例如，在荷兰成立欧洲研发中心，在新西兰建成一体化生产基地，在美国实施中美食品智慧谷。截至2018年末，伊利集团分别在美国、荷兰、新西兰以及印度尼西亚四个地区布局海外子公司（见表3-11）。

表3-11　　　　　　　　　伊利集团海外子公司分布情况

海外子公司	经营地	业务性质	持股比例（％）	取得方式
Silver Harbor LLC.	美国	乳业市场研究	100	投资设立
Yili Innovation Center Europe B. V.	荷兰	乳业技术	100	投资设立
Oceania Dairy Limited	新西兰	乳制品加工	100	合并
PT. Green Asia Food Indonesia	印度尼西亚	商业贸易	100	投资设立

资料来源：作者根据2018年伊利集团企业年报相关数据绘制。

从海外研发投资深度视角来看，当前伊利集团研发活动仍主要集中于母国本地研发中心，在海外区域仅在荷兰设立一家技术研发中心，其他海外子公司主要从事市场研究、乳产品加工以及商业贸易业务，因此海外研发深度较低。另外，从海外研发广度视角来看，当前伊利海外研发子公司主要布局于荷兰以及美国等拥有先进市场信息、技术知识的发达国家，海外地理布局缺乏多样性，因此海外研发广度较低。伊利集团通过海外研发深度低—海外研发广度低的网络布局，可直接利用海外创新资源，有利于开发适应我国国内市场需求的乳业产品，扩大国内市场优势地位。

（2）海外研发深度高—海外研发广度低

随着我国跨国企业发展壮大，其技术能力也得到一定程度的提升，具备吸收海外技术、知识的能力，但国际化水平提升速度往往落后于技术能力，其目标市场仍集中于国内市场，此时跨国企业海外研发活动的主要动机在于提升母国技术能力（谢伟、王展硕，2017）。上述海外研发深度低—海外研发广度低网络结构将不再适合企业发展需要，取而代之的是海外研发深度高—海外研发广度低网络结构：跨国企业提升海外研发投资的比重，在海外布局较多的研发子公司，并且将这些研发子公司集中于少数东道国。

　　相较于海外研发深度低—海外研发广度低网络结构，海外研发深度高—海外研发广度低网络结构克服了以母国为中心的母国本位取向，同时保留了集中式投资带来的效率优势。母公司不仅可以将母国已有创新知识传输给海外子公司，海外子公司作为独立的知识接受单位可以将东道国获取的知识技术逆向输回母公司，有利于提升跨国企业技术能力。海外研发深度高—海外研发广度低网络结构具有以下特征：第一，从母公司实力特征来看，此类跨国企业母公司常常具有一定的技术积累，可以吸收海外创新知识，但其国际化程度往往较低，国际市场参与程度以及国际化经验仍不足。第二，从研发任务来看，跨国企业通过海外研发子公司进行关键技术开发、知识学习，进而提升母公司创新能力。第三，从海外研发区位选择来看，跨国企业偏向于选择具有技术优势的发达国家。第四，从知识流动以及人才流动来看，由于东道国相较于母国具有技术优势，海外子公司将从东道国学到的知识逆向输回母国，因此知识流动方向应为东道国转移到母国的单向流动。此外，母公司既可以派遣研发人员到国外与当地制造、供应商和主要客户进行合作和深入沟通，也可以通过招聘多语种或有海外工作经验的外籍工程师以进一步增强跨国企业国际意识，因此人才流动方向应为母国与东道国相互转移的双向流动。第五，从研发类型来看，此时海外研发的主要动机在于提升母国技术能力，重视开发能力，兼顾应用能力，但对长期基础研究重视程度不足。

　　海外研发深度高—海外研发广度低的网络结构拥有多方面优势：首先，东道国集中式研发投资结构保留了集中式投资带来的效率优势；其次，由于深耕东道国市场，跨国企业对东道国本地市场以及技术趋势具有高度的敏感性；最后，研发活动集中于东道国有利于跨国企业利用研发投资的规模效应以及专业化效应，提升研发效率同时降低研发时间以及成本。此外，海外研发深度高—海外研发广度低的网络结构同时存在多方面劣势：一方面，东道国集中式投资结构容易忽视海外投资系统性风险，将海外研发资源集中投资于单一东道国，将无法利用东道国多样化的研发资源和知识；另一方面，母国与东道国在文化、制度、语言方面存在的众多差异，决定了跨国企业当地嵌入常常存在众多限制，导致对本地市场规范考虑不足，容易忽略当地市场的重要需求。

以上海新朋实业股份有限公司为例。上海新朋实业股份有限公司（以下简称新朋实业）是一家专业生产电动工具的制造型企业，其主营业务为金属部件、通信部件以及汽车零部件三大领域的生产与研发。在金属和通信部件领域，企业具备较强的设计、研发以及工艺创新实力，并与国外著名跨国企业（如施耐德电气）建立起良好稳定的合作关系。在汽车零部件领域，和上汽大众拥有多年稳定的合作关系，并配合上汽大众，在长沙、扬州以及宁波等地规划和建立生产基地。通过十多年与国际知名跨国企业的合作，新朋实业在产品工艺创新、设计开发、客户服务以及品质保障方面建立起相当的竞争优势。截至 2018 年末，新朋实业生产线的自动化比例已达到 75% 左右。在市场分布方面，新朋实业的主要产品用于配置上汽大众企业，国内市场是企业的重点。此外，通过与施耐德电气的合作多年，企业获得了一些稳定的国际市场份额。

考虑到国内相对薄弱的技术能力以及汽车、通信领域所拥有的高技术壁垒，国内汽车以及通信产业的发展一直落后于发达国家。新朋实业虽然通过与施耐德电气、上汽大众开展稳定的合作，但很难掌握通信技术以及汽车制造领域核心的技术知识。意识到自主创新能力的重要性之后，新朋实业迈入了海外研发的道路。对于新朋实业而言，由于国内研发能力较弱，其海外研发的主要动机在于学习吸收国外先进的技术知识，希望通过海外研发机构来提升企业技术实力。新朋实业在起步阶段并没有实施海外研发布局，而是先通过与国外领先的跨国企业展开项目合作开发以积累原始技术。现阶段，当新朋实业拥有一定的技术实力并且人才队伍素质过关时，实施母国能力提升型海外研发网络布局。2018 年，新朋实业加大了对海外研发投资的比例，在海外设立子公司从事研发工作，其海外研发子公司数量超过了国内研发子公司的数量，海外研发深度较高；从地理区位来看，这几家海外研发子公司均位于拥有技术优势的美国，地域多元化程度明显不足，海外研发广度程度低（见表 3 - 12）。

表 3 - 12　　　　　上海新朋实业股份有限公司部分海外子公司分布情况

海外子公司	经营地	业务性质	持股比例（%）	取得方式
Xinpeng Corporation	美国	研发	100	投资设立
Xinpeng Properties，L. L. C	美国	研发	100	投资设立
Electrical Systems Integrator，L. L. C.	美国	研发	100	投资设立
Xinpeng Corporation 下属子公司	美国	研发	100	投资设立

资料来源：作者根据 2018 年新朋实业企业年报相关数据总结得到。

（3）海外研发深度低—海外研发广度高

跨国企业海外研发投资存在两种基本的动机：一是技术探索，学习与吸收国外先进的诀窍和技术，以实现企业技术创新；二是技术开发，海外研发单元主要是为了服务东道国本地的生产和营销，以适应海外市场需求（Kuemmerle，1999）。发达国家跨国企业由于自身技术以及经济实力较强，国内市场有限且处于相对饱和状态，因此其海外研发投资的重要目的在于母国技术输出以及东道国本地改造，以实现海外市场的扩张。有学者（Chen et al.，2011；Minin and Zhang，2010）分析认为，随着我国跨国企业国际化程度不断提升以及自身技术、经济实力的不断积累，我国跨国企业也将走向海外市场扩张的道路。

部分中国跨国企业拥有一定的国际化运营经验，且拥有一定的核心技术实力，其海外研发活动可能更多地表现为市场寻求型，而不是技术利用型。此时，海外研发单元不仅接收母公司的技术输出，而且还参与搜集与吸收海外本地市场信息、创新资源，母国与东道国联动参与开发适合东道国的产品与服务。对于此类市场寻求型的跨国企业而言，由于其自身拥有一定的核心技术，更加偏重于母国研发，海外研发投资深度相对较弱。此外，为了适应多元化的海外市场需求，跨国企业偏向于在全球范围内采取分散化的投资方式，因此其海外研发网络布局为海外研发深度低—海外研发广度高结构。该网络结构具有以下几个方面的特征：第一，从母公司实力特征来看，此类跨国企业母公司具有一定的技术能力，并且不断加强开拓海外市场。第二，从研发任务来看，海外子公司承担着获取海外创新资源的任务，同时还接受母公司技术输出和转移。第三，从海外研发区位选择来看，跨国企业偏向于选择具有技术优势的发达国家以及具有市场前景的发展中国家。第四，从知识流动以及人才流动来看，母公司会吸收海外子公司来自东道国的创新资源，同时还会向海外子公司输出母国技术知识，因此知识流动方向是双向的。为了扩张海外市场，母国会向海外派遣国内优势的人才指导海外子公司，因此人才流动方向是从母国流向海外。第五，从研发类型来看，此时海外研发的主要动机在于开拓海外市场，因此重视针对市场商业化的产品发展和改进活动（开发研究），对中长期的应用研究以及基础研究重视程度明显不足。

以 TCL 集团为例。TCL 集团成立于 1981 年，前身是一家从事录音磁带的制造企业，当前已发展成为一家集电视、手机、冰箱、空调、电话、洗衣机、液晶面板以及小家电等生产制造为一体的跨国企业。借助消费电子行业的蓬勃发展，TCL 集团的企业规模以及技术能力均得到极大提升，现有员工共计 7.5 余万人，并在全球范围内设立了 22 个制造基地以及 28 个研发机构。该集团 2018 年度企业年报显示，2018 年 TCL 集团申请 PCT 国际专利总计 1697 件，核心专利水平已居中国领先水平。集团积极开拓海外市场，加速全球化业务布局，通过整合通信、电子以及家电等业务资源，实现企业产品设计、研发、管控、市场等领域的联动，推动集团从中国品牌向全球品牌转变。2018 年，TCL 集团开拓了西欧市场并拓展了印度和俄罗斯业务，当前集团业务已遍及全球 160 多个国家和地区，海外营收高达 558.1 亿元，占集团整体业务收入的 49.7%，同比增长 2.99%（见表 3 – 13）。

表 3 – 13   TCL 集团海外子公司分布情况

海外子公司名称	经营地	业务性质	持股比例（%）	取得方式
TCL Operation Polska Sp. zo. o	波兰	制造及销售	100	投资设立
TCL Moka Manufacturing, S. A. de C. V	墨西哥	制造及销售	100	投资设立
TCL（Vietnam）Corporation Ltd.	越南	制造及销售	100	投资设立
TCT Mobile Europe SAS	法国	销售	100	投资设立
TCT Mobile（US）Inc.	美国	销售	100	投资设立
TCT Mobile SA de CV	墨西哥	销售	100	投资设立
"TMCRus" Limited Liability Company	俄罗斯	销售	100	投资设立
TCT Mobile Italy S. R. L	意大利	销售	100	投资设立
TCL 家用电器（北美）有限公司	美国	销售	100	投资设立
TCL Research America Inc.	美国	研发	100	投资设立

资料来源：作者根据 2018 年 TCL 集团企业年报相关数据绘制。

TCL 集团拥有一定的行业技术优势，且具有较高水平的国际化程度，其海外研发投资具有明显的海外市场扩张动机。集团目前共有 28 个研发机构，大多布局于国内不同区域，海外研发投资占比相对较低，因此海外研发深度较低。在仅有的几处海外研发机构中，其区域分布表现出明显的多元化布局，其中美国研发中心主要从事互联网运营技术研发；欧洲研发中心主要从事人工智能算法技术研发，因此海外研发广度水平较高。

（4）海外研发深度高—海外研发广度高

全球化时代，跨国企业海外研发投资不仅是为了获得最大化利润，更是从战略视角考虑如何构建和维持企业核心竞争力。我国跨国企业由于普遍缺乏垄断性优势，其海外研发投资更多地表现为技术寻求型，而不是技术利用型。随着全球化竞争的日益激烈，跨国企业改变了传统集中式创新模型，而采取分散式创新模式，开始在全球范围内寻求研发投资机会，并根据不同海外国家或地区在人才、科技、信息、知识等方面存在的比较优势进行布局，从而实现资源、知识与能力的全球化获取、整合以及配置。全球资源融通型海外研发活动与跨国企业强大的技术实力以及高度的国际化水平相适应，强大的技术实力为跨国企业参与全球竞争提供技术支撑，而高度的国际化程度为全球技术创新提供市场容量。

海外研发投资的高级模式将是全球资源融通型，跨国企业可以在全球获取与整合创新资源，具有较高的海外研发深度，并且有能力参与全球化市场竞争，其海外研发机构在地理上表现出多元化分布，具有较高水平的海外研发广度，因此其海外研发网络布局为海外研发深度高—海外研发广度高结构。该网络结构具有以下几个方面的特征：第一，从母公司实力特征来看，此类跨国企业母公司具有领先的行业技术实力，同时积极参与全球化市场竞争，拥有较高水平的海外市场占有率。第二，从研发任务来看，海外子公司不仅要整合海外创新资源以及引领行业前沿技术，还要引领全球化产品市场。第三，从海外研发区位选择来看，跨国企业偏向于选择具有技术优势的发达国家以及具有市场前景的发展中国家。第四，从知识流动以及人才流动来看，创新资源不再集中于母公司，而是以网络体系形式在不同研发子公司间进行自由分配。知识、信息可以实现不同研发单位间的共享，呈现多向流动特征。人力资源同样可以在不同机构间进行跨组织边界流动，具有多向流动特征。第五，从研发类型来看，此时海外研发的动机兼顾创新知识获取以及海外市场开拓，重视中长期的应用研究和基础研究，兼顾短期的开发研究。第六，国内研发不再是企业所有研发活动的控制中心，国内研发中心与国外研发单元通过灵活多样的协调机制紧密联系在一起。海外研发单位不仅作为传感器，感知其所在领域可能发生的变化，还参与制定合适的战略和新的业务发展。同时，海外研发单元主要任务是提高自身的自主性以及能力，并且增加各海外研发单元之间的协同作用。

海外研发深度高—海外研发广度高研发网络结构具有以下多方面优势：首先，分散化研发网络有利于跨国企业构建海外本地能力，确保跨国企业的知识与技能得到最佳利用。其次，国内研发中心的角色从一个控制中心转变为拥有平等权利和义务的研发单位。最后，多元化投资目的地有利于跨国企业组织学习，促进企业开发利用不同东道国技术、知识资源。然而，海外研发深度高—海外研发广度高研发网络结构不免存在一些缺点：一方面，海外研发投资目的地多元化提高了母子公司间协调成本；另一方面，复杂的组织结构提高了跨国企业管理成本，导致海外逆向知识溢出存在困难。

近年来，随着我国跨国企业对海外研发活动重视程度的不断提升，特别是部分高科技行业公司越发重视海外市场，以华为、中兴为代表的高科技企业构建了海外研发深度高—海外研发广度高网络结构。以华为为例。成立于1988年的华为是一家民营高科技公司，企业专注于通信设备产品以及通信网络服务。华为自组装成功第一款交换机开始，就非常注重从国内高校大规模引入优秀人才，并不断提升企业研发投入，坚持将每年收入的10%以上投入研发。华为公司2018年年报显示，2018年华为在研发方面投入了1015.09亿元人民币，占企业年收入的14.1%，位列全球研发投入第五。从2003年起华为开始大规模开拓美欧等传统发达国家与地区，并一跃成为国际电信市场的核心供应商，其产品已远销全球100多个国家和地区。

与此同时，华为将研发重点集中于未来信息通信技术（ICT）的创新，通过研发中心以及联合创新中心为主要支撑点，在全球范围内布局研发网络。华为公司2018年年报显示，2018年华为以国内研究院为统筹中心，在全球布局了17个研发中心，并与世界上领先的通信运营商共建36个联合研发中心以推动企业技术创新，具有较高的海外研发深度。此外，华为海外研发分布表现出明显的地理多元化特征，根据投资东道国技术实力以及专业分工构建其全球化研发网络，位于美国硅谷的美国研究院统筹美国的其他三家研发中心，开展云计算、数据通信以及 CDMA 研发研究；位于加拿大的研究院展开 5G 通信核心技术研发；位于俄罗斯的研究院开展算法工程化、非线性、最优化算法的技术开发；位于法国的研究院开展通信物理层以及分布式并行计算等基础算法研究（见表 3 - 14）。

表 3 - 14　　　　　　　　　　华为海外研发基地分布情况

年份	国家	事件
1999	俄罗斯	成立俄罗斯数学所
1999	印度	设立研发中心
2000	瑞典	设立 3G 技术研发中心
2001	美国	设立研发中心
2008	加拿大	研发中心
2008	印度尼西亚	研发中心成立
2009	德国	设立研发机构
2009	土耳其	设立研发中心
2010	日本	启动了日本研究所
2011	意大利	建立微波研发中心
2012	芬兰	建立研发中心
2013	巴西	设立研发中心
2013	西班牙	建立研发中心
2013	英国	设立新的研发中心
2014	法国	建立大数据研发中心
2015	波兰	成立 PSNC-Huawei 联合创新中心
2015	匈牙利	建立研发中心

资料来源：作者根据 2018 年华为公司企业年报相关数据绘制。

3.2.2　海外研发投资组合结构布局演进

随着我国不断崛起，成为国际上具有重要影响力的经济与政治大国，我国的跨国企业逐渐迈向海外扩张道路（Tung，2005），其海外研发活动实现了投资东道国向投资母国的转变。特别是 2001 年我国加入 WTO，推动了国内外市场融合和一体化。在此过程中，国内众多企业认识到国内市场的局限性，积极参与到国际市场中（Liu and Li，2002）。国际化商业环境中，技术创新诀窍与消费市场偏好的变化速度更加充满动态性与不可预测性，如何在全球范围内管理创新过程成为我国跨国企业面临重要的问题。

前文从海外研发深度与海外研发广度两个维度探讨了不同海外研发投资网络结构的差异性以及优劣势，并就具体的海外研发投资网络结构展开案例分析。但跨国企业海外研发投资网络结构并不是僵化的，不同跨国企业拥有不同的海外研发网络结构，同一跨国企业在不同发展阶段也拥有不同的海外研发投资网络结构，因此需要以动态的视角审视我国跨国企业海外研发投资网络布局。龙施塔特（Ronstadt，1977）通过对美国跨国企业的分析，认为其海外研发活动具有动态演进的特征，最初在于转移母国技术以支撑海外产品生产，随后通过适应性产品以及技术开发以满足东道国顾客需求，最后通过研发活动专业化分工提升母公司创新实力。

我国跨国企业由于起步较晚，在技术能力以及国际化水平方面普遍落后于发达国家，因此其海外研发过程可能表现出不同的演化过程（谢伟、王展硕，2017）。有学者（Minin and Zhang，2010）通过对我国设立在欧洲研发中心的案例分析，认为我国跨国企业海外研发活动遵循着技术搜索—母国优势扩大—母国优势利用的演进规律。还有学者（Chen et al.，2011）将我国跨国企业海外研发活动分成初始、发展以及成熟三阶段：初始阶段为了监控全球技术发展趋势，吸收海外领先的技术知识；发展阶段兼具吸收海外知识以及生产制造产品；成熟阶段主要为了整合全球创新资源，实现资源互通互联。米宁等（Minin et al.，2012）分析认为中国跨国企业海外研发投资的最初动机在于技术学习，利用与东道国互动实现技术外溢，随后将东道国创新的技术与知识转移到母国研发机构，通过国内外技术融合实现母公司技术研发能力提升。陈劲等（2003）认为跨国企业海外研发投资是伴随生产经营活动国际化而逐渐展开的，并认为我国跨国企业海外研发投资会历经生产经营国际化—市场支撑型—资源寻求型—技术能力创造型四个阶段：第一阶段是为了转移母国技术与知识，拓展海外市场份额；第二阶段是为了适应海外市场不同的顾客偏好以及生产条件，开展本地适应性开发；第三阶段是为了利用海外多样性技术、资源优势，开展资源寻求以及技术学习；第四阶段是为了适应全球化竞争需要，开展全球网络化技术创新。谢伟和王展硕（2017）基于企业技术实力以及国际化程度，将我国跨国企业海外研发动机划分成母国市场扩张者、母国能力提升者、海外市场扩张者以及全球资源融通者四种类型，并按照上述顺序进行动态演进。本书的研究基于谢伟和王展硕（2017）对我国跨国企业不同时期海外动机的动态研究成果，引用网络嵌入理论，从研发深度和研发广度的组合关系深入探讨我国跨国企业不同阶段网络结构的动态演进过程，将我国跨国企业海外研发活动分成四个阶段，进一步探讨不同阶段我国跨国企业海外研发网络结构（见图 3 –6）。

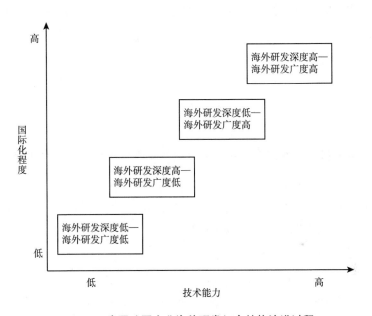

图 3 –6　我国跨国企业海外研发组合结构演进过程

资料来源：作者自绘。

（1）萌芽阶段：海外研发深度低—海外研发广度低

与西方国家的跨国企业相比，大多数中国企业相对年轻（因此规模较小），并且专注于国内市场（Von Zedtwitz，2005）。我国多数跨国企业直到 20 世纪 90 年代中期才开始布局海外研发活动，60% 的海外研发单元是在 1995～1999 年设立的，其中属于独立设立海外研发单位数量很少。在这一时期，我国海外研发单位的研发能力水平较低，母公司对海外研发单位支持的人力和财力投入也比较有限。在萌芽阶段，跨国企业海外研发投资的战略目标是通过与海外跨国企业的合作研发进行技术扫描，通过接近海外研发环境以及招募优秀的海外研发人员进而获得海外研发技术溢出。海外研发单位通常设立于技术先进的发达国家或地区，通过国际技术合作单元以及技术监控单元，我国跨国企业可以及时掌握全球行业技术发展趋势。

在萌芽阶段，跨国企业海外研发网络结构主要表现为海外研发深度低—海外研发广度低，研发活动主要集中于母国研发中心，海外研发在地理上呈现出集中式分布。大部分战略资产集中于母国研发总部，母国研发总部将研发资源配置到海外研发单位，海外研发单位人员主要是由母公司员工或海外华侨华人所组成，其大部分资本投入也是由母公司提供的。在该网络结构下，母国研发中心占主导地位，负责制定海外研发目标、制定海外研发项目以及招募海外研发人员；海外研发子公司则负责研发信息的检索和小规模项目的开发。海外研发子公司受母国研发中心的支配，相互之间的互动较少。海外研发信息从海外分支机构传递到母国研发总部，而决策信息传递则呈现相反的方向。对于身处海外研发萌芽阶段的跨国企业而言，海外研发的重点并不在于实施成功的研发项目，而在于利用国外现有的技术成果以及从海外市场获取创新理念提升母国市场占有率。此时，海外研发深度低—海外研发广度低的网络结构保证了母公司新产品或新工艺的快速发展，但总部可能会对海外市场的供给和需求信息产生误解，因此不能满足国际市场的需求。此外，海外研发单位由于资源限制和技术扫描仪的角色，缺乏向东道国深入学习的机会。

（2）起步阶段：海外研发深度高—海外研发广度低

随着海外研发投资的发展，我国跨国企业积累了一定的战略资产以及技术能力，有能力吸收海外创新知识以及技术，此时跨国企业海外研发投资的主要动机在于技术学习，而不是技术监控。在起步阶段，跨国企业不仅在海外构建技术监控单元以及技术合作项目，而且会以更加激进的方式新建以及并购海外研发单位。采用新建以及并购的海外研发进入模式，有利于跨国企业及时有效地获取和整合海外技术知识，从而提升跨国企业技术创新能力以及核心竞争力。在起步阶段，跨国企业通过海外技术监测点了解行业技术发展状态和趋势；通过海外研发分支吸收海外先进的技术和知识，并招募海外优秀的研发人才与管理人才；通过与海外本地研发机构以及优秀企业开展研发合作项目，最终实现母公司创新能力的提升。

在起步阶段，跨国企业海外研发网络结构主要表现为海外研发深度高—海外研发广度低，海外研发投资占企业整体研发投入的比重有了巨大的提升，但国内研发中心仍然占据重要的位置，海外研发投资在地理上仍呈现出集中式分布。国内研发中心指挥海外研发单元研发活动，并通过海外研发中心与国外相关机构构建合作关系以监控海外最近技术知识、消费者趋势，借此获得海外技术溢出提升母公司创新能力。在此过程中，跨国企业偏好采用直接投资的方式在海外新建研发单元，以及采用跨国并购的方式获取拥有技术优势的海外中小企业。在这一阶段，跨国企业的中长期目标是弱化母国研发中心的地位，提升海外研发单元的独立性和自主性，以此调动海外研发人员的创造性以及积极性。

(3) 发展阶段：海外研发深度低—海外研发广度高

通过起步阶段的技术国际化积累，我国跨国企业战略性资产以及创新能力得到进一步提升，技术创新国际化水平已达到较高程度，具有一定的技术相对优势，跨国企业海外市场开拓动机不断加强。此时，跨国企业海外研发投资不仅旨在进行技术搜索，还包括向海外子公司进行技术转移以提高其在东道国的本地研发能力。以技术转移、海外市场适应性开发为主要动机的海外市场支撑性研发活动将不断增加，海外研发子公司也将从以技术搜寻为主发展成为技术学习和本地创新占主导地位，根据东道国本地市场以及生产条件，更好地提升海外市场支撑性的研发活动将逐渐增多。在发展阶段，海外研发活动旨在接受、调整以及改进母公司转移的技术，同时先前的技术扫描和技术学习等也会越来越受欢迎。

在发展阶段，跨国企业海外研发网络结构主要表现为海外研发深度低—海外研发广度高，由于母公司积累了相当的技术优势，跨国企业更加倚重国内的创新能力。此外，为了占领更多的海外市场，海外研发子公司将改变先前地理集中式分布为分散式分布。在该阶段，跨国企业通过直接投资与并购等形式构建越来越多的海外研发子公司，通过自主创新和海外创新相结合的方式对海外本地市场进行适应性开发，以支持海外营销活动以及制造活动。在此网络结构下，海外研发单位的职责不仅是跟踪技术的发展趋势，还包括接受母公司转移的技术，并根据海外市场情况进行产品本地化开发。创新资源呈现出明显的分散式分布，根据研发网络结构中研发战略的优先级进行配置，并且从东道国招聘越来越多的当地员工。

（4）成熟阶段：海外研发深度高—海外研发广度高

在成熟阶段，我国跨国企业可以从全球获取、整合以及配置创新资源，实现能力以及知识创造的全球化。海外研发投资的成熟阶段与跨国企业强大的技术实力以及高度市场国际化程度相适应，强大的技术实力为企业参与国际化竞争提供技术支持，而高度的市场国际化水平则为企业技术实力提供市场空间。跨国企业技术创新国际化水平与生产经营国际化水平相互促进，从而构成我国跨国企业国际化竞争优势的基础。在海外研发投资成熟阶段，由于海外地理分散化的研发机构增多，组织结构日益复杂，如何保持研发单元间的协作与沟通成为提高跨国企业创新效率的核心。

在成熟阶段，跨国企业海外研发网络结构要表现为海外研发深度高—海外研发广度高。在该阶段，国际市场被认为与国内市场同等重要，企业的研发活动直接针对全球市场。跨国企业利用全球创新资源，提高自身的潜在技术能力；为了在全球范围内获得竞争优势，公司将分散其研发资源，逐步形成一个全球联动的研发网络。在该网络结构下，国内核心研发中心将不复存在，取而代之的是由所有研发机构整合形成的协调且统一的研发网络，所有研发单元的技术和知识相互间均能够实现共享。各研发分支单元具有较强的独立性，能够充分发挥其积极主动性，并且有利于提升研发人员积极主动性，最终提升企业研发效率。

3.2.3　理论评述与小结

本书的研究从我国跨国企业海外研发动因视角出发，通过文献梳理发现，现有研究相对忽略了对跨国企业自身因素和复杂投资动机的考察。通过对伊利集团、新朋股份、TCL 集团以及华为的跨案例分析，研究发现企业技术实力以及国际化程度驱动我国跨国企业海外研发活动动态演进过程，其具体规律表现如下：首先，若企业技术能力与国际化程度均比较低，此时倾向于在发达国家构建海外单元，利用海外创新资源进行开发研发以服务国内市场，因此母子公司间的人才与知识流动较少。其次，若企业技术能力相当，而国际化程度较低，此时倾向于在发达国家构建研发单元，利用海外优势创新资源进行技术开发、培养国内员工以及学习国外先进的技术与经验，以提升母公司研发能力，因此知识流动方向为从海外流向国内，人才流动方向是国内外双向流动。再次，若企业技术能力较强而国际化水平适中，此时倾向于同时在发展中国家与发达国家布局研发单元，以提升母公司海外市场竞争优势，因此知识流动方向为国内外双向流动，人才流动方向为从国内流向海外。最后，若企业技术能力与国际化程度均比较高，跨国企业根据海外各国的技术优势进行全球研发网络布局，以整合和利用全球各地的研发资源，因此知识和人才是自由流动的。

　　我国跨国企业发展起步相较于西方发达国家较晚，技术实力以及国际化水平普遍落后于发达国家跨国企业。现有针对发达国家跨国企业海外研发组织形式演进研究认为，海外市场扩张与母国技术转移是其海外研发的起点，国内母公司一直承担着"技术大本营"的重要角色；伴随着海外市场竞争的逐渐加剧以及研发基础设施的不断完善，西方跨国企业海外研发单元逐渐承担部分应用研究以及基础研究的任务。不同于发达国家跨国企业，本书的研究从技术能力和国际化程度双视角出发，分析认为我国跨国企业海外研发投资的演进过程在初始阶段与西方跨国企业是不同的，但最终都将走向建立全球互联互通的研发网络。我国跨国企业海外研发演进过程将依次经历萌芽阶段、起步阶段、发展阶段和成熟阶段，分别对应着海外研发深度低—海外研发广度低、海外研发深度高—海外研发广度低、海外研发深度低—海外研发广度高以及海外研发深度高—海外研发广度高的组合结构（见表 3 – 15）。

表 3 – 15　　　　　　　我国跨国企业海外研发组合结构的演进过程

阶段	母公司特征		组合结构	动机	区位	知识流动	人才流动
	技术能力	国际化					
萌芽阶段	低	低	深度低—广度低	母国市场	发达国家	较少	较少
起步阶段	中	低	深度高—广度低	技术学习	发达国家	从海外到国内	双向
发展阶段	高	中	深度低—广度高	海外市场	全球	双向	从国内到海外
成熟阶段	高	高	深度高—广度高	全球资源	全球自由	全球自由	全球自由

　　资料来源：作者根据相关文献绘制。

第4章　海外研发组合结构与母公司创新绩效关系研究

4.1　引　言

海外研发活动起源于20世纪70年代西方发达国家，并为其跨国企业提供海外市场开拓、技术资源获取以及廉价劳动力利用等多种竞争优势（Wang et al.，2018）。近年来，随着新兴经济体国家的不断崛起，越来越多发展中国家后发企业加入海外研发的行列，并利用其全球市场的相对所有权优势实现海外研发资源与创新成果向母国逆向转移，以补偿发展中国家跨国企业后发劣势（Luo and Tung，2018；Tang et al.，2019；李欠强等，2019，2021）。特别是华为、海信、中兴通讯等一批中国跨国企业通过在全球布局研发单元，帮助母公司及时获取分散的全球技术知识，从而实现企业技术能力以及国际竞争优势的提升。尽管海外研发活动已成为新兴经济体跨国企业实现对发达国家技术追赶以及获取国际技术优势的重要途径，但海外研发活动能否提升母公司创新绩效仍然存在争议。

现有海外研发与母公司创新绩效的关系研究多聚焦于拥有技术领先优势的发达国家跨国企业（Hsu et al.，2015；Hurtado-Torres et al.，2018），相对忽略了新兴经济体海外研发活动，并且在关系的方向以及强度方面尚未达成一致的结论。部分学者基于资源观以及知识观，认为海外研发活动有利于企业寻求外部创新资源以及技术学习机会，从而提升母公司创新绩效（Cantwell and Zhang，2006；Arvanitis and Hollenstein，2011；李梅、余天骄，2016）；部分学者基于制度理论以及交易成本理论，认为海外研发活动因"外来者劣势"以及"新进入者劣势"会增加企业协调、沟通以及治理成本，从而负向影响母公司创新绩效（Singh，2008；Stiebale and Reize，2011）；少数学者甚至得出

U 形、倒 U 形、S 形以及 M 形等非线性关系（Hurtado-Torres et al., 2018；Tang et al., 2019；Hsu et al., 2015；Chen et al., 2012）。另外, 现有实证研究有关海外研发投资的测度仍然比较粗略, 对于海外研发投资的不同特征并没有进行有效区别和界定, 大多数学者仅以企业是否进行海外研发这样简单的虚拟变量进行测度（李梅、余天骄, 2016；Penner-Hahn and Shaver, 2005）。

此外, 鉴于现有海外研发与母公司创新绩效关系实证研究方面得出的不同结论, 也驱动着学者们进一步探究哪些因素可能调节影响两者之间的关系。现有研究表明, 国际化经验、组织冗余、国内研发投入以及东道国制度环境等因素影响海外研发投资与母公司创新绩效间的关系（Hsu et al., 2015；Chen et al., 2012）, 但是对于动态能力的调节机制尚缺乏研究。新兴经济体跨国企业海外研发子公司的知识水平通常高于母公司, 因此其知识流动方向是从海外子公司流向母公司的逆向创新过程（Awate et al., 2015）。为了提升母公司在逆向知识转移过程中的创新绩效, 需要动态能力搜寻和利用外部战略性资源（汪涛等, 2018；李梅等, 2022；李梅、余天骄, 2020）。动态能力理论通过诠释跨国企业如何对海外研发资源进行消化、整合以及重构以将其内化为企业异质性资源的过程（武柏宇、彭本红, 2018）, 有助于理解新兴经济体后发跨国企业如何利用海外研发投资提升企业国际竞争力。

鉴于现有相互对立的研究结论, 以及不同于西方发达国家跨国企业技术利用型海外研发投资动机, 我国跨国企业由于普遍缺乏技术优势从而呈现出技术利用与技术寻求并存的特征（Awate et al., 2015）, 需要进一步澄清新兴经济体海外研发活动对母公司创新绩效的影响效应以及实现条件。本书的研究聚焦于解决以下两个问题: （1）我国跨国企业海外研发投资能否提升母公司创新绩效？事实上, 海外研发投资具有多维度特征, 简单的虚拟变量测量方法只关注海外研发活动的单一维度, 无法揭示海外研发活动影响母公司创新绩效的深层次作用机制（Hsu et al., 2015；Hurtado-Torres et al., 2018；李梅、卢程, 2019；徐晨、孙元欣, 2021）。因此, 本书的研究借鉴国际主流的测量方法, 从组合结构层面将海外研发投资划分成海外研发深度与海外研发广度两个维度（Hsu et al., 2015；Hurtado-Torres et al., 2018）, 深入探讨不同维度海外研发活动对母公司创新绩效的差异化影响机制和作用效果。（2）哪些因素影响海外研发投资与母公司创新绩效间的关系？本书的研究聚焦于企业动态能力这一情境因素探讨海外研发投资影响母公司创新绩效的实现条件。已有学者对企业动态能力进行解构,认为其是由吸收能力、适应能力以及创新能力构成(Wang and Ahmed,2007),但有学者研究认为创新能力属于企业运营能力,与动态能力有着本质的区别(Shafia et al.,2016;卢启程等,2018)。本书的研究综合了一些学者(Wang and Ahmed,2007;Shafia et al.,2016)的观点,认为动态能力是由吸收能力和适应能力两种能力所构成,进而探讨吸收能力和适应能力对上述海外研发投资与母公司创新绩效关系的调节作用。

4.2　研究假设

4.2.1　海外研发组合结构与母公司创新绩效

有关海外研发的研究成果越来越强调关注海外研发投资的不同维度(Tang et al.,2019;Nguyen,2016;李梅、卢程,2019;Hurtado-Torres et al.,2018)。虽然学者们基于海外研发的不同维度开展实证研究,但一致认为在研究海外研发与创新绩效关系时,若不区分海外研发的维度,可能产生虚假的结论(Hurtado-Torres et al.,2018)。因此,为了深入理解海外研发与母公司创新绩效的关系,本书的研究基于组合结构层面将海外研发分成海外研发深度与海外研发广度两个维度,检验不同维度海外研发对母公司创新绩效是否存在差异化的影响。

海外研发深度衡量跨国企业开展海外研发活动的数量程度(Hsu et al.,2015;Leiponen and Helfat,2011;李梅、卢程,2019),部分跨国企业可能在海外设置一个或少数研发单元,而另一些跨国企业可能在海外设置若干个研发单元,海外研发深度通过衡量跨国企业海外研发投入程度凸显其海外研发的"厚度"。海外研发广度则衡量跨国企业海外研发单元地理分散程度(Hsu et al.,2015;Hurtado-Torres et al.,2018),部分跨国企业可能将海外研发单元分散于多个东道国,而另一些跨国企业则可能将海外研发单元集中于少数几个东道国。海外研发深度与海外研发广度反映了跨国企业海外研发的不同组合结构,本书的研究将海外研发深度与海外研发广度纳入统一分析框架,深入探讨不同维度海外研发投资对母公司创新绩效的影响。

（1）海外研发深度与母公司创新绩效

资源基础观以及知识基础观分析认为，通过提升海外研发深度，跨国企业可以获得多样性的创新资源以及知识学习机会。首先，海外研发深度有助于跨国企业在更大范围内搜寻与获取本国所欠缺的异质性创新资源，提升跨国企业创新资源的互补性（Kafouros et al.，2008；李梅、余天骄，2016）。譬如，吸收海外特有知识和创意，雇用海外优秀研发人才与团队，获取海外廉价原材料等，从而有助于降低跨国企业创新成本。其次，海外研发深度能够给跨国企业带来多样化的技术、知识学习机会，提升企业组织学习能力以及创新效率（Miller，1996；吴航、陈劲，2014）。投资东道国在技术水平、产业组织、市场偏好、创新水平以及文化风俗等方面与母国存在显著的差异，差异化的商业环境促进跨国企业进行深层次的学习，进而提升企业技术吸收能力以及资源整合能力（Zahra et al.，2000；李梅、余天骄，2016）。最后，通过将研发活动布置到海外，增加跨国企业与海外高校、客户、研发中心以及供应商进行外部合作的机会，增强企业海外市场合法性地位（Kuemmerle，1999；Hitt et al.，1997）。跨国企业通过与海外当地合作研发网络进行正式与非正式的组织联系，有助于接收源自东道国的外溢技术和知识（胡欣悦等，2018）。

交易成本理论则认为，跨国企业利用海外研发实现创新收益的同时，将不可避免地面临多种成本：第一，知识保护成本，相较于国内集中式研发投资，跨国企业海外研发投资所面临的监督与控制难度更大，知识泄露风险更高，导致跨国企业知识保护难度以及知识保护成本较高（Athukorala and Kohpaiboon，2010；Sanna-Randaccio and Veugelers，2007）。第二，知识获取成本，随着海外研发深度的提高，跨国企业母国与东道国之间的制度差异表现得更为明显，这种语言、制度、文化等多方面的差异将直接影响母公司知识获取成本（Castellani et al.，2013）。第三，管理、沟通以及协调成本，随着海外研发深度的提升，跨国企业不仅需要与东道国当地利益相关者进行合作，企业经营活动将变得更加复杂；同时，为了维持母公司与海外研发子公司的关系，需要跨国企业对子公司进行统筹协调（Singh，2008）。

海外研发深度既为母公司带来多样性的创新资源以及知识学习机会，同时又可能因吸收能力不足以及外来者劣势而增加企业内外部沟通成本和协调成本，因此本书研究认为海外研发深度与母公司创新绩效间可能并不存在简单的线性关系，而是存在倒 U 形关系。在海外研发深度较低时，跨国企业所面临的内外部沟通成本和协调成本比较低，海外研发深度可以提升母公司创新绩效。但随着海外研发深度的不断提升，高度的海外研发深度由于边际收益已经有限，受制于母子公司间的协调交流以及知识转移活动变得日益复杂，海外研发成本将成倍增加（Belderbos et al.，2013；Sanna-Randaccio and Veugelers，2007），最终将超过边际收益。

基于上述分析，本书研究认为海外研发深度可以对母公司创新绩效产生积极的影响，但超过一定的门槛值之后，海外研发深度带来的成本将超过边际收益而负向影响母公司创新绩效。因此，本书的研究提出以下研究假设：

H4 - 1：海外研发深度对母公司创新绩效的影响呈倒 U 形。

（2）海外研发广度与母公司创新绩效

海外研发广度则衡量跨国企业海外研发单元的地理分散程度，海外研发广度越高，企业海外研发单元分布越分散；反之，海外研发广度越低，企业海外研发单元分布越集中（Leiponen and Helfat，2011）。从资源基础观的视角来看，跨国企业创新活动所需技术与知识分散于全球各地，不可能集中于某个国家或地区，因此海外研发单元布局越分散越有利于跨国企业整合海外多样化研发资源。第一，通过在多个东道国布置海外研发机构，跨国企业可以获得不同东道国特定区位优势，这些区位优势可能来源于不同东道国在科学技术、资源禀赋、制度环境以及文化等方面存在的差异（Hurtado-Torres et al.，2018）。第二，海外研发广度有利于跨国企业充分利用不同东道国资源禀赋优势，降低研发成本（李梅、余天骄，2016）。跨国企业可以在人力资源丰富的国家雇用研发技术人员，而在要素成本较低的国家采购原材料（Von Zedtwitz and Gassmann，2002）。第三，海外研发的地理多样性为跨国企业提供认识不同市场需求与变化趋势的机会（Cloodt et al.，2006），推动跨国企业利用式学习以响应多元化的顾客需求，最终提升企业技术能力。第四，海外研发广度可以提升企业国际化经营经验，丰富企业管理者知识结构，有利于企业在动态环境下识别出创新机遇以及挑战（Levinthal and March，1993）。第五，通过在不同东道国布局研发子公司，企业可以获取不同类型的国外先进技术知识，增强整体技术的互补性，有利于企业组合各种技术构建企业竞争优势（Chen et al.，2012；Singh，2008）。

当然，过高的海外研发广度将给新兴经济体后发跨国企业带来部分挑战，如更加不确定的经营环境（Casillas and Moreno-Menéndez，2014）、高层次的协调和沟通需求（Chen et al.，2012）以及研发投资规模不经济现象（Lahiri，2010）。然而，就我国后发跨国企业而言，其海外研发活动地理布局尚不分散，相对于海外研发广度带来的优势而言，海外研发广度过高带来的劣势尚不明显（李梅、卢程，2019）。因此，本书的研究提出以下研究假设：

H4－2：海外研发广度正向影响母公司创新绩效。

4.2.2　动态能力的调节效应

现有研究表明，动态能力是企业组织创新的重要基础以及先决条件，对企业创新具有积极的影响（Teece，2007；Lin et al.，2016；Shafia et al.，2016）。动态能力理论强调对持续变化外部环境适应能力的重要性，认为组织依据环境变化特征而对其内外部资源更新、重构以及配置的能力构成企业竞争优势（Teece，1997）。具体到跨国企业海外研发活动中，由于东道国与母国在技术水平、产业组织、市场偏好、创新水平以及制度方面存在多方位的差异，跨国企业将面临更加动态化的经营环境，如何利用动态能力适应新的国际环境将变得更为重要（汪涛等，2018），动态能力理论为解释跨国企业如何实现海外逆向知识转移提供了更为合理的理论视角。本书的研究综合了一些学者（Wang and Ahmed，2007；Shafia et al.，2016）的观点，认为动态能力是由吸收能力和适应能力这两种能力构成，进而探讨吸收能力和适应能力对上述海外研发与母公司创新绩效关系的调节作用。

（1）吸收能力的调节作用

吸收能力理论认为，吸收能力本质上是一种学习能力，是企业识别、吸收与学习外部信息、知识的能力（Cohen and Levinthal，1990），海外研发对母公司创新绩效的影响取决于企业是否具备吸收外部异质性知识的能力。新兴经济体后发跨国企业若要利用海外研发投资获取国外战略性资源以提升母公司创新绩效，吸收能力是实现跨国知识转移的核心支撑。

高吸收能力有利于提升母公司对海外研发子公司跨国知识转移的吸收程度，从而影响海外知识转移效果（Sofka，2008；陈玉萍等，2020）。新兴经济体跨国企业通过海外研发投资提升母公司创新绩效时，并不总是均等地获取海外创新知识。吸收能力有利于提升跨国企业对海外信息和惯例的分析、辨别、认知以及处理的能力，从而有利于跨国企业通过海外研发投资识别与吸收国外关键性的创新知识以及技术诀窍，进而提升跨国企业创新搜寻效率（陈侃翔等，2018；Bosch et al.，2010）。此外，吸收能力也反映出企业自主学习能力，其不仅可以提升企业知识获取能力，还可以提升企业创新整合能力，帮助企业开发出新技术和新产品（Kriz and Welch，2018）。吸收能力较强的跨国企业一般拥有较高的研发强度（Helfat，1997），有利于企业整合内外部创新知识并将其转化为企业创新成果。最后，吸收能力较强的跨国企业拥有多元化的知识体系以及较强的知识转换能力，有利于企业整合海外获取的新技术与知识，进而提升母公司创新绩效（司月芳等，2019）。因此，本书的研究提出以下研究假设：

H4-3：吸收能力正向调节海外研发深度与母公司创新绩效间关系。

对于海外研发广度而言，由于知识来源多样化特征，如何根据企业自身特征对外部知识进行有效转换与整合成为影响母公司创新收益的关键因素（赵凤等，2016）。企业吸收能力越高，越有能力辨别、消化、整合以及运用海外研发地理分散化带来的多样性异质性知识，进而提升母公司创新绩效。首先，高吸收能力不仅有利于跨国企业学习海外地理多元化的创新知识，而且有利于企业整合外部创新知识，实现企业内外部知识组合并形成新的知识和创意（赵凤等，2016）。其次，高吸收能力有利于跨国企业抓住海外多样性的外部技术机会，提高跨国企业外部知识的应用效率（洪进、刘慧，2014）。再次，吸收能力较强的企业一般拥有较高的研发强度，有利于企业将海外多元化知识转化为企业创新成果（Helfat，1997）。最后，吸收能力有助于企业快速感知海外市场偏好以及技术变化，降低跨国企业海外经营环境不确定性（Wang et al.，2012），有利于跨国企业更好的应对多元化投资环境带来的压力。相反，企业吸收能力越低，跨国企业辨别、消化、整合以及运用海外研发地理分散化带来的多样性异质性知识的能力越弱，进而不利于提升母公司创新绩效。因此，本书的研究提出以下研究假设：

H4-4：吸收能力正向调节海外研发广度与母公司创新绩效间的关系。

（2）适应能力的调节作用

新兴市场跨国企业海外研发活动面临着"新进入者劣势"以及"外来者劣势"双重困境，若要在动态环境下获得生存，需要企业及时识别动态环境中的关键变化并明确其因果关系，以便可以快速适应持续变动的外部环境（Wang and Ahmed，2007；Newbert，2007），因此适应能力对跨国企业的生存与成长至关重要。适应能力有利于跨国企业根据环境变动灵活布置海外研发资源，帮助企业实现资源与能力的匹配以提升母公司创新绩效。首先，强适应能力可以提高跨国企业对海外市场机会的反应速度。跨国企业适应能力部分体现为对海外市场环境的适应程度，即企业识别并利用东道国市场机会的能力，有利于跨国企业利用海外研发投资开展海外市场环境扫描、资源获取以及市场开发等相关活动（Miles and Snow，1978；McKee et al.，1989），进而提升技术利用型海外研发的创新收益。其次，强适应能力可以提高跨国企业对海外技术变化的反应速度，有利于跨国企业通过海外研发活动获取所需的技术和知识，并帮助跨国企业整合与重构海外子公司获取的创新资源（Teece，2007）。最后，强适应能力可以帮助跨国企业抵消"新进入者劣势"。海外本地知识资源的传递存在路径依赖性、因果模糊性以及缄默性，从而导致其难以在短期内被复制、管理与利用。适应能力增强跨国企业资源重组能力，帮助企业实现对海外技术知识有效转移以及调整。因此，本书的研究提出以下研究假设：

H4－5：适应能力正向调节海外研发深度与母公司创新绩效间的关系。

地理多元化海外研发投资结构有利于跨国企业发掘新的市场机会以及创新资源，但如何将海外获取到的创新资源逆向转移到母公司并内化为自身异质性资源成为影响企业创新绩效的关键（武柏宇、彭本红，2018），而适应能力恰好可以反映企业资源配置的能力（赵凤等，2016）。适应能力可以帮助跨国企业整合以及重构海外获取的多元化资源，提高企业应对多元化研发环境下发现机遇和应对挑战的能力（Teece，2007）。此外，适应能力通过对创新资源的合理配置，可以抵消海外研发过程中遇到的外来者劣势（Almirall and Casadesus-Masanell，2010），帮助企业快速适应多元化的海外投资环境并保持持续竞争优势。最后，适应能力能够促进跨国企业学习海外新技术与知识（赵凤等，2016），增强企业对外部动态环境的反应能力有利于跨国企业抓住更多的创新机遇，适应技术知识发展的需要，为企业利用海外技术知识提供支持。通过上述分析可知，适应能力有利于跨国企业更好地调整与重构从不同东道国获取的技术知识，从而有利于提高企业创新绩效。因此，本书的研究提出以下假设：

H4－6：适应能力正向调节海外研发广度与母公司创新绩效间的关系。

根据理论推演和分析构建了海外研发组合结构影响母公司创新绩效的关系，以及吸收能力与适应能力对上述关系调节效应的理论框架模型（见图4－1）。

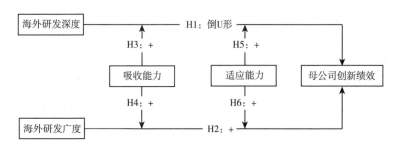

图4－1　理论框架模型

4.3　研究设计

4.3.1　研究样本与数据

由于我国上市公司在2013年之前的财务数据披露不完备，且2019年新冠疫情开始在全球蔓延，对全球金融市场造成了激烈冲击（Zhao et al.，2022），故本书的研究选择收集2013～2018年沪深两市A股上市制造业企业数据。我们将研究样本限定在制造业企业主要有以下两个原因：一方面，在研究期间中国制造业企业更善于适应技术变化，并表现出更强的海外研发投资意愿（Tang et al.，2019）；另一方面，制造业企业更有可能为其创新成果申请专利，这使我们能够准确地衡量其创新绩效（Wu et al.，2016）。本书研究所采集数据主要存在四个来源：第一，从国泰安数据库（CSMAR）获取中国跨国企业相关财务、会计数据信息；第二，从中国国家知识产权局获取企业专利相关数据，包括专利申请量、专利授予量和专利受让人等；第三，通过收集跨国企业年报数据获取企业海外研发子公司相关数据；第四，通过《中国统计年鉴》搜集我国区域经济发展水平等宏观数据。

按照以下程序抽取初始样本：第一，剔除ST、*ST以及负净资产的上市公司；第二，剔除2013年后上市的公司；第三，剔除不从事海外研发活动的上市公司；第四，剔除 2013~2018 年治理数据、财务数据公布不齐全的上市公司；第五，剔除财务数据连续两年或以上存在异常波动的上市公司；第六，剔除在开曼群岛、中国香港以及英属维尔京群岛等以避税为目的的上市公司。通过上述程序，最终获得了 383 家上市公司共计 2298 条观测值组成的企业样本数据。

在所抽取的样本中（见表 4-1），87 家为国有企业（占 22.72%）；私有企业为 296 家（占 77.28%），私有企业成为我国现阶段参与海外研发活动最重要的主体。从母公司所在地理位置来看，303 家企业位于我国东部地区（占 79.11%），49 家企业位于我国中部地区（占 12.79%），31 家企业位于我国西部地区（占 8.09%），可见我国参与海外研发活动的跨国企业大多位于经济发展水平以及国际化开放程度均处于领先位置的东部地区。从样本企业规模来看，小型企业共计 4 家，占 1.04%；中型企业共计 32 家，占 8.36%；大型企业共计 347 家，占 90.61%，可见被调研企业以大型企业为主。从专利授权数量来看，135 家企业专利授权数低于 10 件，占 35.25%；128 家企业专利授权数低于 50 件，占 33.42%；78 家企业专利授权数超过 100 件，占 20.37%，可见不同企业存在较大的创新产出差距。从行业类型上看，73.63% 的企业（282家）为非高科技行业，其余 26.37% 的企业（101 家）为高科技行业。从销售金额来看，60 家企业销售金额低于 10 亿元，占 15.67%；230 家企业销售金额低于 100 亿元，占 60.05%；93 家企业销售金额高于 100 亿元，占 24.28%，可见样本企业销售金额集中于 10 亿~100 亿元。从企业总资产来看，8 家企业总资产低于 10 亿元，占 2.09%；231 家企业总资产低于 100 亿元，占 60.31%；144 家企业总资产高于 100 亿元，占 37.60%，样本企业总资产普遍大于 10 亿元。其他相关信息，参见表 4-1。

表 4-1　　　　　　　　　　**样本企业基本情况一览表**

企业特征	类型	企业数（家）	占比（%）
企业所有制	国有企业	87	22.72
	私营企业	296	77.28
地理位置	东部地区	303	79.11
	中部地区	49	12.79
	西部地区	31	8.09

续表

企业特征	类型	企业数（家）	占比（%）
企业员工数	<300 人	4	1.04
	300~1000 人	32	8.36
	>1000 人	347	90.61
专利授权数	<10 件	135	35.25
	10~50 件	128	33.42
	50~100 件	42	10.97
	>100 件	78	20.37
行业类型	非高科技行业	282	73.63
	高科技行业	101	26.37
销售金额	<10 亿元	60	15.67
	10 亿~100 亿元	230	60.05
	>100 亿元	93	24.28
企业总资产	<10 亿元	8	2.09
	10 亿~100 亿元	231	60.31
	>100 亿元	144	37.60

4.3.2　变量定义与测量

（1）被解释变量

现有文献一般通过以下两种方法测量企业创新绩效（Fip）：一种是基于企业专利相关指标进行测量，包括专利申请数量（Hurtado-Torres et al.，2018；袁建国等，2015）、专利授权数量（钟昌标等，2014）以及专利被引数量（Hsu et al.，2015；Chen et al.，2012）；另一种方法则利用新产品销售额占企业销售总额的比重进行衡量（Berchicci，2013；Mihalache et al.，2012）。本书研究基于数据可获性，参照一些学者（Hurtado-Torres et al.，2018；袁建国等，2015）的研究成果，采用专利申请总数作为衡量企业创新绩效的关键指标。同时，参照钟昌标等（2014）的研究，采用专利授权数作为稳健性检验中衡量创新绩效另一指标。

（2）解释变量

①海外研发深度（$Deep$）。现有测量指标主要存在三种形式。首先，国内

学者大多根据企业是否在海外参与研发业务而设置 0、1 虚拟变量（何爱、钟景雯，2018；王晓燕等，2017；李梅、余天骄，2016；曾德明等，2014），但此测量方法比较粗糙。其次，测算企业海外研发费用占企业研发费用总额的比重（陈岩等，2015）。该测量方法较合理，但目前中国创新型企业调研数据库公布的相关数据仅仅截止到 2011 年，缺乏后续年份的统计样本数据。最后，利用海外研发子公司数量（李梅、卢程，2019）或者海外研发子公司占海外子公司的比重（Hsu et al.，2015）进行测量。本书研究参照李梅和卢程（2019）的测量方法，利用海外研发子公司的数量衡量海外研发深度。

②海外研发广度（Scop）。现有测量指标主要存在三种形式。首先，最简单的测量方法是利用海外研发子公司所涉及的国家数量进行测量（Dow and Karunaratna，2006；Kafouros et al.，2018）。其次，利用 Blau 多样性指数（Wu et al.，2016），测量公式为：$Scop = 1 - \sum_{j=1}^{N} \left(\dfrac{p_j}{p_T} \right)$，其中 p_j 表示投资到东道国 j 的研发子公司数量；p_T 表示海外研发子公司的总数；N 表示东道国数量，Blau 多样性指数取值介于 0 ~ 1，取值越高则表示海外研发广度越高。最后，采用多元化熵指数（Hitt et al.，1997；Chen et al.，2012），测量公式为：$Scop = \sum_{j=1}^{N} \left[p_j \times \ln(1/p_j) \right]$，式中 p_j 表示投资到东道国 j 的研发子公司数量占研发子公司总数的比例，$\ln(1/p_j)$ 是对应东道国 j 的权重。多元化熵指数既考虑了海外研发子公司的地理数量，而且考虑了各个地理部门在研发子公司中所占的相对比例。本书研究参照一些学者（Hitt et al.，1997）的测算方法，采用多元化熵指数测量海外研发广度。

（3）调节变量

①吸收能力（Abs）。现有相关实证研究中，少数学者采用企业研发支出总量衡量企业吸收能力（Wang et al.，2014），但大部分学者考虑到企业规模可能对企业研发支出产生影响，多采用研发支出强度测量企业吸收能力（Tsai，2009；Wu et al.，2016；赵凤等，2016）。本书研究参照部分学者（Wu et al.，2016）的研究成果，采用研发支出强度进行测度。

②适应能力（Ada）。参照一些学者（赵凤等，2016；Nadkarni and Naray-anani，2007）的研究成果，采用企业研发支出、资本支出以及广告支出三者之

间的变异系数进行衡量，若该变异系数取值越高，则表示企业适应能力越弱。为了使变异系数取值与适应能力方向保持一致，本书的研究采用调整的变异系数，对原有变异系数取负号，此时调整变异系数取值越高，则表示企业适应能力越强。

（4）控制变量

以往研究表明，企业盈利能力、资产负债率、组织冗余、国有股权、外资股权、行业类型、母公司地理位置以及母国区域发展水平与母公司创新绩效有关。本书的研究也选取这些异质性因素进行控制。

①企业盈利能力（Roa）。盈利能力越强的企业可用于研发投入的内部资源越丰富，有利于跨国企业通过研发投入提升创新绩效产出（李梅、余天骄，2016），本书的研究将该变量作为控制变量，用企业资产收益率进行测量，数据来源于企业年报。

②资产负债率（Dta）。资产负债率用企业年度总债务除以总资产进行测度，其很好地代表了公司财务结构（Hsu et al.，2015），资产负债率越高的企业可用于研发投入的资源越少，不利于跨国企业创新绩效的提升。

③组织冗余（$Slack$）。用流动资产和流动负债的比率进行测量（Daniel et al.，2004），组织冗余既有助于跨国企业适应海外研发过程面临的风险与不确定性，又可能为跨国企业海外研发活动带来高昂的冗余成本。

④国有股权（$State$）。参照部分学者（Wu et al.，2016）的研究成果，用国有股占企业总股本的比重进行测算，数据来源于企业年报。

⑤外资股权（$Forei$）。参照乔莉（2014）的研究成果，用外资股占企业总股本的比重进行测算，数据来源于企业年报。

⑥行业类型（$Indus$）。设置虚拟变量，0 为高科技行业，1 为非高科技行业（王晓燕等，2017）。

⑦母公司地理位置（$Locat$）。设置虚拟变量，1 为西部地区，2 为中部地区，3 为东部地区。

⑧母国区域发展水平（Gdp）。以母公司所在省份年生产总值进行对数化处理进行测度，该指标可以客观反映出当地的资源丰富程度和市场正常化水平。在国内区域发展水平较高的地区，跨国企业可以获得更多的资源和先进的市场，有利于企业提升创新绩效（Freeman and Styles，2014）。

表 4-2 列出了研究相关变量及数源来源。

表 4 - 2　　　　　　　　　　　　　变量定义

变量代码	变量名称	变量测量	数据来源
Fip	创新绩效	企业专利申请总量	国家知识产权局
Deep	海外研发深度	海外研发子公司总数	企业年报
Scop	海外研发广度	$Scop = \sum_{j=1}^{N} \left[p_j \times \ln(1/p_j) \right]$	企业年报
Abs	吸收能力	企业研发支出/总资产	企业年报
Ada	适应能力	研发、资本、广告支出变异系数	企业年报
Roa	企业盈利能力	资产收益率	企业年报
Dta	资产负债率	总负债/总资产	企业年报
Slack	组织冗余	流动资产/流动负债	企业年报
State	国有股权	国有股权/企业总股本	企业年报
Forei	外资股权	外资股权/企业总股本	企业年报
Indus	行业类型	0 为高科技行业，1 为非高科技行业	企业年报
Locat	母公司地理位置	1 为西部地区，2 为中部地区，3 为东部地区	企业年报
Gdp	母国区域发展水平	ln（母公司省份年生产总值）	中国统计年鉴

4.3.3　研究方法与模型

本书的研究因变量母公司创新绩效是以样本企业专利申请总数进行测量的，为非负整数的离散变量，一般服从于泊松分布（Cameron and Trivedi，2005；李梅、余天骄，2016），普通的 OLS 估计方法可能会导致估计偏差，但泊松回归模型要求该模型变量满足期望和方差相等的基本假设。我们经过计算（见表 4 - 4 描述性统计结果）发现，因变量创新绩效的期望与方差并不满足相等的基本假设（均值 = 123.43，标准差 = 537.73），存在过度分散现象，泊松回归模型会导致研究模型存在较大误差。为消除上述不利影响，本书的研究将采用负二项回归模型，该模型放松了对模型分布期望和方差必须相等的基本假设。为了检验海外研发与母公司创新绩效间的关系，本书研究的基本模型设置如下：

$$y_{it+1} = \beta_0 + \beta_1 x_{it} + \beta_2 x_{it}^2 + \gamma CON_{it} + \mu_{it} \tag{4-1}$$

$$y_{it+1} = \beta_0 + \beta_1 x_{it} + \beta_2 x_{it}^2 + \beta_3 m_{it} + \beta_4 x_{it} \times m_{it} + \gamma CON_{it} + \mu_{it} \tag{4-2}$$

考虑到海外研发投资组合结构影响母公司创新绩效可能存在一定的滞后

性，因此本书研究对自变量、调节变量和控制变量均作滞后一年处理。其中，i 表示样本中所抽取的企业数量；t 表示被调查的年份。y_{it+1} 为因变量 Fip_{it+1}，$\beta_1 x_{it}$ 表示自变量海外研发深度（$Deep_{it}$）和海外研发广度（$Scop_{it}$），x_{it}^2 表示自变量平方项，β_1 和 β_2 分别为自变量一次项和二次项的回归系数值，m_{it} 表示调节变量，CON_{it} 表示 i 公司在 t 年的控制变量向量，μ_{it} 表示回归模型的扰动项。模型（4-1）为检验自变量海外研发深度（$Deep_{it}$）和海外研发广度（$Scop_{it}$）的直接影响效应，模型（4-2）为检验动态能力的调节效应。

4.4　实证结果

如前所示，本书研究的被解释变量为非负计数变量，并且存在过度分散情况，因此选择负二项回归模型将更有效。此外，本书研究的数据时间跨度为 2013～2018 年，共计 6 年，属于短面板数据，不需要进行单位根检验（方宏、王益民，2017）。

面板数据回归模型存在混合效应模型、随机效应模型以及固定效应模型，选择不同的回归模型将得出不同的研究结果。为保证研究结论的可靠性，本书研究首先选用混合负二项回归模型作为参照模型；其次进行随机效应负二项回归，结果拒绝原假设，表明个体效应模型优于混合效应模型（F = 34.11，p < 0.001）；最后进行固定效应负二项回归，结果拒绝原假设，表明固定效应模型优于随机效应模型（Chi - Sq = 36.16，p < 0.001），因此负二项固定效应模型为本书研究最适用的回归模型，具体 F 检验和 Hausman 检验结果如表 4-3 所示。

表 4-3　　　　　　　　　　　面板数据模型估计

	F 检验		Hausman 检验		最佳模型
	F 值	p 值	Chi - Sq	p 值	
结论	34.11	0.0000	36.16	0.0001	负二项固定效应模型
	拒绝原假设		拒绝原假设		

4.4.1　描述性统计与相关性分析

描述性统计和相关系数矩阵如表 4-4 和表 4-5 所示。从表 4-4 可知，创新绩效的均值为 123.43，标准差为 537.73，均值远低于方差从而存在过度分散问题，说明本书研究的样本数据适用负二项回归模型。海外研发深度均值为 4.07，标准差为 4.98，表明我国跨国企业海外研发平均深度较稳健；海外研发广度的均值为 0.36，标准差为 0.53，说明我国跨国企业海外研发地理分散程度随时间存在较大波动性。跨国企业吸收能力均值为 0.04，标准差为 0.01，表明我国跨国企业吸收能力较稳健；适应能力均值为 0.97，标准差为 7.53，表明我国跨国企业适应能力随时间存在较大波动性。

表 4 – 4　　　　　　　　　　　　描述性统计

变量	观测值	均值	标准差	最小值	最大值	VIF 值
Fip	2298	123.43	537.73	0	10466	
Deep	2298	4.07	4.98	0	47	1.94
Scop	2298	0.36	0.53	0	0.94	1.93
Abs	2298	0.04	0.01	0	0.55	1.01
Ada	2298	0.97	7.53	– 3.29	358.94	1.01
Locat	2298	1.28	0.59	1	3	1.57
Indus	2298	0.74	0.44	0	1	1.05
Roa	2298	0.14	1.56	– 5.91	35.30	1.01
Dta	2298	42.13	18.72	2.46	195.17	1.66
Slack	2298	2.35	2.56	0.17	54.37	1.54
State	2298	0.11	0.19	0	0.95	1.22
Forei	2298	0.05	0.13	0	0.97	1.02
Gdp	2298	28.73	0.56	26.38	29.54	1.65

　　表 4 – 5 显示了本书研究的相关变量间的相关系数，可以看出海外研发深度与海外研发广度之间表现出较强的相关性（r = 0.69，sig < 0.01），符合海外研发深度和广度均是跨国企业海外研发投资不同维度的特征（Casillas and Moreno-Menéndez，2014；Hsu et al.，2015），其他相关变量间的相关系数均低于 0.60，相关性不高。此外，将所有研究变量纳入统一的回归模型可以发现，模型 VIF 平均值为 1.37，最高值为 1.94（见表 4 – 4），远低于 10，多重共线性问题不严重。为避免调节效应检验中交互项可能带来的多重共线问题，本书研究先对自变量以及调节变量进行中心化处理后再相乘。

表 4 - 5

相关系数矩阵

变量	1	2	3	4	5	6	7	8	9	10	11	12	13
Fip	1												
Deep	0.16***	1											
Scop	0.12**	0.69***	1										
Abs	0.02	0.03	0.03	1									
Ada	0.00	-0.01	-0.02	0.00	1								
Locat	-0.01	-0.01	0.01	0.01	0.01	1							
Indus	0.03	-0.00	0.06*	0.05*	-0.02	-0.07*	1						
Roa	0.01	-0.03	-0.03	-0.01	0.00	-0.02	0.02	1					
Dta	0.15***	0.18***	0.16***	-0.03	0.06*	0.11**	-0.09**	-0.06*	1				
Slack	-0.05*	-0.08**	-0.06*	0.04*	-0.08**	-0.07**	0.13***	0.01	-0.58***	1			
State	0.06**	0.06**	0.05*	0.02	0.02	0.09**	-0.09**	0.02	0.27***	-0.13***	1		
Forei	0.03	0.05*	0.04*	0.00	0.00	-0.05*	-0.02	-0.01	-0.01	0.03	-0.05*	0.24***	1
Gdp	0.09**	0.10***	0.10***	0.01	-0.02	-0.59***	0.14***	0.01	-0.03	0.00	-0.17***	0.10***	1

注：*、**、***分别表示在10%、5%和1%的水平上显著。

4.4.2　回归结果分析

（1）直接效应检验

本书的研究运用 Stata16.0 软件构建平衡面板负二项固定效应模型，估计海外研发组合结构对母公司创新绩效的影响效应以及动态能力的调节作用，实证结果如表 4−6 所示。表中的模型 1 只纳入了控制变量作为基准模型，模型 2 和模型 3 分别检验海外研发深度与海外研发广度对母公司创新绩效的直接影响效应，模型 4~模型 7 分别检验吸收能力以及适应能力对上述直接效应的调节作用，各模型均具有显著的解释力。

表 4−6　　　　　　　　　　　负二项固定效应估计结果

变量	模型 1	模型 2	模型 3	模型 4	模型 5	模型 6	模型 7
Constant	−1.820 **	−0.378	−1.068	−0.259	−0.363	−0.955	−0.957
	(0.803)	(0.839)	(0.821)	(0.840)	(0.839)	(0.824)	(0.818)
Locat	0.232 ***	0.166 **	0.194 **	0.166 **	0.165 **	0.195 **	0.181 **
	(0.079)	(0.080)	(0.079)	(0.080)	(0.080)	(0.080)	(0.080)
Indus	−0.257 ***	−0.259 ***	−0.288 ***	−0.274 ***	−0.259 ***	−0.296 ***	−0.285 ***
	(0.100)	(0.100)	(0.100)	(0.100)	(0.100)	(0.100)	(0.100)
Roa	−0.004	−0.003	−0.003	−0.003	−0.003	−0.003	−0.004
	(0.014)	(0.014)	(0.014)	(0.014)	(0.014)	(0.014)	(0.014)
Dta	−0.002	−0.003	−0.003	−0.003	−0.004	−0.003	−0.004
	(0.002)	(0.002)	(0.002)	(0.002)	(0.002)	(0.002)	(0.002)
Slack	0.006	0.007	0.004	0.008	0.005	0.005	0.001
	(0.010)	(0.010)	(0.010)	(0.010)	(0.010)	(0.010)	(0.009)
State	−0.110 ***	−0.159 ***	−0.139 ***	−0.182 ***	−0.161 ***	−0.164 ***	−0.153 ***
	(0.183)	(0.183)	(0.183)	(0.184)	(0.183)	(0.184)	(0.183)
Forei	−0.040	−0.102	−0.033	−0.095	−0.099	−0.054	−0.023
	(0.244)	(0.244)	(0.243)	(0.244)	(0.244)	(0.244)	(0.244)
Gdp	0.224 ***	0.106	0.164 **	0.096	0.105	0.154 **	0.159 **
	(0.071)	(0.073)	(0.072)	(0.074)	(0.073)	(0.072)	(0.072)

续表

变量	模型1	模型2	模型3	模型4	模型5	模型6	模型7
主效应							
$Deep$		0.227 *** (0.042)		0.234 *** (0.041)	0.223 *** (0.042)		
$Deep^2$		−0.037 *** (0.010)		−0.041 *** (0.010)	−0.037 *** (0.010)		
$Scop$			0.103 *** (0.026)			0.098 *** (0.027)	0.099 *** (0.027)
调节效应							
Abs				0.078 *** (0.026)		0.075 *** (0.026)	
Ada					0.050 (0.056)		0.338 ** (0.140)
$Deep \times Abs$				0.098 *** (0.029)			
$Deep \times Ada$					0.144 (0.132)		
$Scop \times Abs$						0.107 *** (0.035)	
$Scop \times Ada$							0.517 ** (0.207)
$Year\ dummy$	是	是	是	是	是	是	是
N	1798	1798	1798	1798	1798	1798	1798
Log likelihood	−7392.95	−7378.31	−7379.62	−7368.58	−7377.39	−7370.53	−7373.98
Wald chi2	19.59	50.41	35.35	62.65	52.25	47.50	43.62
Prob > chi2	0.0120	0.0000	0.0001	0.0000	0.0000	0.0000	0.0000

注：括号中为标准误；＊、＊＊、＊＊＊分别表示在10%、5%和1%的水平上显著。

　　基准模型结果显示，企业盈利能力、资产负债率、组织冗余以及外资股权影响母公司创新绩效的效果不显著；母公司地理位置显著正向影响母公司创新绩效（$\beta = 0.232$，$p < 0.01$），这意味相较于中西部地区，身处东部地区的跨国企业更可能提升母公司创新绩效；行业类型显著负向影响母公司创新绩效（$\beta = -0.257$，$p < 0.01$），说明跨国企业隶属于高科技行业更有利于企业提升

创新绩效；国有股权显著负向影响母公司创新绩效（$\beta = -0.110$，$p < 0.01$），表明国有股权比重越高，母公司创新绩效越低；区域发展水平显著正向影响母公司创新绩效（$\beta = 0.224$，$p < 0.01$），说明跨国企业所在区域经济水平越高，越有利于提升母公司创新绩效。

模型 2 在基准模型的基础上纳入海外研发深度的一次项（$Deep$）和二次项（$Deep^2$）。实证结果表明，海外研发深度与母公司创新绩效显著正相关（$\beta_1 = 0.227$，$p < 0.01$）；海外研发深度的平方项与母公司创新绩效显著负相关关系（$\beta_2 = -0.037$，$p < 0.01$），表明在海外研发深度较低时，母公司创新绩效呈上升趋势，而当海外研发深度较高时，母公司创新绩效呈下降趋势，只有当海外研发深度处于中等水平时，母公司创新绩效最高，即海外研发深度对母公司创新绩效的影响呈倒 U 形，假设 H4 - 1 得到验证。模型 3 用于检验海外研发广度与母公司创新绩效间的关系，实证结果表明海外研发广度与母公司创新绩效显著正相关（$\beta_1 = 0.103$，$p < 0.01$），表明海外研发广度正向影响母公司创新绩效，假设 H4 - 2 得到验证。

（2）调节效应检验

为了检验上述调节效应假设，本书研究生成调节变量与自变量的交互项。在假设 H4 - 3 中，我们提出了吸收能力对海外研发深度和母公司创新绩效间关系的调节作用，模型 4 在基准模型的基础上加入调节变量吸收能力，以及吸收能力和海外研发深度的交互项。实证结果显示，海外研发深度与吸收能力的交互项（$Deep \times Abs$）显著为正（$\beta = 0.098$，$p < 0.01$），表明吸收能力正向调节海外研发深度与母公司创新绩效间的倒 U 形关系，假设 H4 - 3 得到验证。为了进一步验证调节效应假设，本书研究以吸收能力的高水平以及低水平状态下分别绘制海外研发深度与母公司创新绩效间的关系曲线图（Aiken，1991）。由图 4 - 2 可知，当吸收能力由低水平变为高水平时，海外研发深度与母公司创新绩效间的倒 U 形曲线更陡峭。

在假设 H4 - 4 中，我们提出了吸收能力正向调节海外研发广度和母公司创新绩效间的关系。模型 6 在基准模型的基础上加入调节变量吸收能力，以及吸收能力和海外研发广度的交互项。实证结果显示，海外研发广度与吸收能力的交互项（$Scop \times Abs$）显著为正（$\beta = 0.107$，$p < 0.01$），表明吸收能力正向调节海外研发广度与母公司创新绩效间的关系，假设 H4 - 4 成立。图 4 - 3 分

别绘制了吸收能力分别处于高水平以及低水平状态下海外研发广度与母公司创新绩效间的关系曲线图。从该图可知，当吸收能力由低水平变为高水平时，海外研发广度与母公司创新绩效间正向线性关系更陡峭。

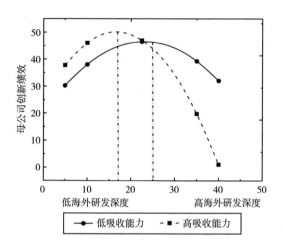

图 4-2　吸收能力对海外研发深度与母公司创新绩效关系的调节效应

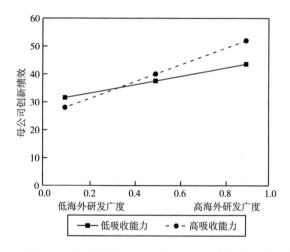

图 4-3　吸收能力对海外研发广度与母公司创新绩效关系的调节效应

假设 H4-5 中，我们提出了适应能力对海外研发深度和母公司创新绩效关系的调节作用。模型 5 在模型 2 的基础上加入调节变量适应能力，以及适应能力和海外研发深度的交互项。实证结果显示，海外研发深度与适应能力的交互项（$Deep \times Ada$）不显著（$\beta_4 = 0.144$，$p > 0.10$），适应能力调节海外研发深度与母公司创新绩效间的倒 U 形关系未获验证。

在假设 H4 - 6 中，我们提出了适应能力正向调节海外研发广度和母公司创新绩效关系的关系。模型 7 在模型 3 的基础上加入调节变量适应能力，以及适应能力和海外研发广度的交互项。实证结果显示，海外研发广度与吸收能力的交互项（$Scop \times Ada$）显著为正（$\beta = 0.517$，p < 0.05），表明适应能力正向调节海外研发广度与母公司创新绩效间的关系，假设 H4 - 6 得以验证。由图 4 - 4 可知，当适应能力由低水平变为高水平时，海外研发广度影响母公司创新绩效的曲线更陡峭。

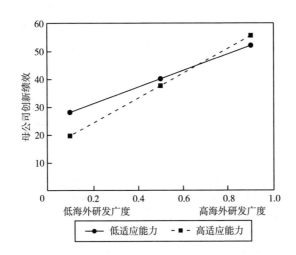

图 4 - 4　适应能力对海外研发广度与母公司创新绩效关系的调节效应

4.4.3　稳健性检验

为了验证上述实证结果的稳健性，本书研究参照钟昌标等（2014）的测量方法，用专利授权数量指标替换母公司创新绩效，稳健性检验结果如表 4 - 7 所示（限于篇幅，省略报告控制变量）。结果基本与前文保持一致，海外研发深度对母公司创新绩效的影响呈倒 U 形（$\beta_1 = 0.270$，p < 0.01；$\beta_2 = -0.018$，p < 0.05）；海外研发广度正向影响母公司创新绩效（$\beta = 0.139$，p < 0.01）；吸收能力正向调节海外研发深度与母公司创新绩效间的倒 U 形关系（$\beta = 0.053$，p < 0.05）；吸收能力正向调节海外研发广度与母公司创新绩效间关系（$\beta = 0.095$，p < 0.01）；适应能力调节海外研发深度与母公司创新绩效间关系

不显著（$\beta = -0.023$，$p > 0.10$）；适应能力正向调节海外研发广度与母公司创新绩效间关系（$\beta = 0.405$，$p < 0.01$）。综合稳健性检验结果，主要研究变量的符号以及显著性均没有发生明显的变化，说明原有回归结果具有良好的稳健性。

表 4-7　　　　　　　　　　　　　　　稳健性检验结果

变量	模型 1	模型 2	模型 3	模型 4	模型 5	模型 6
主效应						
Deep	0.270 *** (0.036)		0.276 *** (0.035)	0.270 *** (0.036)		
$Deep^2$	-0.018 ** (0.008)		-0.021 ** (0.008)	-0.018 ** (0.008)		
Scop		0.139 *** (0.025)			0.134 *** (0.025)	0.129 *** (0.025)
调节效应						
Abs			0.059 *** (0.022)		0.081 *** (0.023)	
Ada				0.010 (0.048)		0.290 ** (0.143)
Deep × Abs			0.053 ** (0.023)			
Deep × Ada				-0.023 (0.112)		
Scop × Abs					0.095 *** (0.030)	
Scop × Ada						0.405 *** (0.210)
Year dummy	是	是	是	是	是	是
N	1798	1798	1798	1798	1798	1798
Log likelihood	-6756.85	-6778.15	-6748.75	-6756.10	-6768.26	-6775.03
Wald chi2	99.37	31.35	111.54	100.37	49.21	36.89
Prob > chi2	0.0000	0.0000	0.0000	0.0000	0.0000	0.0000

注：括号中为标准误；*、**、***分别表示在 10%、5% 和 1% 的水平上显著。

4.4.4　内生性检验

解释变量内生性问题可能导致研究参数估计实证结果有偏，因此内生性问题成为本书研究亟待解决的问题。本书研究中的被解释变量与解释变量间可能存在着反向因果关系，即创新绩效高的跨国企业更有可能增加海外研发深度，同时扩大海外研发广度。

考虑到可能存在的内生性问题，为提升估计结果的可靠性，本书研究采用以下三种方法：首先，实证模型中基于微观视角以及宏观视角加入了多个控制变量以控制可能存在的企业异质性影响。其次，实证模型中将自变量海外研发深度与海外研发广度均较因变量母公司创新绩效滞后一期，由于当期的母公司创新绩效不会影响前一年的海外研发投资深度以及广度，这在一定程度上可以有效规避内生性问题（Hsu et al.，2015；Wu et al.，2016）。最后，采用 Hausman 方法以检验本书的研究是否存在内生性问题。依据古亚拉提（Gujarati，2009）提出的工具变量选择标准，其需要与内生解释变量高度相关且与随机误差项不相关。本书的研究选择解释变量的滞后二期项作为工具变量，因为内生变量的当期值可能与误差项存在相关性，但其滞后项却不会与当期误差项相关。Hausman 检验原假设为原回归模型与工具变量模型没有显著区别，如果原假设被拒绝，则认为原回归模型与工具变量模型存在显著的区别，即存在内生解释变量。本书的研究利用滞后两期的海外研发深度以及海外研发广度，分别得出 Hausman 检验的卡方值为 12.65 和 15.62，p 值分别为 0.1246 和 0.1557，无法拒绝原假设，因此保持原模型回归结果（见表 4-8）。

表 4-8　　　　　　　　Hausman 内生性检验结果

IVs	Deep	Scop
卡方值（Chi-Sq）	12.65	15.62
p 值	0.1246	0.1557

4.5　研究结论

本书研究考察了跨国企业海外研发不同组合结构对母公司创新绩效的差异

化影响，具体而言，检验了海外研发活动过程中两个关键维度（海外研发深度和海外研发广度）对母公司创新绩效的影响。在此基础上，进一步引入动态能力理论，深入考察不同维度动态能力（吸收能力与适应能力）对海外研发活动与母公司创新绩效关系的调节效应，得出以下研究结论：首先，不同海外研发组合结构对母公司创新绩效产生不同的影响：海外研发深度对母公司创新绩效的影响呈倒 U 形；海外研发广度正向影响母公司创新绩效。其次，吸收能力正向调节海外研发深度与母公司创新绩效的倒 U 形关系，正向调节海外研发广度与母公司创新绩效间的正向关系。最后，适应能力调节海外研发深度与母公司创新绩效间的倒 U 形关系不显著，但显著正向调节海外研发广度与母公司创新绩效间的正向关系。

本书的研究贡献主要体现在以下几个方面：

第一，以新兴经济体跨国企业为研究背景，区别于已有的针对发达国家的研究成果，丰富与补充了海外研发与创新绩效的理论研究。现有海外研发与创新绩效关系的研究起源于西方发达国家，重点关注技术利用型海外研发活动，且得出正向、负向甚至非线性的不一致关系（Hsu et al.，2015；Hurtado-Torres et al.，2018），缺乏对技术获取型海外研发活动的关注（李梅、余天骄，2016）。不同于发达国家跨国企业，新兴经济体跨国企业海外研发活动在投资动机、实现路径以及情境约束方面均表现出显著的差异，基于发达国家样本得出的结论在解释新兴经济体海外研发行为时可能存在不足（李梅、卢程，2019）。因此，新兴经济体后发跨国企业海外研发与创新绩效间关系可能呈现出不一样的结论，基于新兴经济体背景下检验海外研发与母公司创新绩效的关系和实现条件，可以补充与完善海外研发与创新绩效的理论研究。

第二，基于组合结构层面将海外研发解构为深度与广度两个方面，深入探讨不同维度海外研发组合结构对母公司创新绩效的差异化影响。现有海外研发投资水平的测度仍然比较粗略，大多是以是否进行海外研发活动这样简单的虚拟变量进行测量，且聚焦于实证检验海外研发投资是否影响母公司创新绩效，难以揭示海外研发影响母公司创新绩效的深层次作用机制（李欠强等，2019）。本书研究综合了资源观、知识观以及交易成本等理论基础，探讨不同维度海外研发组合结构影响母公司创新绩效的作用机制，研究发现海外研发深度对母公司创新绩效的影响呈倒 U 形，当其处于适当的水平时，将正向影响母公司创新绩效，但当其超过一定的阈值时，将负向影响母公司创新绩效。海外研发广度则正向影响母公司创新绩效，通过提高海外研发投资地理分散化水平，可以提升母公司创新绩效。上述研究成果不仅有利于揭示已有研究结论存在分歧的根源，而且有利于深化海外研发与创新绩效的关系研究。

　　第三，从动态能力视角探讨吸收能力以及适应能力在海外研发与创新绩效关系中的调节机制，扩展了海外研发与创新绩效关系的研究边界。现有实证研究一般从海外扩张经验、组织冗余、技术资源以及国内研发投入（Hsu et al.，2015；Chen et al.，2012；Lahiri，2010；Singh，2008）等方面探讨影响海外研发和母公司创新绩效关系的情境因素，鲜有学者从企业内部动态能力视角进行研究。本书的研究不仅关注动态能力这一新兴经济体中影响跨国企业海外研发的关键企业内部情境因素，而且进一步根据动态能力的性质和作用机制差异，将动态能力分为吸收能力和适应能力，深入探究两类动态能力对海外研发和创新绩效的调节效应，补充了跨国企业海外研发投资和创新绩效关系的情境因素研究。研究发现，吸收能力正向调节海外研发深度与母公司创新绩效间的倒 U 形关系，正向调节海外研发广度与母公司创新绩效间的正向关系；适应能力对海外研发深度与母公司创新绩效间的倒 U 形关系的调节作用不显著，但显著正向调节海外研发广度与母公司创新绩效间的正向关系。这些研究成果补充了跨国企业海外研发与创新绩效关系的情境因素研究。

第 5 章　匹配视角下海外研发组合结构
与母公司创新绩效关系研究

5.1　引　　言

随着企业竞争日益技术密集化、知识分布越发分散化，越来越多的跨国企业在海外设立研发机构，海外研发俨然成为企业培育技术能力和获取竞争优势的重要战略抉择（Chen et al.，2012；Kafouros et al.，2018；李梅、余天骄，2016）。自 20 世纪 90 年代起，国内企业开始主动走出国门，与海外高校、企业以及研究机构等进行战略合作，并通过收购、设立等形式构建海外研发机构，以监测、跟踪、学习与利用海外研发资源，从而助力企业研发能力提升（Buckley，2007）。海外研发已成为新兴经济体后发跨国企业追踪行业发展趋势、拓宽知识获取渠道、扩展海外产品市场以及提升自主创新能力的重要途径。然而，现实中跨国企业在执行海外研发战略时需要克服"地理边界"带来的一系列挑战（魏江等，2013）。

关于海外研发是否可以提升母公司创新绩效，现有学者主要在两个方面存在相悖的结论。一是海外研发投资程度的争论（国内研发与海外研发）。组织学习理论认为，海外研发同时有利于跨国企业探索式学习以及利用式学习。具体来看，海外研发投资不仅有利于跨国企业监控海外产业发展趋势和提升企业技术开发实力，而且有利于跨国企业开拓海外市场，拓展现有技术的市场用途，因此通过布局海外研发机构可以提升企业创新能力。组织经济学则提出相反的观点，认为地理依然在组织经济活动中发挥重要作用，来自海外的知识不同于国内知识，会限制企业通过构建超本地知识网络提升企业创新能力；此外，地理距离较远的海外搜寻、获取知识是非常困难的，需要克服知识泄露、信息失真、高额成本等一系列风险，因此布局海外研发机构不利于企业提升创新能力。二是海外研发投资地理多元化的争论（集中化与分散化）。知识基础观基于收益视角强调研发投资地理分散化具备多种优势，不仅有利于跨国企业将国内已有技术知识转移到东道国，从而扩展海外产品市场、平摊技术研发成本，而且有利于跨国企业进入新的区位，获取海外特有技术知识，合理规避"集体思考"以及"有限探索"问题（魏江等，2013）。相反，组织经济学则基于成本视角强调研发投资地理分散化存在多种劣势，包括较高的协调沟通成本、规模经济及范围经济的缺失以及隐藏的知识泄露风险所带来的额外监督成本，从而抑制企业创新绩效。

上述悖论使得我国跨国企业在布局海外研发活动时困惑不已，其主要源于以下几个方面：首先，以往学者大多选择发达国家跨国企业为研究对象（Bakher，2018；Diestre，2018；Ferraris et al.，2017；Jiménez-Jiménez et al.，2014），忽视了新兴经济体跨国企业的独特性。不同于拥有先进技术与成熟市场的发达国家，新兴经济体跨国企业往往处于技术和市场双重劣势（杨洋等，2017），因此将海外研发战略视为其跳板战略的组成部分，利用研发国际化实现企业市场与技术的双重突破。新兴经济体跨国企业海外研发动机存在特殊性，所面临的状况也更为复杂，所以基于发达国家跨国企业情境所得出的研究结论对新兴经济体情境的适用度有限。其次，现有相关实证研究主要关注海外研发程度或海外研发地理多样性的单一变量或少数变量对母公司创新绩效的影响，导致研究结论存在一定局限性。事实上，海外研发投资逆向学习是一项复杂的内在学习机制（陈侃翔等，2018），海外研发投资程度以及地理多样性是密切相关且同时发生的，二者共同构成跨国企业复杂的知识网络结构（Hurtado-Torres et al.，2018），母公司创新绩效提升效应会受到海外研发投资程度以及地理多样性的协同影响。最后，现有海外研发与创新绩效实证研究尚未达成一致的结论，原因可能在于缺乏对情境变量的探讨。

为解决以上悖论，本书的研究从组合结构视角将海外研发活动划分成海外研发深度与海外研发广度，其中海外研发深度衡量跨国企业开展海外研发的数量维度（Hsu et al.，2015；Leiponen and Helfat，2011；李梅、卢程，2019），而海外研发广度则衡量跨国企业海外研发机构地理分散维度（Hsu et al.，2015；Hurtado-Torres et al.，2018）。海外研发深度与海外研发广度间的不同匹配关系构成跨国企业独特的知识网络结构，通过整合知识观以及组织经济学等理论，并结合我国转型经济背景比较不同海外研发知识网络的优劣，进而识别出最优的海外研发投资模式。此外，股权结构作为企业基本的制度安排，影响跨国企业海外知识逆向转移效果。本书的研究分别检验了国有股权以及外资股权对海外研发组合结构与母公司创新绩效的调节作用，界定上述关系的边界条件。基于此，本书将整合知识观与组织经济学等基本理论，聚焦不同海外研发组合结构对母公司创新绩效的差异化影响，探究我国跨国企业如何（国内与国外，集中化与分散化）以及何种条件下（国有股权；外资股权）设置海外研发机构可以实现母公司创新绩效最大化。

5.2　研究假设

5.2.1　海外研发深度—海外研发广度及其匹配情况

值得注意的是，现有文献已经充分认识到探讨不同维度海外研发投资的重要性（Hitt et al.，2006；Nguyen，2016）。虽然现有学者可能关注的是跨国企业海外研发活动的不同维度，但一致认为在研究海外研发与创新绩效关系时，不区分海外研发的数量以及方向可能会产生虚假的结果。基于知识获取方式，有学者（Hsu et al.，2015）将海外研发投资分为投资深度与投资广度，以反映跨国企业海外研发投资全球网络布局特征。海外研发投资深度反映了母公司海外研发活动的规模维度，表明跨国公司对国外研发活动相对于所有研发活动的重视程度；海外研发投资广度通过评估参与研发活动不同国家的数量而反映了范围维度（Hurtado-Torres et al.，2018）。海外研发深度与海外研发广度这两个维度是不同且并存的，二者共同构成跨国企业复杂的知识网络结构。已有研究把海外研发深度与海外研发广度视作独立的投资决策活动，但事实上这两个决策是密切相关且同时发生的。因此，为了更好地理解跨国企业海外研发知识网络结构，本书的研究从海外研发深度与海外研发广度两个维度解构了海外研发网络结构，识别出四种不同的海外研发网络布局（见表5-1）。

表 5 -1　　　　　　　　　　　海外研发深度与研发广度匹配关系

类别		海外研发深度	
		低	高
海外研发广度	高	不一致情况：海外研发深度 低—海外研发广度高	一致情况：海外研发深度 高—海外研发广度高
	低	一致情况：海外研发深度 低—海外研发广度低	不一致情况：海外研发深度 高—海外研发广度低

（1）海外研发深度—海外研发广度平衡状态与不平衡状态

海外研发深度与海外研发广度分别反映跨国企业研发资源海外布局的规模以及地理分散程度（Hsu et al.，2015；Lahiri，2010；Hurtado-Torres et al.，2018），这两种投资战略共同反映跨国企业研发资源布局。本书研究认为，海外研发深度与海外研发广度存在一定的协同效应，特别是在环境动态加剧的跨国投资背景下，实现海外研发深度与海外研发广度之间的平衡对母公司创新绩效至关重要。从战略层面分析，海外研发深度有利于跨国企业从全球市场快速获取多种异质性的创新资源（Kafouros et al.，2008），为跨国企业提供多样化的技术、知识学习机会，提升企业知识积累以及知识存量（Miller，1996），但它也可能使企业创新活动面临知识泄露的风险。而海外研发广度通过分散化地理分布，可以帮助企业降低知识泄露风险，提高企业国际化经营经验，但海外研发广度通常伴随着较高的成本和经营环境不确定性，不利于企业实现创新收益。因此，无论是过分注重海外研发深度还是过分注重海外研发广度，都是实现母公司创新绩效的次优选择。此外，从创新过程视角分析，企业创新活动本质上是环环相扣的知识管理过程，跨国企业通过海外研发深度可以改变企业原有内部知识获取渠道，实现海外研发资源、技术以及知识的获取，再通过海外研发广度将创新商业化成果在更多的海外市场进行布置，实现市场规模效应，海外研发深度与海外研发广度存在共生效应。综上所述，提出以下研究假设：

H5 -1：相对于海外研发深度与海外研发广度的不平衡状态，海外研发深度与海外研发广度平衡状态下的母公司创新绩效更高。

（2）海外研发深度高—海外研发广度高与海外研发深度低—海外研发广度低

海外研发深度与海外研发广度的平衡状态并非唯一，还存在平衡水平的高低之分，不同水平的平衡状态对母公司创新绩效的影响也可能存在差异。从海外研发深度与海外研发广度的各自效应来看，它们都能够促进母公司创新绩效。海外研发深度有利于跨国企业从全球市场快速获取多种异质性创新资源（Kafouros et al.，2008），有利于跨国企业充分利用不同东道国资源禀赋优势，从而降低研发成本（李梅、余天骄，2016），为跨国企业提供多样化的技术、知识学习机会，提升企业知识积累以及知识存量（Miller，1996），增加跨国企业与国外当地客户、研发中心以及供应商等进行外部合作的机会，同时可能增强企业在全球市场的合法性（Kuemmerle，1999；Hitt et al.，1997）。海外研发广度有利于跨国企业利用多个东道国的区位优势，为跨国企业提供更多认识不同市场需求与变化趋势的机会（Cloodt et al.，2006），提升企业国际化经营经验，丰富企业管理者知识结构，增强其整体技术的互补性，有利于企业组合各种技术构建企业竞争优势（Chen et al.，2012；Singh，2008）。因此，可以推断，海外研发深度与海外研发广度双高状态下，母公司创新绩效显然要强于海外研发深度与海外研发广度双低的状态下的情况。因此，提出如下研究假设：

H5-2：相对于低海外研发深度—低海外研发广度的平衡状态，高海外研发深度—高海外研发广度平衡状态下的母公司创新绩效更高。

（3）海外研发深度高—海外研发广度低与海外研发深度低—海外研发广度高

由于海外研发深度与海外研发广度在深层次战略动机方面存在的差异，以及受限于企业研发资源的约束，理想中的海外研发深度与海外研发广度二元均衡状态并不多见，更多地表现为两类投资策略的不均衡。此类不均衡状态表现为，在一定空间条件下，两种海外投资策略交替出现，即在特定时空条件，跨国企业海外研发投资行为往往以某一种投资战略为主导，另一种战略为辅助的状态，存在"高海外研发深度—低海外研发广度"与"低海外研发深度—高海外研发广度"两种基本的组合形态。本书研究认为，海外研发深度低—海外研发广度高不利于后发跨国企业获取逆向海外研发资源，而且与海外研发深度高—海外研发广度低组合状态相比，海外研发深度低—海外研发广度高对母公司创新绩效的消极影响更大。因为，相较于海外研发深度高—海外研发广度低研发网络结构，海外研发深度低—海外研发广度高的风险更大，较低的海外研发投资深度不利于跨国企业嵌入海外本地研发环境，而创新型知识以及技术本身具有缄默性，较低的海外本地网络嵌入难以深耕海外研发资源；此时，较高的海外研发地理分布导致单一投资东道国研发资源更加紧缺，不仅不利于跨国企业获取研发投资的规模经济，而且多区位地理分布大大增加跨国企业沟通、协调、监督成本，降低海外研发创新收益。因此，提出如下研究假设：

H5 – 3：相对于低海外研发深度—高海外研发广度的不平衡状态，高海外研发深度—低海外研发广度的不平衡状态下的母公司创新绩效更高。

5.2.2　股权结构的调节作用

随着我国产权制度的不断改革，混合所有制已经成为我国企业重要的产权制度（李显君等，2018）。不同所有制性质的股东具有不同的资源禀赋以及所有权行使方式，从而对企业经营策略和战略动机造成不同的影响，其影响程度将取决于特定形式的所有权股权占企业所有股权的比重（Megginson and Natter，2001；Djankov and Murrell，2002）。我国与西方发达国家存在典型的制度特征差异（陈衍泰等，2019），即所有权结构存在多样性特征，不仅国有股权在企业经营管理活动中发挥了重要作用，外资股权同时也有着广泛的影响力。因此，本书的研究将引用国有股权与外资股权两大股权结构变量，分别检验其对海外研发深度—海外研发广度平衡状态与母公司创新绩效的调节作用。

（1）国有股权的调节作用

国有股权主要指政府部门、国有企业和国有资产管理机构等国有性质投资者所持有的股权。国有股权对企业创新绩效存在正负两个方面的影响：一方面，政府的参与可能会导致企业管理团队在规划海外研发战略时，出于国家政治意愿而背离企业经济利益，从而影响海外研发创新收益；另一方面，相较于非国有企业，国有持股企业在布局海外研发活动时更有可能获得政府的支持，如政府补贴、国外技术信息以及优惠贷款等（李梅、余天骄，2016），从而提升母公司创新绩效。本书研究认为，海外研发深度与海外研发广度一致性匹配有助于提升母公司创新绩效，但该效应将受到国有股权的负向调节。首先，拥有较高国有股权的新兴经济体跨国企业在西方发达国家参与海外研发活动将面临更多的制度约束以及外来者劣势（李梅、余天骄，2016）。此类企业因为习惯于国内环境，可能难以适应海外制度环境（Buckley and Ruane，2006）。同时，拥有较高国有股权的跨国企业容易被海外东道国政府视作带有强烈的政治目的，从而会遭到当地政府严格的审查和监督（邓新明等，2014）。其次，由于国有企业需要承担更多的社会责任，海外研发除了商业动机外，还兼具国家战略以及政治目的，导致国有企业海外研发战略制定缺乏独立自主性（Luo and Zhang，2016；吴先明，2017）。最后，拥有较高国有股权的跨国企业将面临较高的代理成本（钟昌标等，2014），从而对海外研发获取创新收益产生负向影响。由于企业目标可能与国家目标不一致，企业管理者在制定海外研发战略时，可能不再以企业创新收益为导向，而偏向于个人晋升机遇和经济利益。

基于上述分析，拥有较高国有股权的新兴市场跨国企业海外研发活动将面临更多的制度约束以及外来者劣势、缺乏独立自主性以及面临较高的代理成本，导致海外研发深度与海外研发广度平衡状态下创新收益能力降低，阻碍母公司创新绩效提升。因此，提出如下研究假设：

H5－4：国有股权负向调节海外研发深度—海外研发广度平衡状态与母公司创新绩效的关系，即国有股权比重较高时，海外研发深度—海外研发广度平衡状态提升母公司创新绩效的效应将弱化。

（2）外资股权的调节作用

外资股权是指境外金融投资机构、企业以及个人等投资者所持有的股权。外资股权可以为国内跨国企业提供技术支持、金融支持、管理经验以及创新资源，因此本书研究认为海外研发深度与海外研发广度一致性匹配有助于提升母公司创新绩效，但该效应将受到外资股权的正向调节。首先，外资合伙人可以为国内跨国企业提供各种技术资源，有助于提升国内企业的研发能力和吸收能力（李显君等，2018）。其次，外资股权可以帮助国内跨国企业熟悉海外经营环境。由于国外市场环境变化非常快，无疑增加了国内跨国企业海外研发投资决策的难度，通过与外资合伙人合作可以降低海外研发的资源利用效率，并降低海外研发投资风险（Tan and Peng，2003；Ju and Zhao，2009）。最后，外资股权可以提升跨国企业海外研发投资的知识外溢效应，外资合伙人在管理方式、技术资源以及国际化经验的优势可以降低国内跨国企业海外研发因"外来者劣势"所带来的成本。

基于上述分析，拥有较高外资股权的新兴市场跨国企业海外研发活动将获得更多的技术资源、国际化经营经验以及知识外溢效应，从而提升海外研发深度与海外研发广度平衡状态下的创新收益能力，促进母公司创新绩效。因此，提出如下研究假设：

H5－5：外资股权正向调节海外研发深度—海外研发广度平衡状态与母公司创新绩效的关系，即外资股权比重较高时，海外研发深度—海外研发广度平衡状态提升母公司创新绩效的效应将强化。

综上所述，构建概念模型如图 5－1 所示。

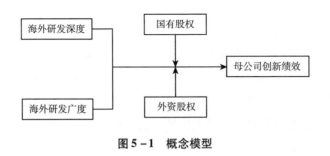

图 5－1　概念模型

5.3　研究设计

5.3.1　样本选择与数据来源

新兴经济体跨国企业海外研发活动是一个动态的过程，不同时期跨国企业海外研发动机、区位选择以及投资模式均存在显著的差异。为保证研究的时效性，并排除行业背景对研究结论的潜在干扰，选择 2013～2018 年沪深两市 A 股制造业上市公司为研究样本。为降低内生性可能带来的潜在干扰，本书的研究对自变量以及控制变量均滞后一期，因此自变量与控制变量的时间跨度为2013～2017 年，因变量的时间跨度为 2014～2018 年。

参照相关研究成果并结合本书研究的内容，按照以下程序完成研究样本筛选：第一，剔除非制造业上市公司；第二，剔除 ST 和*ST 的上市公司；第三，剔除 2013 年后上市的制造业企业；第四，剔除 2013～2018 年治理数据、财务数据公布不全的上市公司；第五，剔除财务数据连续两年或以上出现异常波动的上市公司；第六，剔除在开曼群岛、中国香港以及英属维尔京群岛等以避税为目的开展研发投资的企业。通过以上筛选程序，本书的研究最终获得 383 家有效样本，有效观测值为 2298 条（即 383×6）。本书研究所使用的变量数据来源于 WIND、CSMAR 以及国家知识产权局等权威数据库，同时为了保证数据的准确性以及质量，本书的研究选择东方财富网等专业财经网站对相关数据进行仔细核对。

5.3.2　指标选择与变量定义[①]

（1）被解释变量

创新绩效（*Fip*）：基于数据的可获性，本书研究参照一些学者（Hurtado-Torres et al.，2018，袁建国等，2015）的研究成果，采用专利申请总数作为衡量企业创新绩效的关键指标；同时，参照钟昌标等（2014）的研究，采用专利授权数作为稳健性检验中衡量创新绩效另一指标。

（2）解释变量

①海外研发深度（*Deep*）：借鉴李梅和卢程（2018）的测量方法，本书的研究利用海外研究子公司数量衡量海外研发深度。

②海外研发广度（*Scop*）：参照一些学者（Hitt et al.，1997）的测算方法，本书的研究采用多元化熵指数测量海外研发广度。

（3）调节变量

①国有股权（*State*）：借鉴一些学者（Wu et al.，2016；李梅、余天骄，2016）的测量方法，用国有股占企业总股本的比重测算。

②外资股权（*Forei*）：参照乔莉（2014）的研究成果，采用外资持股占企业总股本的比重进行测量。

（4）控制变量

以往研究表明，微观层面的盈利能力、资产负债率、组织冗余、国有股权、外资股权、吸收能力以及适应能力，宏观层面的母公司地理位置、行业类型以及区域发展水平均与企业创新绩效有关（乔莉，2014；Chen et al.，2012；

---

① 相关变量测量方法请参见第 4 章。

Hsu et al.，2015；王晓燕等，2017），本书的研究选取上述异质性因素进行控制，具体指标说明与数据来源参见第 4 章。

5.3.3　模型设定与分析技术

参照一些学者（Edwards and Parry，1993；刘海洋等，2016）的研究成果，采用多项式回归结合响应面分析技术对假设 H5 - 1、假设 H5 - 2 和假设 H5 - 3 进行实证检验，多项式回归模型设置如下：

$$y_{it+1} = \beta_0 + \beta_1(D_{it}) + \beta_2(S_{it}) + \beta_3(D_{it}^2) + \beta_4(D_{it} \times S_{it})$$
$$+ \beta_5(S_{it}^2) + \gamma CON_{it} + \mu_{it} \qquad (5-1)$$

其中，i 表示样本中所抽取的企业数量；t 表示被调查的年份。y_{it+1} 表示因变量 Fip_{it+1}，D_{it} 表示自变量海外研发深度（$Deep_{it}$），S_{it} 表示自变量海外研发广度（$Scop_{it}$），$D_{it} \times S_{it}$ 表示自变量海外研发深度与海外研发广度的乘积项，D_{it}^2 与 S_{it}^2 分别表示海外研发深度（$Deep_{it}$）与海外研发广度（$Scop_{it}$）的平方项，$\beta_1 - \beta_5$ 分别对应五项多项式的回归系数。CON_{it} 表示 i 公司在 t 年的控制变量向量；μ_{it} 表示回归模型的扰动项。

本书的研究利用多项式回归结合响应面分析技术来解释海外研发深度与海外研发广度匹配关系对母公司创新绩效的影响，即使用多项式回归系数 $\beta_1 - \beta_5$ 进行响应面分析。本书的研究感兴趣的是海外研发深度与海外研发广度一致性匹配以及不一致性匹配时，不同海外研发投资网络结构对母公司创新绩效的影响。所谓不一致匹配线，是指在 D - S 平面上，两个自变量完全不一致时的直线（D = -S）。把 D = -S 代入式（5 -1），得到以下不一致性线：

$$y_{it+1} = \beta_0 + (\beta_1 - \beta_2)D_{it} + (\beta_3 - \beta_4 + \beta_5)D_{it}^2 + \gamma CON_{it} + \mu_{it} \quad (5-2)$$

一致性匹配线是 D = S，即两个自变量完全一致时的直线，此时式（5 -1）变形为式（5 -3）：

$$y_{it+1} = \beta_0 + (\beta_1 + \beta_2)D_{it} + (\beta_3 + \beta_4 + \beta_5)D_{it}^2 + \gamma CON_{it} + \mu_{it} \quad (5-3)$$

沿着不一致匹配线，斜率为式（5 -2）中的一次项回归系数 $\beta_1 - \beta_2$；曲率为式（5 -2）中的平方项回归系数 $\beta_3 - \beta_4 + \beta_5$。在响应面对应的不一致匹配线上，曲率 $\beta_3 - \beta_4 + \beta_5$ 用于检验假设 H5 - 1：若曲率显著为负，说明不一致匹配线为倒 U 形曲线，曲线两端不一致，中间一致，越接近中间则母公司创新绩效越高；反之，曲率显著为正，说明不一致匹配线为 U 形曲线，曲线两端不一致，中间一致，越接近中间则母公司创新绩效越低。不一致匹配线斜率 $\beta_1 - \beta_2$ 用来检验假设 H5 - 3：若斜率显著为正，说明不一致匹配线的右侧高于左侧；反之，若斜率显著为负，说明不一致匹配线的左侧高于右侧。沿着一致匹配线，斜率为式（5 - 3）中的一次项回归系数 $\beta_1 + \beta_2$；曲率为式（5 - 3）中的平方项回归系数 $\beta_3 + \beta_4 + \beta_5$。在响应面对应的一致匹配线上，斜率 $\beta_1 + \beta_2$ 用来检验假设 H5 - 2：若斜率显著为正，说明一致匹配线的右侧高于左侧；反之，若斜率显著为负，说明一致匹配线的左侧高于右侧。

5.4　实证结果

5.4.1　描述性统计

描述性统计和相关系数矩阵如表 5 - 2 和表 5 - 3 所示。从表 5 - 2 可知，创新绩效（Fip）的均值为 123.43，标准差为 537.73，均值远低于方差，从而存在过度分散问题，说明本书研究样本数据适用负二项回归模型。海外研发深度（$Deep$）均值为 4.07，标准差为 4.98，表明我国跨国企业海外研发平均深度较稳健；海外研发广度（$Scop$）的均值为 0.36，标准差为 0.53，说明我国跨国企业海外研发地理分散程度随时间存在较大波动性。跨国企业吸收能力（Abs）均值为 0.04，标准差为 0.01，说明我国跨国企业吸收能力较稳健；适应能力（Ada）均值为 0.97，标准差为 7.53，说明我国跨国企业适应能力随时间存在较大波动性。

表 5 - 2　　　　　　　　　　　　描述性统计

变量	观测值	均值	标准差	最小值	最大值	VIF 值
Fip	2298	123.43	537.73	0	10466	
$Deep$	2298	4.07	4.98	0	47	1.94
$Scop$	2298	0.36	0.53	0	0.94	1.93

续表

变量	观测值	均值	标准差	最小值	最大值	VIF 值
Abs	2298	0.04	0.01	0	0.55	1.01
Ada	2298	0.97	7.53	−3.29	358.94	1.01
Locat	2298	1.28	0.59	1	3	1.57
Indus	2298	0.74	0.44	0	1	1.05
Roa	2298	0.14	1.56	−5.91	35.30	1.01
Dta	2298	42.13	18.72	2.46	195.17	1.66
Slack	2298	2.35	2.56	0.17	54.37	1.54
State	2298	0.11	0.19	0	0.95	1.22
Forei	2298	0.05	0.13	0	0.97	1.02
Gdp	2298	28.73	0.56	26.38	29.54	1.65

表 5 – 3 显示了本书研究的相关变量间的相关系数，可以看出海外研发深度与海外研发广度之间表现出较强的相关性（$r = 0.69$，$sig < 0.01$），符合海外研发深度和广度均是跨国企业海外研发投资不同维度的特征（Casillas and Moreno-Menéndez，2014；Hsu et al.，2015），其他相关变量间的相关系数均低于 0.60，相关性不高。此外，将所有研究变量纳入统一的回归模型中，发现模型 VIF 平均值为 1.37，最高值为 1.94（见表 5 – 2），远低于 10，多重共线性问题不严重。

5.4.2　回归结果分析

（1）多项式回归与响应面分析

本书的研究采用多项式回归结合响应面分析技术，检验海外研发深度和海外研发广度不同匹配状态对母公司创新绩效的差异化影响。多项式回归分四个步骤进行：首先，模型 1 只加入控制变量；其次，模型 2 加入自变量海外研发深度（*Deep*）、海外研发广度（*Scop*）的一次项；再次，模型 3 加入自变量的交互项 $Deep \times Scop$；最后，模型 4 加入自变量的平方项 $Deep^2$、$Scop^2$。由表 5 – 4 中模型 1 至模型 4 可知，随着自变量交互项以及平方项的不断加入，模型的解释力有明显改善，模型设置较合理。

表 5 - 3　　相关系数矩阵

变量	1	2	3	4	5	6	7	8	9	10	11	12	13
Fip	1												
Deep	0.16***	1											
Scop	0.12**	0.69***	1										
Abs	0.02	0.03	0.03	1									
Ada	0.00	-0.01	-0.02	0.00	1								
Locat	-0.01	-0.01	0.01	0.01	0.01	1							
Indus	0.03	-0.00	0.06*	0.05*	-0.02	-0.07*	1						
Roa	0.01	-0.03	-0.03	-0.01	0.00	-0.02	0.02	1					
Dta	0.15***	0.18***	0.16***	-0.03	0.06*	0.11**	-0.09**	-0.06*	1				
Slack	-0.05*	-0.08**	-0.06*	0.04*	-0.08**	-0.07**	0.13***	0.01	-0.58***	1			
State	0.06**	0.06**	0.05*	0.02	0.02	0.09**	-0.09**	0.02	0.27***	-0.13***	1		
Forei	0.03	0.05*	0.04*	0.00	0.00	-0.05*	-0.02	-0.01	-0.01	0.03	-0.05*	1	
Gdp	0.09**	0.10**	0.10**	0.01	-0.02	-0.59***	0.14***	0.01	-0.03	0.00	-0.17***	0.10***	1

注: *、**、***分别表示在10%、5%和1%的水平上显著。

表 5 - 4　　　　　　　　　　　　多项式回归与响应面分析

控制变量	模型 1	模型 2	模型 3	模型 4
Constant	- 1. 852 **	- 0. 858	- 0. 681	- 0. 407
	(0. 797)	(0. 828)	(0. 836)	(0. 837)
Locat	0. 227 ***	0. 175 **	0. 165 **	0. 158 **
	(0. 079)	(0. 079)	(0. 080)	(0. 080)
Indus	- 0. 247 **	- 0. 270 ***	- 0. 267 ***	- 0. 253 **
	(0. 098)	(0. 099)	(0. 099)	(0. 099)
Roa	- 0. 004	- 0. 004	- 0. 003	- 0. 003
	(0. 014)	(0. 014)	(0. 014)	(0. 014)
Dta	- 0. 002	- 0. 003 **	- 0. 003 **	- 0. 004 **
	(0. 002)	(0. 002)	(0. 002)	(0. 002)
Slack	0. 005	0. 005	0. 005	0. 007
	(0. 010)	(0. 010)	(0. 010)	(0. 010)
Abs	2. 538 ***	4. 520 ***	5. 103 ***	4. 922 ***
	(0. 973)	(0. 976)	(0. 980)	(0. 973)
Ada	- 0. 001	- 0. 001	- 0. 001	- 0. 001
	(0. 002)	(0. 002)	(0. 002)	(0. 002)
Gdp	0. 226 ***	0. 145 **	0. 130 *	0. 110
	(0. 070)	(0. 073)	(0. 073)	(0. 073)
自变量				
(Deep) b1		0. 049 *	0. 085 **	0. 231 ***
		(0. 030)	(0. 039)	(0. 057)
(Scop) b2		0. 069 ***	0. 069 **	0. 013
		(0. 034)	(0. 034)	(0. 046)
(Deep^2) b3				- 0. 068 ***
				(0. 002)
(Deep × Scop) b4			- 0. 021	0. 091 **
			(0. 016)	(0. 043)
(Scop^2) b5				- 0. 053
				(0. 038)

控制变量	模型1	模型2	模型3	模型4
响应面				
一致性线：斜率（b1 + b2）				0.244 *** （0.027）
一致性线：曲率（b3 + b4 + b5）				− 0.030 （0.051）
不一致性线：斜率（b1 − b2）				0.218 *** （0.011）
不一致性线：曲率（b3 − b4 + b5）				− 0.212 *** （0.028）
Year dummy	是	是	是	是
N	1798	1798	1798	1798
Log likelihood	− 7387.40	− 7372.72	− 7371.82	− 7364.32
Wald chi2	19.76	38.93	40.32	57.39
Prob > chi2	0.0113	0.0000	0.0000	0.0000

注：*、**、*** 分别表示在 10%、5% 和 1% 的水平上显著。

由模型 4 可知，母公司创新绩效对五个多项式的回归结果是显著的，响应面沿着不一致对角线（D = − S）的曲率是负向显著的（− 0.212，p < 0.01），说明母公司创新绩效随着海外研发深度与海外研发广度一致程度的增加而提高，即海外研发深度与海外研发广度一致比不一致好。为了便于解释，我们用表 5 – 4 中的回归系数绘制了三维曲面图，如图 5 – 2 所示：一致线是从前角（低—低）到后角（高—高），不一致线从左角（低—高）到右角（高—低），该曲面沿一致线向左右两侧逐渐下降（柏帅蛟等，2018），因此一致情境下企业创新绩效高于不一致情境，假设 H5 – 1 得到验证。

同时，在一致匹配的条件下，斜率显著为正（0.244，p < 0.01），曲率为负但不显著（− 0.03，p > 0.10），表示存在线性响应面，当海外研发深度与海外研发广度一致匹配时，随着海外研发深度与海外研发广度的提高，母公司创新绩效显著提高，假设 H5 – 2 得到验证。我们也可以在分解的响应面平面图看出这一趋势，图 5 – 3（a）绘制了海外研发深度与海外研发广度一致匹配时的母公司创新绩效，右边的边缘点（高—高）高于左边的边缘点（低—

低），进一步验证了假设 H5 - 2。而在不一致匹配的条件下，斜率显著为正（0.218，p < 0.01），曲率显著为负（ - 0.212，p < 0.01），表示存在凹型响应面，并且不一致曲线的顶点向右偏离了一致曲线和不一致曲线的交点，不一致曲线右边取值更高（柏帅蛟等，2018），即当海外研发深度与海外研发广度不一致匹配时，相较于海外研发深度低—海外研发广度高，海外研发深度高—海外研发广度低时母公司创新绩效更高，假设 H5 - 3 得到验证。同样，由图 5 - 3（b）不一致匹配时母公司创新绩效效应图可知，左边的边缘点（低—高）低于右边的边缘点（高—低），进一步验证了假设 H5 - 3。

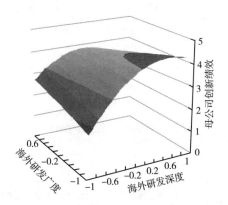

图 5 - 2　海外研发深度与海外研发广度对母公司创新绩效的响应面

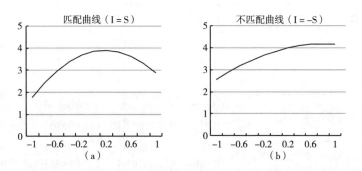

图 5 - 3　海外研发深度与海外研发广度对母公司创新绩效的分解响应面

（2）调节效应检验

在假设 H5 - 4 和假设 H5 - 5 中，本书研究预测了国有股权和外资股权调节海外研发深度与海外研发广度一致性对母公司创新绩效的影响。首先，将总样本分别按照国有股权和外资股权分成两组。接着，使用邹氏检验法分析分样本数据上的系数差异，即 D、S、D^2、$D \times S$ 和 S^2 的系数在高低分组样本中是否存在显著的差异，得到的实证结果如表 5 - 5 所示。

表 5 - 5　　　　　　　　　　　　调节效应分析

控制变量	模型 1（低国有股权）	模型 2（高国有股权）	模型 3（低外资股权）	模型 4（高外资股权）
Constant	-1.523 (1.039)	0.5032 (1.460)	-1.517 (0.948)	4.918** (1.977)
Locat	0.348*** (0.106)	-0.191 (0.133)	0.172* (0.089)	-0.031 (0.208)
Indus	-0.434*** (0.129)	0.256 (0.173)	-0.137 (0.112)	-0.463** (0.238)
Roa	0.652*** (0.120)	-0.021 (0.013)	-0.005 (0.014)	0.505 (0.337)
Dta	-0.002* (0.002)	-0.009** (0.004)	-0.004** (0.002)	-0.007 (0.005)
Slack	0.015 (0.095)	-0.005 (0.046)	0.010 (0.010)	-0.045 (0.037)
Abs	11.192*** (2.294)	33.308*** (2.976)	3.799*** (0.980)	5.737*** (0.973)
Ada	-0.001 (0.002)	-0.094 (0.069)	-0.001 (0.002)	-0.155** (0.074)
Gdp	0.186** (0.090)	0.068 (0.126)	0.205** (0.083)	-0.330** (0.167)
自变量				
(Deep) b1	0.253*** (0.070)	0.067 (0.101)	0.273*** (0.068)	0.338*** (0.132)
(Scop) b2	0.014 (0.053)	0.101 (0.094)	-0.036 (0.053)	0.100 (0.103)
($Deep^2$) b3	-0.070*** (0.021)	-0.023 (0.036)	-0.073*** (0.024)	-0.063* (0.037)
($Deep \times Scop$) b4	0.088* (0.049)	0.023 (0.088)	0.055 (0.059)	0.143** (0.061)
($Scop^2$) b5	-0.071 (0.045)	-0.037 (0.070)	-0.017 (0.049)	-0.129** (0.0059)

续表

控制变量	模型 1 (低国有股权)	模型 2 (高国有股权)	模型 3 (低外资股权)	模型 4 (高外资股权)
响应面				
一致性线：斜率 （b1 + b2）	0. 267 *** (0. 038)	0. 168 ** (0. 055)	0. 237 *** (0. 047)	0. 438 *** (0. 046)
一致性线：曲率 （b3 + b4 + b5）	− 0. 053 (0. 086)	− 0. 037 (0. 111)	− 0. 035 (0. 091)	− 0. 049 (0. 091)
不一致性线：斜率 （b1 − b2）	0. 239 *** (0. 071)	− 0. 034 (0. 043)	0. 309 *** (0. 028)	0. 238 *** (0. 032)
不一致性线：曲率 （b3 − b4 + b5）	− 0. 229 *** (0. 051)	− 0. 083 (0. 066)	− 0. 145 (0. 149)	− 0. 335 *** (0. 065)
Year dummy	是	是	是	是
N	1237	561	1384	414
Log likelihood	− 5149. 76	− 2074. 53	− 5789. 55	− 1355. 91
Wald chi2	68. 74	41. 95	47. 34	48. 24
Prob > chi2	0. 0000	0. 0000	0. 0000	0. 0000

注：*、**、*** 分别表示在 10%、5% 和 1% 的水平上显著。

表 5 - 5 中的模型 1 和模型 2 显示，在国有股权低的样本中（模型 1），曲率沿着不一致线显著向下弯曲（ − 0. 229，$p < 0.01$）；而在国有股权高的分组中，曲率沿着不一致性线的曲面向下弯曲，但不显著（ − 0. 083，$p > 0.10$），这表明海外研发深度与海外研发广度一致性对母公司创新绩效的促进作用在低国有股权的分组中更加明显，由此支持假设 H5 - 4。为更直观地观察在国有股权低和高的两组分样本中，海外研发深度与海外研发广度一致性对母公司创新绩效的影响，参照一些学者（Shao et al. ，2017）开发的方法，绘制了高低两组响应面 [见图 5 - 4 （a） 和图 5 - 4 （b）] 并比较不一致匹配曲线的曲率。结果显示，低国有股权情境下，不一致线的负向曲率相对于高国有股权更陡峭，意味着海外研发深度与海外研发广度一致性在国有股权较低时表现更好，假设 H5 - 4 得到进一步验证。

模型 3 和模型 4 检验外资股权对海外研发深度与海外研发广度一致性与母公司创新绩效的调节效应。在外资股权比重低的分组中（模型 3），曲率检验显示沿着不一致线的曲面向下弯曲，但不显著（ − 0. 145，$p > 0.10$）；而在外

资股权比重高的分组中（模型4），曲率沿着不一致线的曲面显著向下弯曲
（-0.335，p<0.01），表明海外研发深度与海外研发广度一致性对母公司创
新绩效的促进作用在高外资股权的分组中更加明显，即假设 H5-5 成立。通
过绘制外资股权高和低的响应面［见图5-5（a）和图5-5（b）］发现，高
外资股权情境下不一致线的负向曲率相对于低外资股权更陡峭，意味着海外研
发深度与海外研发广度一致性在外资股权较高时表现更好，假设 H5-5 得到
进一步验证。

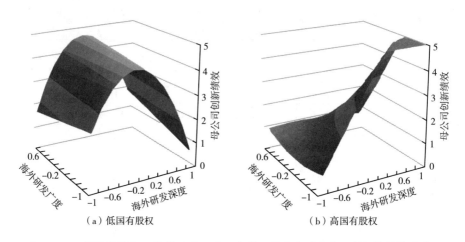

（a）低国有股权　　　　　　　　　（b）高国有股权

图5-4　不同国有股权下海外研发深度—海外研发广度对母公司创新绩效的响应面

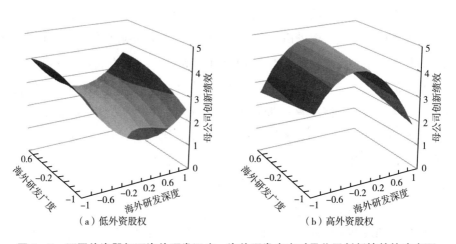

（a）低外资股权　　　　　　　　　（b）高外资股权

图5-5　不同外资股权下海外研发深度—海外研发广度对母公司创新绩效的响应面

5.4.3　稳健性检验

为了验证上述实证结果的稳健性，本书研究参照钟昌标等（2014）的测量方法，用专利授权数量指标替换母公司创新绩效，稳健性检验结果如表 5－6 所示（限于篇幅，省略报告控制变量）。

表 5－6　　　　　　　　　　　　　　稳健性检验

自变量	模型 1 （全样本）	模型 2 （低国有股权）	模型 3 （高国有股权）	模型 4 （低外资股权）	模型 5 （高外资股权）
（Deep）b1	0.329 *** （0.050）	0.402 *** （0.064）	0.235 *** （0.092）	0.324 *** （0.060）	0.495 *** （0.116）
（Scop）b2	－0.028 （0.043）	－0.047 （0.051）	－0.034 （0.085）	－0.031 （0.050）	0.003 （0.094）
（$Deep^2$）b3	－0.049 *** （0.015）	－0.065 *** （0.018）	－0.014 （0.031）	－0.050 ** （0.020）	－0.066 ** （0.027）
（$Deep \times Scop$）b4	0.078 ** （0.034）	0.081 ** （0.042）	0.023 （0.069）	0.004 （0.050）	0.085 * （0.043）
（$Scop^2$）b5	－0.055 * （0.033）	－0.070 *** （0.039）	0.019 （0.061）	－0.048 （0.055）	－0.024 （0.046）
响应面					
一致性线：斜率 （b1＋b2）	0.301 *** （0.053）	0.355 *** （0.029）	0.201 *** （0.057）	0.293 *** （0.043）	0.498 *** （0.119）
一致性线：曲率 （b3＋b4＋b5）	－0.026 （0.076）	－0.054 （0.057）	0.028 （0.099）	－0.094 （0.091）	－0.005 （0.073）
不一致性线：斜率 （b1－b2）	0.357 *** （0.041）	0.449 *** （0.009）	0.269 *** （0.013）	0.355 *** （0.012）	0.492 *** （0.112）
不一致性线：曲率 （b3－b4＋b5）	－0.182 *** （0.081）	－0.216 *** （0.083）	－0.018 （0.076）	－0.102 （0.179）	－0.175 *** （0.065）
Year dummy	是	是	是	是	是
N	1798	1249	549	1392	406
Log likelihood	－6748.24	－4734.89	－1900.23	－5273.89	－1257.60
Wald chi2	109.70	85.00	36.08	69.66	68.89
Prob > chi2	0.0000	0.0000	0.0000	0.0000	0.0000

注：*、**、*** 分别表示在 10%、5% 和 1% 的水平上显著。

　　母公司创新绩效对五个多项式的回归结果是显著的，响应面沿着不一致对角线（D = - S）的曲率是负向显著的（- 0.182，p < 0.01），说明母公司创新绩效随着海外研发深度与海外研发广度一致程度的增加而提高，即海外研发深度与海外研发广度一致比不一致好，进一步验证了假设 H5 - 1。在一致匹配的条件下，斜率显著为正（0.301，p < 0.01），曲率为负但不显著（- 0.026，p > 0.10），表示存在线性响应面，一致曲线的右边取值更高，即当海外研发深度与海外研发广度一致匹配时，随着海外研发深度与海外研发广度的提高，母公司创新绩效显著提高，假设 H5 - 2 得到进一步验证。而在不一致匹配的条件下，斜率显著为正（0.357，p < 0.01），曲率显著为负（- 0.182，p < 0.01），表示存在凹型响应面，并且不一致曲线的顶点向左偏离了一致曲线和不一致曲线的交点，不一致曲线右边取值更高（柏帅蛟等，2018），即当海外研发深度与海外研发广度不一致匹配时，相较于海外研发深度低—海外研发广度高，海外研发深度高—海外研发广度低时母公司创新绩效更高，假设 H5 - 3 得到进一步验证。

　　表 5 - 6 中的模型 2 和模型 3 显示，在国有股权低的样本中（模型 2），曲率沿着不一致线显著向下弯曲（- 0.216，p < 0.01）；而在国有股权高的分组中，曲率沿着不一致性线的曲面向上弯曲，但不显著（- 0.018，p > 0.10），这表明海外研发深度与海外研发广度一致性对母公司创新绩效的促进作用在低国有股权的分组中更加明显，由此支持假设 H5 - 4。表 5 - 6 中的模型 4 和模型 5 显示，在外资股权比重低的样本中（模型 3），曲率沿着不一致线向下弯曲不显著（- 0.102，p > 0.10）；而在外资股权比重高的分组中，曲率沿着不一致性线的曲面显著向下弯曲（- 0.175，p < 0.01），这表明海外研发深度与海外研发广度一致性对母公司创新绩效的促进作用在高外资股权的分组中更加明显，由此支持假设 H5 - 5。

5.4.4　内生性检验

　　考虑到可能存在的内生性问题，本书研究采用以下三种方法：首先，实证模型中加入多个控制变量以控制可能存在的企业异质性影响；其次，实证模型中将自变量海外研发深度与海外研发广度均较因变量母公司创新绩效滞后一期，这在一定程度上可以有效规避内生性问题（Hsu et al.，2015；Wu et al.，

2016）；最后，采用 Hausman 方法以检验本书的研究是否存在内生性问题。依据古亚拉提（Gujarati，2009）提出的工具变量选择标准，本书的研究选择解释变量的滞后二期项作为工具变量，因为内生变量的当期值可能与误差项存在相关性，但其滞后项却不会与当期误差项相关。本书的研究利用滞后两期的海外研发深度以及海外研发广度作为工具变量，得出整体多项式回归模型的 Hausman 检验的卡方值为 17.43，p 值分别为 0.166，无法拒绝原假设，因此保持原模型回归结果。

5.5　研究结论

本书的研究基于组织学习理论和组织经济学等相关理论，考虑海外研发方面存在的两方面悖论（国内研发与海外研发，集中化与分散化），提出海外研发深度与海外研发广度一致性对母公司创新绩效产生差异化影响，以及国有股权、外资股权对上述关系的调节作用，采用多项式回归与响应面的方法论证了上述研究假设。具体结论如下：海外研发深度与海外研发广度越一致，越有利于提升母公司创新绩效；海外研发深度与海外研发广度一致匹配时，高水平匹配相较于低水平匹配更有利于提升母公司创新绩效；当海外研发深度与海外研发广度不一致匹配时，海外研发深度高—海外研发广度低更能促进母公司创新绩效；国有股权反向调节海外研发深度与海外研发广度一致性对母公司创新绩效的影响，外资股权正向调节海外研发深度与海外研发广度一致性对母公司创新绩效的影响。

本书的研究贡献主要体现在以下几个方面：

第一，检验了海外研发深度、海外研发广度匹配状态对母公司创新绩效的影响效应。现有海外研发与创新绩效关系研究成果中，国内外学者已充分认识到对海外研发投资水平分维度研究的重要性，并基于组合结构维度将海外研发解构为深度与广度两维度，分别检验其对创新绩效的独立影响效应（李梅、卢程，2019；Hurtado-Torres et al.，2018；Hsu et al.，2015；李欠强等，2019），忽视了海外研发深度与海外研发广度可能存在的协同效应。本书的研究将海外研发深度与海外研发广度纳入统一分析框架，深入检验海外研发深度与海外研发广度匹配关系对母公司创新绩效的协同影响，研究发现海外研发深度与海外研发广度越一致，越有利于提升母公司创新绩效；反之，则会抑制母公司创新绩效。上述研究表明，海外研发深度与海外研发广度并不总是提升母公司创新绩效，单方面提升海外研发深度或是片面提升海外研发广度有可能对母公司创新产生负面影响。上述研究结果阐释了海外研发深度与海外研发广度在匹配状态下对提升母公司创新绩效具有互补关系，丰富了不同维度海外研发投资水平影响创新绩效的互动研究。

第二，检验了海外研发深度、海外研发广度不匹配状态对母公司创新绩效的影响效应。受限于现实层面企业研发资源有限性的约束，理想的海外研发深度与海外研发广度二元平衡状态并不常见，更多地表现为两类投资策略的不平衡。现有海外研发投资能否提升母公司创新绩效存在两个方面的悖论（国内研发与海外研发，集中化与分散化），研究的主要争议体现在海外研发深度低—海外研发广度高与海外研发深度高—海外研发广度低两种网络结构的对比。本书的研究整合了组织学习理论和组织经济学理论，比较海外研发不平衡组合结构状态下母公司创新绩效的收益与风险，研究发现当海外研发深度与海外研发广度不一致匹配时，海外研发深度高—海外研发广度低更能促进母公司创新绩效。上述研究成果有效解答了不匹配状态下母公司创新绩效的差异，揭示现有海外研发投资能否提升母公司创新绩效存在的争议。

第三，检验了海外研发深度与海外研发广度一致性影响母公司创新绩效面临的外部环境约束条件。基于股权结构视角，本书研究考察了国有股权以及外资股权对海外研发深度与海外研发广度一致性的调节效应，研究发现国有股权反向调节海外研发深度与海外研发广度一致性对母公司创新绩效的影响，外资股权正向调节海外研发深度与海外研发广度一致性对母公司创新绩效的影响。上述研究表明，不同的股权结构环境下，海外研发深度与海外研发广度一致性将对母公司创新产生不同的影响。这些发现提高了我们对不同环境约束条件下海外研发深度与海外研发广度一致性与母公司创新绩效关系的理解，并就如何根据国有及外资股权结构变化调整海外研发深度与海外研发广度匹配提供了新的见解，从而有助于企业根据外部环境变化及时调整研发投资策略，并获得更好的创新绩效。

第6章 组态视角下海外研发组合结构 与母公司创新绩效关系研究

6.1 引　言

近年来，随着以中国为代表的新兴经济体的快速崛起，越来越多的后发跨国企业步入研发国际化道路，积极在海外布局研发单元（司月芳等，2019；Guo and Zheng，2019）。其中，以华为、中兴为代表的高科技企业更是将创新战略与全球化战略相结合，通过在全球布局研发网络实现企业创新能力的提升。然而，对于我国大多数跨国企业而言，由于先天技术相对落后以及研发国际化起步较晚，在研发国际化进程中并未获得预期的技术提升效应，因此新兴经济体后发跨国企业海外研发活动能否提升母公司创新绩效有待进一步的实证检验（Mathews，2006）。究竟哪些因素影响我国跨国企业海外研发投资创新绩效提升效应？国内外学者对可能的影响因素进行了一系列的探讨，试图打开母公司创新绩效提升效应的"黑箱"。这些研究主要可以分成以下两类：一类是基于海外研发投资水平的不同维度属性，包括海外研发深度（李梅、卢程，2018；Hsu et al.，2015）、海外研发广度（Kafouros et al.，2018；Wu et al.，2016）、海外研发速度（魏凡等，2017）以及海外研发节奏（Yang et al.，2017；Clegg et al.，2016）等不同维度海外研发投资水平对母公司创新绩效的直接影响效应；另一类则是基于不同理论视角，包括吸收能力理论、动态能力理论、制度理论以及资源理论，考虑不同情境因素对海外研发投资与母公司创新绩效关系的调节影响效应。

上述研究成果都是通过实证检验，关注变量间的因果关系，强调不同维度海外研发投资水平或情境变量的单一因素或少量因素对母公司创新绩效提升的影响效应，导致现有研究成果存在一定的局限性。事实上，新兴经济体后发跨国企业海外研发活动具有明显的技术寻求动机（李梅、卢程，2019），其本质上是一种复杂的逆向学习机制，因此母公司创新绩效提升会受到海外研发深度、海外研发广度、吸收能力、组织冗余以及国际化经验等多种情境因素的协同影响。虽然部分学者基于扎根理论以及归纳总结等方法，利用少数跨国企业海外研发案例分析影响母公司创新绩效的多重因素（谢伟、王展硕，2017；Guo and Zheng，2019；张明等，2019），但样本数量以及结论可推广性存在不足。因此，深入检验海外研发投资母公司创新绩效提升效应多重影响因素的组态效应，不仅有利于完善新兴经济体后发跨国企业母公司创新绩效提升理论，而且有利于指导复杂情境下后发跨国企业海外研发投资实践。

定性比较方法（qualitative comparative analysis，QCA 方法）融合了定量研究和定性研究的优点。定性研究专注于对案例的整体深入分析，但研究结论的可推广性较差；定量研究则专注于利用大样本数据分析发现可推广的模式，往往忽视个案的特性而导致研究深入不足（杜运周、贾良定，2017）。QCA 方法不仅针对个案的复杂异质性展开深入分析，而且兼顾了定量研究的共性特征，通过多样本数据分析检验因变量的多重条件组态（Campbell et al.，2016；Ragin，2008）。本书的研究将 QCA 方法引入新兴经济体海外研发母公司创新绩效提升效应的实证研究，旨在解决以上问题，深入分析影响母公司创新绩效提升的不同前因条件组态和影响机制。

6.2　研究框架

海外研发母公司创新绩效会受到来自不同层面因素的影响，借鉴创新产出的相关研究，李梅和余天骄（2016）针对母公司创新收益提出了一个系统化、较完整的多重理论分析框架，包括创新资源获取、沟通协调成本、组织逆向学习效应、外部不确定性环境、资源缓冲器、国际化市场运作经验等理论解释，涉及海外研发投资水平、异质性资源、组织学习能力以及国际化经验四个方面的重要解释因素。此外，通过系统梳理新兴经济体海外研发母公司创新绩效影响因素，现有研究成果大多是基于李梅和余天骄（2016）的理论框架进行深化，说明该理论框架在解释新兴经济体后发跨国企业海外研发母公司创新绩效提升效应方面具有较强的认可度以及权威性。为系统分析新兴经济体海外研发母公司创新绩效提升效应的内在机制，需要对上述多种解释因素进行综合性分析。

6.2.1　海外研发投资水平

（1）海外研发深度

海外研发深度衡量跨国企业海外研发投资的规模。资源基础观以及知识基础观分析认为，通过提升海外研发深度，跨国企业可以获得多样性的创新资源以及知识学习机会，有助于跨国企业在更大范围内搜寻与获取本国所欠缺的异质性创新资源，提升跨国企业创新资源的互补性（Kafouros et al.，2008；李梅、余天骄，2016）；为跨国企业带来多样化的技术、知识学习机会，提升企业组织学习能力以及创新效率（Miller，1996；吴航、陈劲，2014）；增加跨国企业与海外高校、客户、研发中心以及供应商进行外部合作的机会，增强企业在海外市场的合法性（Kuemmerle，1999；Hitt et al.，1997）。交易成本理论则认为，跨国企业利用海外研发实现创新收益的同时，将不可避免地面临多种成本，包括知识保护成本（Athukorala and Kohpaiboon，2010；Sanna-Randaccio and Veugelers，2007）、知识获取成本（Castellani et al.，2013）以及协调、沟通及监督成本（Singh，2008）。海外研发深度既为母公司带来多样性的创新资源以及知识学习机会，同时又可能因吸收能力不足以及外来者劣势而增加企业内外部沟通成本和协调成本，因此会影响新兴经济体后发跨国企业母公司创新绩效。

（2）海外研发广度

海外研发广度衡量跨国企业海外研发单元的地理分散程度，海外研发广度越高，企业海外研发单元分布越分散；反之，海外研发广度越低，企业海外研发单元分布越集中（Leiponen and Helfat，2011）。从资源基础观的视角来看，跨国企业创新活动所需技术与知识分散于全球各地，不可能集中于某个国家或地区，因此海外研发单元布局越分散，越有利于跨国企业整合海外多样化研发资源。通过在多个东道国布置海外研发机构，跨国企业可以获得不同东道国特定区位优势（Hurtado-Torres et al.，2018），有利于跨国企业充分利用不同东道国资源禀赋优势，降低研发成本（李梅、余天骄，2016），为跨国企业提供更多认识不同市场需求与变化趋势的机会（Cloodt et al.，2006），提升企业国际化经营经验，丰富企业管理者知识结构，有利于企业在动态环境下识别创新机遇以及挑战（Levinthal and March，1993）。从交易成本视角来看，过高的海外研发广度将导致跨国企业面临过高的交易成本挑战，使跨国企业面临更加不确定性的经营环境（Casillas and Moreno-Menéndez，2014），导致研发投资规模不经济现象（Lahiri，2010），抑制国际知识进一步转移，降低企业将新知识转化为创新的能力，因此海外研发广度会影响新兴经济体后发跨国企业母公司创新绩效。

6.2.2　组织学习能力

吸收能力理论认为，吸收能力本质上是一种学习能力，是企业识别外部信息并加以吸收学习的能力（Cohen and Levinthal，1990），因此海外研发对母公司创新绩效的影响取决于企业是否具备吸收外部异质性知识的能力。新兴经济体后发跨国企业若要利用海外研发投资获取国外战略性资源以提升母公司创新绩效，吸收能力是实现跨国知识转移的核心支撑。高吸收能力有利于提升母公司对海外研发子公司跨国知识转移的吸收程度，从而影响海外知识转移效果（Sofka，2008）。新兴经济体跨国企业通过海外研发投资提升母公司创新绩效时，并不总是均等地获取海外创新知识。吸收能力有利于提升跨国企业对海外信息和惯例的分析、辨别、认知以及处理的能力，从而有利于跨国企业通过海外研发投资识别与吸收国外关键性的创新知识以及技术诀窍，进而提升跨国企业创新搜寻效率（陈侃翔等，2018；Bosch et al.，2010）。吸收能力较强的跨国企业一般拥有较高的研发强度（Helfat，1997），有利于企业整合内外部创新知识并将其转化为企业创新成果。

6.2.3　异质性资源

组织冗余特指超出企业生产以及经营活动所必需的，并且可以被企业直接或间接利用的资源（李梅、余天骄，2016）。组织冗余作为企业内部资源缓冲器，可以帮助企业积极应对外部动态化的经营环境，适应海外研发活动可能面对的高度不确定性以及投资风险，最终有利于提升母公司创新绩效（Lawson，2001）。一方面，组织冗余有利于跨国企业从海外动态环境中获取更多的创新资源和知识（Chen et al.，2012）。海外研发子公司若想从海外动态复杂的外部环境中获取创新资源和知识，需要企业具有一定的资源储备，当企业闲置资源越丰富，越有利于海外创新资源流入。另一方面，组织冗余有利于缓冲海外研发活动带来的不确定环境以及风险。海外研发活动作为高投入、高风险的国际化活动，组织冗余允许海外研发单位在不确定和危险的环境中开展行动，缓冲研发活动的巨大资源消耗需求，因此有利于跨国企业通过海外研发活动提升母公司创新绩效。

6.2.4　国际化经验

跨国企业过往的国际化经验会影响当前企业国际化战略和企业绩效（Hultman et al.，2011）。事实上，国际化经验不仅有助于跨国企业海外生产以及销售等低端国际化活动，而且对需要高度资源投入的高端国际化活动（如海外研发）具有积极作用。一方面，丰富的国际化经验有利于降低海外研发带来的沟通以及协调成本（Brouthers and Hennart，2007）。跨国企业需要针对全球研发单元进行跨境管理和协调，大量跨越地理、文化以及制度边界的研发单元与项目将给跨国企业带来高额的协调成本以及控制成本，拥有丰富国际化经验的跨国企业则有能力降低该类成本，因此可以更多地从海外研发活动中获益。另一方面，国际化经验有利于跨国企业克服外来者劣势（Hsu et al.，2015）。投资东道国的技术、信息以及知识是内嵌于其社会文化情境中的，跨国企业将面临外来者劣势以及新入者劣势等困境，进而阻碍海外创新知识外溢。只有当跨国企业拥有丰富的国际化经验，海外研发活动所带来的外来者劣势以及新进入劣势引发的成本才会降低。因此，拥有丰富国际化经验的跨国企业更有能力应对动态、复杂的国际化研发环境，有利于跨国企业通过海外研发活动提升母公司创新绩效。

6.2.5　理论框架小结

综上所述，新兴经济体海外研发母公司创新收益受到多重因素的共同影响，然而上述多重因素（海外研发投资水平、吸收能力、组织冗余和国际化经验）如何共同影响跨国企业母公司创新绩效尚待验证。虽然李梅和余天骄（2016）的理论框架为新兴经济体海外研发母公司创新绩效提升效应提供了多方位的理论解释，但尚存在一些不足。

第一，忽视了不同理论视角间可能存在的互动关系。现有理论框架基于不同的理论视角解释海外研发母公司创新收益的不同功能，但更多地关注于不同理论视角的差异化作用（即不同理论视角的并集），认为其具有互补性从而产生叠加效果。然而，现有理论框架并未考虑不同理论解释可能存在的相似性功能（即不同理论视角的交集），忽视了不同理论间的替代关系，从而可能存在的挤出效应。对于不同理论间的互补关系和替代关系，单纯考虑其中的一种关系都是不完整的，应同时加以探讨，才能深入全面地阐释跨国企业海外研发创新收益提升效应。

第二，现有实证方法解释多变量间互动关系有效性存在不足。现有实证研究采用传统回归分析技术检验不同解释变量对母公司创新绩效的净效应，并通过理论推演得出不同解释变量间存在互补关系。然而，传统回归分析技术假设解释变量独立发挥作用，一旦解释变量之间相互相关，单变量独立影响效应将被多变量间的相互关系所掩盖，导致现有回归分析技术无法检验不同解释变量间的互动关系，尤其是替代关系（Fiss，2011）。

第三，现有研究理论框架的完整性尚显欠缺。现有学者仅仅对上述不同理论间的关系进行探讨，忽视了海外研发投资水平的不同维度特征。事实上，海外研发投资具有多维度特征，从组合结构层面可以将海外研发划分成海外研发深度与海外研发广度两个维度（Hsu et al.，2015；Hurtado-Torres et al.，2018）。在当前海外研发投资网络结构日益复杂的情形下，基于组合结构分维度研究海外研发投资水平愈发重要和关键，不仅在于其对母公司创新收益的直接影响，而且还在于其与其他理论解释之间的互动关系产生的共同影响。

针对上述研究不足，本书的研究将 QCA 方法引入海外研发母公司创新收益研究，探讨不同理论视角下解释变量对母公司创新绩效的协同效应，并阐释不同理论视角间存在的内部互动关系，逻辑框架如图 6 - 1 所示。

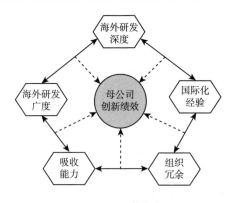

图 6 - 1　逻辑框架

6.3　研究方法与样本

6.3.1　研究方法

QCA 方法是由拉吉内（Ragin）于 1987 年创立的，本质上属于基于案例分析的集合理论方法，借鉴韦伯式思想实验并具有全新的分析逻辑（王程韡，2013）。QCA 方法综合了定量研究以及案例分析这两种方法的优点，检验多维度前因条件的组态如何推动被解释变量的实现（夏鑫等，2014），适用于中小规模样本容量，检验前因变量与结果变量间的充分关系以及必要关系，得出导致结果出现的重要条件构型。一致性水平用于评估逻辑条件组态和原始样本数据间的关系，其取值范围为［0 - 1］，越接近于 1，说明逻辑条件组态越好，但一般要求其大于 0.80，即可以接受并用于解释现实案例。覆盖率指标则用于评估逻辑条件组态所占原始样本数据的比重，可以反映逻辑条件组态对现实结果的解释力度。

本书的研究使用模糊集定性比较（fsQCA）研究方法检验后发跨国企业母公司创新绩效提升效应，主要原因在于：首先，影响海外研发投资母公司创新绩效提升效应的多种因素中，不同变量可能产生相同的效应，且现实中母公司创新绩效也是多个因素共同作用的结果，单独研究单变量的独立效应或少数变量间的交互效应是不够的。QCA 方法分析认为，为达到某一结果，可能存在多条实现路径，且每条路径是由不同的前因条件构成。多个前因变量所形成的可替代的条件组态丰富了对结果变量的解释空间。其次，前因变量与结果变量间并非对称关系，对此，传统回归分析技术无法解决非对称关系，而 QCA 方法承认并且可以检验前因变量与结果变量间的非对称关系。最后，从操作层面上看，本书研究中母公司创新绩效受到海外研发深度、海外研发广度、吸收能力、组织冗余以及国际化经验等多个因素的综合影响，但上述变量并非分类变量，而是有水平差异的程度变量，故 fsQCA 更适合本书的研究问题。

6.3.2　数据来源

为了检验上述研究假设，本书的研究收集 2018 年沪深两市 A 股上市制造业企业数据，数据主要存在三个来源：第一，从国泰安数据库（CSMAR）获取中国跨国企业相关财务、会计数据信息；第二，从中国国家知识产权局获取企业专利相关数据，包括专利申请量、专利授予量和专利受让人等；第三，通过收集跨国企业年报数据获取企业海外研发子公司相关数据。将研究范围限制在制造业企业主要有两个原因：一方面，在研究期间中国制造业企业更善于适应技术变化，并表现出更强的参与海外研发投资意愿，（Tang et al.，2019）；另一方面，制造业企业更有可能为其创新成果申请专利，从而能够准确地衡量其创新绩效（Wu et al.，2016）。剔除了数据严重缺失的样本后，本书的研究最终得到383家样本企业的海外研发投资事件。

6.3.3　变量定义[①]

（1）被解释变量

母公司创新绩效（*Fip*）。现有文献一般通过以下两种方法测量企业创新绩效：一种是基于企业专利的相关指标进行测量，包括专利申请数量（Hurtado-Torres et al.，2018；袁建国等，2015）、专利授权数量（钟昌标等，2014）以及专利被引数量（Hsu et al.，2015；Chen et al.，2012）；另一种方法则利用新产品销售额占企业销售总额的比重进行衡量（Berchicci，2013；Mihalache et al.，2012）。本书研究基于数据的可获性，参照一些学者（Hurtado-Torres et al.，2018；袁建国等，2015）的研究成果，采用专利申请总数作为衡量企业创新绩效的关键指标。

（2）解释变量

海外研发深度（*Deep*）：借鉴李梅和卢程（2018）的测量方法，本书的研究利用海外研究子公司数据衡量海外研发深度。

海外研发广度（*Scop*）：参照一些学者（Hitt et al.，1997）的测算方法，本书的研究采用多元化熵指数测量海外研发广度。

吸收能力（*Abs*）：参照一些学者（Wu et al.，2016）的研究成果，采用研发支出强度测度企业吸收能力，企业研发支出强度越高，则表示企业吸收能力越强。

---

① 相关变量测量方法请参见第4章。

组织冗余 (*Slack*): 其反映企业可以直接利用的资源数量, 有利于企业根据环境变动迅速做出有效战略变动, 可以用流动资产和流动负债的比率进行测量 (Daniel et al., 2004)。

国际化经验 (*Exp*): 用观测年度之前海外子公司数量进行测量, 海外子公司数量越多, 跨国企业国际化经验越丰富 (李梅、余天骄, 2016)。

6.4　实证结果

6.4.1　变量赋值

由于本书研究的相关变量母公司创新绩效、海外研发深度、海外研发广度、吸收能力、组织冗余以及国际化经验均不符合 QCA 方法布尔逻辑运算数据程度要求, 需求将其转换为 QCA 方法适用的模糊集合。参照拉吉内 (Ragin, 2008) 的方法, 本书的研究利用 fsQCA 2.0 软件中模糊集运算方法, 将上述变量进行校对并转化为介于 0 ~ 1 的集合数据, 其完全隶属、转折点以及完全不隶属门限如表 6 - 1 所示。

表 6 - 1　　　　　　　　　　　　变量选择与赋值

变量代码	变量名称	完全隶属	转折点	不完全隶属
Fip	创新绩效	368.77	123.46	0
Deep	海外研发深度	44	2.18	0
Scop	海外研发广度	0.76	0.36	0
Abs	吸收能力	0.21	0.03	0
Slack	组织冗余	0.16	0.07	0
Exp	国际化经验	23.06	2.03	0

6.4.2　必要性分析

本书的研究首先检验框架模型中的单个条件及其非集是否构成被解释变量母公司创新绩效的必要条件。从集合论的视角来看, 针对单个条件开展的必要性检验就是为分析结果集合是否构成条件集合的子集。在实证检验过程中, 若结果产生，某前因变量总存在，则该前因变量即为导致结果的必要条件（Ragin，2008）。一致性指标是检验必要条件的重要标准，当一致性指标高于 0.80 时，则该条件为结果集合的必要条件（Ragin，2008；Schneider and Wagemann，2012）。表 6－2 为影响母公司创新绩效的必要条件检验结果。从该表可看出，在所有条件中，*DEEP* 和 *SCOP* 的一致性指标高于 0.80，其他变量均低于 0.80，可见海外研发深度与海外研发广度为母公司创新绩效的必要条件。

表 6－2　　　　　　　　　　母公司创新绩效的必要条件分析

前因条件	一致性	覆盖度
DEEP	0.8264	0.8670
deep	0.1736	0.7528
SCOP	0.8964	0.7803
scop	0.1036	0.7402
ABS	0.5164	0.7536
abs	0.4836	0.7682
SLACK	0.3691	0.7554
Slack	0.6309	0.7562
EXP	0.7425	0.7568
exp	0.2575	0.7982

注：大写字母表示条件存在，小写字母表示缺席。

6.4.3　充分性分析

不同于必要条件检验，充分性检验通过组态分析验证多前因变量所构成的组态导致结果变量发生的充分性。基于集合论视角，充分性分析即检验多条件所构成的组态集合是否为结果集合的子集。本书的研究将对母公司创新绩效结果的一致性门槛值设置为大于等于 0.80，并选择标准分析技术，报告复合方案、中间方案以及各简方案三种检验结果，并综合中间方案以及各简方案的实证结果（Fiss，2011；Crilly et al.，2012）。一致性指标同样被用于测量组态的充分性，一致性水平越接近于 1，表明现有条件组态与现实案例越一致；一致性水平低于 0.75，则说明现有条件组态已无法解释现实案例。充分性分析实证结果如表 6－3 所示。

表6-3 跨国企业海外研发高创新绩效的前因条件构型

前因条件	C1	C2	C3	C4
DEEP	⊗	●	⊗	●
SCOP	⊗	⊗	●	●
ABS		•	•	●
SLACK	•			●
EXP		⊗	●	●
一致性	0.77	0.80	0.79	0.82
原始覆盖度	0.06	0.49	0.15	0.09
唯一覆盖度	0.03	0.37	0.09	0.04
总体解的一致性	0.85			
总体解的覆盖度	0.57			

注：● = 核心条件存在，⊗ = 核心条件缺席，• = 辅助条件存在，⊗ = 辅助条件缺席，"空格"表示该条件可存在亦可缺席。

表6-3呈现出导致跨国企业海外研发高创新绩效的四种前因条件构型，单个组态以及总体组态的一致性指标均高于阈值0.75。其中，总体组态的一致性指标是0.85，覆盖率是0.57，因此表6-3中的四种组态可以视作新兴经济体后发跨国企业海外研发母公司创新绩效提升的充分条件。具体结论如下：

路径1：母国市场扩张型（~ *DEEP* * ~ *SCOP* * *SLACK*）。方案C1的核心条件为跨国企业海外研发深度低、海外研发广度低，辅助条件为组织冗余高，此时吸收能力与国际化经验为无关紧要条件。当新兴经济体后发跨国企业逐渐参与海外研发过程，落后的技术能力限制企业技术学习以及知识吸收能力，导致跨国企业目标市场仍集中于国内，海外研发活动并不能在短期内提升母公司研发能力，开发和拓展国内市场成为企业最重要的投资动机（谢伟、王展硕，2017；陈劲等，2004）。在此情境下，跨国企业海外研发深度布局常常较低，企业研发活动主要集中于母国，仅在少数海外地区布局研发机构展开技术监控活动。母国研发中心负责企业整体研发活动，而处于东道国的研发子公司则主要观察海外前沿技术动态，直接利用海外领先的研发资源和技术优势开发满足国内市场需求的新产品和服务。以伊利集团为例，相较于国际先进乳业技术能力，其仍处于落后阶段，当前伊利集团研发活动仍主要集中于母国本地研发中心，仅在荷兰设立了一家技术研发中心，其他海外子公司主要从事市场研究、乳产品加工以及商业贸易业务，海外研发深度与海外研发广度布局均较低。

路径2：母国能力提升型（DEEP * ~ SCOP * ABS * ~ EXP）。方案 C2 的核心条件为跨国企业海外研发深度高、海外研发广度低，并且吸收能力高，国际化经验低，此时组织冗余是无关紧要条件。部分新兴经济体后发跨国企业虽然国际化经验较低，但吸收能力较强，通过构建海外研发深度高—海外研发广度低的组织结构网络，可以克服以母国为中心的研发本位取向，同时保留了集中式投资带来的效率优势，有利于跨国企业及时有效获取和整合海外技术知识，提升跨国企业技术创新能力以及核心竞争力。以新朋实业为例，新朋实业作为我国典型制造业跨国企业，在起步阶段由于没有实施海外研发布局而缺乏国际化经验，但通过与国外领先跨国企业展开项目合作实现原始技术积累，从而具有较强的吸收能力。现阶段，新朋实业拥有一定的技术实力并且人才队伍素质过关，母国能力提升型海外研发网络布局成为企业重要战略布局。2018年新朋实业加大了对海外研发投资的比例，设立海外子公司从事研发工作，其海外研发子公司数量超过了国内研发子公司的数量，海外研发深度较高；另外，从地理区位来看，这四家海外研发子公司均部署于拥有技术优势的美国，地域多元化程度明显不足，海外研发广度不足。

路径3：海外市场扩张型（ ~ DEEP * SCOP * ABS * EXP）。方案 C3 的核心条件为跨国企业海外研发深度低、海外研发广度高，并且吸收能力高，国际化经验高，此时组织冗余是无关紧要条件。当新兴经济体后发跨国企业吸收能力高，并且国际化经验丰富时，其海外研发活动可能更多地表现为市场寻求型，而不是技术利用型。通过构建海外研发深度低—海外研发广度高的组合结构网络，有利于跨国企业搜集与吸收海外本地市场信息，实现母国与东道国联动参与开发适合东道国产品与服务，进而提升母公司创新能力。以 TCL 集团为例，借助消费电子行业的蓬勃发展，TCL 集团的企业规模以及技术能力均得到极大提升；并借助"一带一路"发展契机，积极拓展海外市场。TCL 集团拥有一定的行业技术优势，且具有较高水平的国际化程度，其海外研发投资具有明显的海外市场扩张动机。TCL 集团目前共有 28 个研发机构，大多布局于国内不同区域，海外研发投资占比相对较低；而在仅有的几处海外研发机构中，其区域分布表现出明显的多元化布局。

路径4：全球资源融通型（DEEP * SCOP * ABS * SLACK * EXP）。方案 C4

的核心条件为跨国企业海外研发深度、海外研发广度、吸收能力、组织冗余以及国际化经验均处于较高水平，没有无关紧要变量。当新兴经济体后发跨国企业拥有强大的技术实力、雄厚的资源储备以及丰富的国际化经验，跨国企业改变传统集中式创新模型而采取分散式创新模式，开始在全球范围内寻求研发投资机会，并根据不同海外国家或地区在人才、科技、信息、知识等方面存在的比较优势进行布局，从而实现资源、知识与能力的全球化获取、整合以及配置。全球资源融通型海外研发活动与跨国企业强大的技术实力以及高度的国际化水平相适应，强大的技术实力为跨国企业参与全球竞争提供技术支撑，而高度的国际化程度为全球技术创新提供市场容量。华为是实现这一路径的典型案例。华为坚持将每年收入的 10% 以上投入研发以不断提升企业技术实力，并通过大规模开拓北美、欧洲等传统发达国家与地区，一跃成为国际电信市场的核心供应商，拥有丰富的国际化经验。与此同时，华为以国内研究院为统筹中心，在全球布局了 17 个研发中心，并与世界上领先的通信运营商共建 36 个联合研发中心以推动企业技术创新，具有较高的海外研发深度；此外，华为海外研发分布表现出明显的地理多元化特征，根据投资东道国技术实力以及专业分工构建其全球化研发网络。

通过比较覆盖度得分，可以判断各构型组态对于本书研究案例的解释程度以及重视程度。在表 6 - 3 中，方案 C2 的唯一覆盖率高达 0.37，远超其他组态，说明母国能力提升型是海外研发投资母公司创新绩效提升最重要的方式，即跨国企业海外研发深度高，海外研发广度低，吸收能力高，国际化经验低，此时组织冗余是无关紧要条件。由此可见，对于我国大多数跨国企业而言，通过先前的国际代工业务、FDI 溢出效应，技术能力将得到一定程度的提升，具备吸收海外技术、知识的能力，但国际化水平提升速度往往落后于技术能力，其目标市场仍集中于国内市场，跨国企业海外研发活动的主要动机在于提升母国技术能力，借助海外研发深度高—海外研发广度低的组合结构，有利于跨国企业快速获取海外创新资源、知识以及技术，最终提升母公司创新绩效。

6.4.4　稳健性检验

借鉴贝尔等（Bell et al. , 2014）的稳健性检验方法，本书的研究对导致母公司创新绩效较低进行前因构型检验，稳健性检验结果详见表 6 - 4：方案

E1 与方案 E2 的一致性水平均大于 0.80，具有良好的一致性水准；而整体覆盖率得分为 0.61，说明该前因条件构型可以解释 61% 的低母公司创新绩效样本。实证结果表明，导致母公司创新绩效低的条件构型存在两条路径：方案 E1 的核心条件为海外研发深度低、海外研发广度低，辅助条件为组织冗余低，并且吸收能力与国际化经验为无关紧要的条件；方案 E2 的核心条件为海外研发深度低、海外研发广度高、吸收能力低、国际化经验低，并且组织冗余为无关紧要的条件。可见，导致母公司创新绩效出现高低水平的前因构型是不同的，验证了上述研究成果的稳健性（Bell et al.，2014）。

表 6 - 4　　　　　跨国企业海外研发低创新绩效的前因条件构型

前因条件	E1	E2
DEEP	⊗	⊗
SCOP	⊗	●
ABS		⊗
SLACK	⊗	
EXP		⊗
一致性	0.81	0.83
原始覆盖度	0.59	0.35
唯一覆盖度	0.35	0.08
总体解的一致性	0.81	
总体解的覆盖度	0.61	

注：● = 核心条件存在，⊗ = 核心条件缺席，• = 辅助条件存在，⊗ = 辅助条件缺席，"空格"表示该条件可存在亦可缺席。

6.5　研究结论

本书的研究采用模糊集 QCA 方法，考察了新兴经济体后发跨国企业海外研发投资母公司创新绩效提升效应的条件组态。由于国际化研发存在复杂的研究情境，其母公司创新绩效会受到多种因素的协同作用。相比传统回归分析方法仅仅关注某个因素的单独影响，QCA 方法可以探讨多因素复杂的组态影响效应。具体结论如下：首先，在新兴经济体后发跨国企业母公司创新绩效的条件构型研究中，总结出四种有效实现母公司创新能力提升的模式，即母国市场扩张型、母国能力提升型、海外市场扩张型以及全球资源融通型；其次，通过对比这四种模式发现，其中最重要的母公司创新能力提升模式为母国能力提升型；最后，研究发现，虽然海外研发组合结构和内部资源因素均是影响研发国际化母公司创新绩效的重要前因条件，但相较而言，海外研发深度和海外研发广度对母公司创新绩效的提升是必要的前因条件。在这四种条件构型中，不管是母国市场扩张型、母国能力提升型，还是海外市场扩张型、全球资源融通型，海外研发深度和海外研发广度均是核心条件。

本书的主要研究贡献体现在以下几个方面：

第一，本书的研究拓展了对新兴经济体后发跨国企业海外研发逆向学习机制的认识，虽然已有大量研究围绕海外研发母公司创新绩效的影响因素问题展开了理论和实证研究（Hsu et al.，2015；Hurtado-Torres et al.，2018；李梅、余天骄，2016），但是这些研究成果主要是基于单个因素或者少数因素开展的。然而，海外研发母公司创新绩效是复杂情境下多种因素协同影响的结果，QCA方法使得分析多重条件组态如何共同影响母公司创新绩效成为可能，并得出新兴经济体后发跨国企业基于不同情境取得较高母公司创新绩效的实现路径，揭开海外研发逆向学习的"黑箱"。

第二，以往的研究主要是从海外研发投资水平、企业内部资源或者组织学习能力的单一维度展开（李梅、余天骄，2016），但哪个维度对于研发国际化创新绩效具有更为重要的影响，双方并没有相关对话，也没有得到一致性的结论。本书研究对比四种不同的条件构型发现，海外研发深度和海外研发广度是影响母公司创新绩效的必要因素。

第三，率先将QCA方法引入海外研发母公司创新收益研究。已有的海外研发创新收益提升效应研究仅局限于定量研究和定性研究两类方法，但不管哪种方法，均存在一定的局限性。QCA方法则兼具了定量研究与定性研究的各自优点，对传统定量研究的净效应思维提出挑战以及补充，为解释海外研发创新收益提升效应研究的因果关系提供整体的研究视角（Rihoux and Ragin，2009）。因此，QCA方法不仅丰富了海外研发领域研究方法的工具箱，更是革新了对海外研发现象的认识论基础。

第7章 结论与展望

本书的研究以参与海外研发活动的中国制造业企业为研究对象，以知识基础观和资源基础观等理论为理论基础，重点探讨海外研发组合结构与母公司创新绩效间的关系，并由浅入深地研究以下三个问题：（1）海外研发深度与海外研发广度对母公司创新绩效的差异化影响，以及动态能力对上述影响效应的调节作用；（2）匹配视角下海外研发深度与海外研发广度不同组合状态对母公司创新绩效的差异化影响，在此基础上进一步讨论企业国有股权与外资股权对上述匹配效应的调节作用；（3）组态视角下海外研发组合结构、吸收能力、组织冗余以及国际化经验对母公司创新绩效的影响路径研究。针对上述研究设计，本书的研究利用具有海外研发投资经历的 A 股上市制造业企业 2013～2018 年的面板数据，分别采用负二项分布回归、多项式回归以及模糊集定性比较方法对上述假设模型进行检验。

7.1 研究结论

本书研究的三个子问题由浅入深，系统地检验了海外研发组合结构影响母公司创新绩效的作用机制与实现条件。主要研究结论如下：

首先，揭示了海外研发深度与海外研发广度对我国母公司创新绩效的影响。海外研发深度可以对母公司创新绩效产生积极的影响，但超过一定的门槛值之后，海外研发深度带来的成本将超过边际收益，从而负向影响母公司创新绩效。高度的海外研发投资地理多样性有利于跨国企业整合海外研发资源并获取东道国特定区位优势。此外，吸收能力正向调节海外研发深度与母公司创新绩效间的倒 U 形关系；吸收能力正向调节海外研发广度与母公司创新绩效间的正向关系，吸收能力较强，海外研发广度与母公司创新绩效间的正向关系将强化。适应能力调节海外研发深度与母公司创新绩效间的倒 U 形关系不显著；适应能力正向调节海外研发广度与母公司创新绩效间的正向关系，适应能力较强，海外研发广度与母公司创新绩效间的正向关系将强化。

其次，探索海外研发深度与海外研发广度匹配关系对母公司创新绩效的影响效应，阐明了海外研发深度与海外研发广度不同匹配关系对母公司创新绩效的不同影响。结果显示，海外研发深度与海外研发广度一致状态下，母公司创新绩效高于不一致状态；当海外研发深度与海外研发广度一致匹配时，海外研发深度高—海外研发广度高更能促进母公司创新绩效；当海外研发深度与海外研发广度不一致匹配时，海外研发深度高—海外研发广度低更能促进母公司创新绩效。此外，国有股权反向调节海外研发深度与海外研发广度一致性与母公司创新绩效的关系，当国有股权较强时，海外研发深度与海外研发广度一致性促进母公司创新绩效提升的效应将弱化；外资股权正向调节海外研发深度与海外研发广度一致性与母公司创新绩效的关系，当外资股权较强时，海外研发深度与海外研发广度一致性促进母公司创新绩效提升的效应将强化。

最后，解析了海外研发组合结构与企业内部资源的不同条件组态对母公司创新绩效的影响路径。基于定性比较方法（QCA），本书研究考察了海外研发深度、海外研发广度、吸收能力、组织冗余以及国际化经验多重情境因素对母公司创新绩效的协同影响。结果显示，海外研发组合结构对母公司创新绩效的提升是必要的前因条件；新兴经济体后发跨国企业母公司创新绩效的条件构型研究中总结出四种有效实现母公司创新能力提升的模式，即母国市场扩张型、母国能力提升型、海外市场扩张型以及全球资源融通型。

7.2 管理启示

7.2.1 企业层面管理启示

第一，企业管理者需要仔细权衡海外研发活动的收益和成本，实现海外研发发展阶段和投资组合结构相匹配。从本质上来看，海外研发活动是企业管理者对海外研发活动所带来的收益与成本进行权衡的过程。在早期阶段，海外研发深度的创新收益高于成本；但随着投资深度的增加，海外研发带来的成本将急速上升，直到超过创新收益。因此，在海外研发实践过程中需要掌握好投资节奏，注意防范和减少海外研发深度增加带来的外来者劣势风险，以延缓或改变海外研发深度转向倒 U 形曲线的下降阶段。海外研发广度对我国跨国企业创新绩效表现出单调的促进作用，现阶段我国跨国企业在布局各海外研发机构时，可以适当对各海外研发机构进行分散化布局，以期学习和获取更多的东道国特有知识，丰富和完善企业知识库，为企业增加创新产出打下良好的基础。

　　第二，当跨国企业加速海外研发进程时，母公司需要保有一定水平的动态能力，以实现对海外创新资源的有效吸收和利用。海外研发投资虽为新兴经济体跨国企业接近海外创新资源提供了捷径，但能否实现对海外异质性创新资源的有效吸收与利用还取决于跨国企业内部动态能力。企业在海外开展研发活动提升母公司创新能力的同时，需要关注母公司的吸收能力，特别是当跨国企业的海外研发投资程度较高时，亟须母公司具有强大的吸收能力以提升海外异质性创新资源的转移程度和利用效率。对此，我国跨国企业在海外积极布局研发活动的同时，努力提高本土母公司的吸收能力。此外，适应能力在我国跨国企业海外研发过程中也发挥着重要的作用，尤其在降低海外研发地理分散化成本和提升创新成功概率方面起到了关键作用。对此，我国跨国企业应主动学习和借鉴国内外成功跨国企业海外研发经验，在研发实践中不断学习和积累相关经验，有助于企业顺利地开展海外研发活动。

　　第三，在海外研发投资战略布局过程中，企业管理者需要通过准确评估投资深度和投资广度，以构建最优的海外研发结构网络并获取最大化创新收益。海外研发深度与海外研发广度共同构成跨国企业复杂的知识网络结构，在海外研发投资布局实践中，跨国企业应根据海外研发深度的准确评估制订相应的海外研发广度策略。我们的研究表明，保持海外研发深度与海外研发广度的相对一致性，对改善母公司创新绩效有积极促进作用。因此，企业管理者应根据企业当前海外研发深度水平，选择相对应的海外地理分散程度：当海外研发深度高时，采取分散化的海外区位分布；当海外研发深度低时，采取集中化的海外区位分布。此外，考虑到国际化研发实践中海外研发深度与海外研发广度常常处于不对称的状态，企业管理者应该认识到海外研发深度处于占优状态，即企业海外研发深度高于海外研发广度时，更有利于创新绩效的改善。

第四，在构建跨国企业海外研发组合网络时，企业管理者需要进一步重视企业股权结构的重要作用，关注股权结构可能对海外研发深度与海外研发广度匹配关系带来的积极或消极影响。混合所有制已经成为我国企业重要的产权制度，不同所有制性质的股东在资源禀赋以及所有权行使方式方面均存在明显的差异，从而对企业经营策略和战略动机造成不同的影响。本书研究发现，国有股权反向调节海外研发深度与海外研发广度一致性与母公司创新绩效间的关系，外资股权则正向调节海外研发深度与海外研发广度一致性与母公司创新绩效间的关系。对此，我国跨国企业管理者应充分重视股权结构因素，一方面，要利用好外资股权带来的积极作用，通过海外研发深度与海外研发广度的匹配更好地改善母公司创新绩效；另一方面，也要重视国有股权带来的消极影响，合理规避国有股份带来的风险和挑战，最终实现母公司创新收益最大化。

第五，海外研发投资布局过程中，跨国企业应当根据自身资源能力和国际化经验，选择适当的海外研发组合结构。基于本书研究发现的四种实现母公司创新提升的路径，企业吸收能力和国际化经验对母公司创新绩效提升尤为重要，两者能够有效缓解或克服跨国企业海外研发投资外部不确定性（外来者劣势）和内部不确定性（吸收能力不足）对母公司创新绩效提升的不利影响。这启发我国跨国企业在参与海外研发活动时，应"苦练内功"以提升自身吸收能力，并且应熟悉海外"游戏规则"，提升企业国际化运营经验。当跨国企业缺乏吸收能力以及国际化经验时，跨国企业则可以通过采取本土研发的方式提升母公司创新绩效。

7.2.2　政府层面管理启示

第一，借助"创新驱动"战略，深化技术创新改革。政府部门应鼓励我国本土企业参与海外研发活动，借助海外研发单元获取全球技术、信息和知识等创新资源。在通过充分研究海外研发投资提升母国创新能力的基础上，可以提出将海外研发投资作为本国技术进步的重要来源，纳入政策支持框架。具体而言，首先是借助税收和补贴政策，鼓励企业进行高水平的海外研发投资，借助海外研发基地获取海外知识转移的好处；其次是实现金融体系以及薪资体系的深化改革，减轻我国跨国企业融资、人才、信息等方面存在的问题；最后是积极构建海外研发集聚基地，帮助跨国企业共享研发信息、知识以及资源，降低同类企业海外研发投资成本，提高我国跨国企业海外研发效率。

　　第二，实施"全方位对外开放战略"，营造良好的国际商贸环境。在当前国际竞争越发激烈、贸易保护势力不断抬头的国际投资环境下，我国政府应努力树立责任大国形象，并构造和谐互利的国际关系，为我国本土企业"走出去"参与海外研发投资提供良好的国际商贸环境。当前，越来越多的中国企业在海外设置研发子公司，积极构建海外研发网络，如何保障我国跨国企业海外研发投资的合法权益成为焦点问题。虽然目前我国已与全球 100 多个国家和地区签订了投资保护协定，但大多针对的是国外对中国的外国直接投资（FDI），缺乏针对我国对海外投资的保护协定。对此，我国政府部门应积极推动与美国、欧洲等西方国家和地区的投资保护协定，保护我国参与海外研发投资企业的安全与权益，扩大协定双方产业开放程度，为我国技术获取型海外研发投资创造良好的国际环境。

　　第三，顺应海外研发投资主体"多元化"趋势，加强对国有企业海外研发投资的监管。继续发挥外资股权在我国海外研发投资中的积极作用，同时加强对国有企业海外研发投资的监管。我国国有企业技术寻求型海外研发投资，经常会引发投资东道国政府、社会、企业以及民众的敌视与反对。对此，我国政府应通过推动签订贸易协定、开展经济合作、建立政治联盟以及开展文化交流等方式，规避投资东道国环境不确定性并提升我国国有企业投资合法性。此外，国有企业海外研发投资过程中常常存在着资产流失、监管不到位、常年亏损以及管理松懈等问题。对此，政府部门应强化对国有企业海外研发投资的监管，构建有效的监督约束机制来管控其海外研发投资活动，防范国有资产流失，同时在国外市场的竞争中逐步培育我国国有企业的竞争优势。

7.3　研究局限与展望

　　新兴经济体跨国企业海外研发组合结构与母公司创新绩效的关系研究是跨国企业研发国际化的一项新的研究焦点，考虑到相关内容的复杂性以及水平的有限，当前研究尚存在一些不足。

　　第一，本书的研究数据来源存在一定的局限性。实证研究所搜集的数据为二手数据，限制了本书研究概念模型的变量选择。海外研发活动作为涉及多主体、多种机制的复杂决策，二手数据无法抽象出海外研发活动完整的作用链，同时也难以揭示其复杂的内在作用机制。因此，在后续的研究中，可以通过访谈或者问卷方式整合一手数据和素材，探索海外研发影响母公司创新绩效的内在传导机制，深化对海外研发反向技术溢出效应的理解。

第二，本书研究所选样本存在一定的局限性。所选研究样本源于上市公司，由于上市公司遵循同样的会计准则编制年报，数据具有较高的质量以及可比性，因此选取沪深两市 A 股上市公司为研究样本，但缺乏对未上市公司的关注。此外，考虑到我国海外研发投资的不断上升趋势，所选择研究时间跨度为 2013 ~ 2018 年，六年的时间跨度对于海外研发主题来说时间间隔较短，可能无法准确反映出海外研发与母公司创新绩效的关系。在后续研究中，可以观察、收集更长时间跨度的非上市公司样本数据，补充现有研究样本，深入分析海外研发活动影响母公司创新绩效的动态效应。

第三，本书研究未考虑我国跨国企业所面临的制度环境。作为新兴经济体，我国正处于重要转型时期，为跨国企业海外研发活动提供特殊的制度环境，投资东道国与母国间制度环境间尚存在不均衡现状。此外，随着我国"走出去"以及"一带一路"倡议的逐步推进，我国跨国企业海外研发投资地理分布越发分散，国家间的制度环境差异越发明显。海外研发组合结构与创新绩效关系不仅受母国制度环境绝对水平的影响，而且受母国与东道国间制度环境相对水平的影响。在后续研究中，应充分考虑制度环境的影响，这将有助于深入理解制度环境对海外研发组合结构与创新关系的影响效应。

参 考 文 献

[1] 柏帅蛟，井润田，李璞，陈璐，李贵卿．匹配研究中使用响应面分析的方法 [J]．管理评论，2018，30 (3)：161-170.

[2] 程聪，谢洪明，池仁勇．中国企业跨国并购的组织合法性聚焦：内部，外部，还是内部＋外部 [J]．管理世界，2017 (4)：158-173.

[3] 陈劲，周子范，周永庆．复杂产品系统创新的过程模型研究 [J]．科研管理，2005，26 (2)：61-67.

[4] 陈劲，曾珍云．开放式创新视角下中国企业 R & D 国际化的关键路径研究 [J]．科技管理研究，2011，31 (3)：13-15.

[5] 陈劲，吴沧澜，景劲松．我国企业技术创新国际化战略框架和战略途径研究 [J]．科研管理，2004，25 (6)：115-125.

[6] 陈劲，童亮，戴凌燕．中国企业 R&D 国际化的组织模式研究 [J]．科学学研究，2003，21 (4)：391-395.

[7] 陈侃翔，谢洪明，程宣梅，王菁．新兴市场技术获取型跨国并购的逆向学习机制 [J]．科学学研究，2018，36 (6)：1048-1057.

[8] 陈武，陈天子，李燕萍．改革开放以来我国研究机构"走出去"的探索与实践 [J]．科技进步与对策，2019，36 (9)：10-18.

[9] 陈岩，徐慧慧，景木南，等．多维政府参与、企业动态能力与海外研发——基于中国创新型企业的实证研究 [J]．科研管理，2015 (S1)：127-138.

[10] 陈衍泰，吴哲，范彦成，戎珂．研发国际化研究：内涵、框架与中国情境 [J]．科学学研究，2017，35 (3)：387-395.

[11] 陈衍泰，李嘉嘉，范彦成．中国企业国际化多样性与创新绩效——东道国制度与国有股权的调节效应 [J]．科技进步与对策，2019，36 (7)：91-97.

［12］陈衍泰，范彦成，汤临佳，王丽．开发利用型海外研发区位选择的影响因素——基于国家距离视角［J］．科学学研究，2018，36（5）：847－856.

［13］陈玉萍，高强，谢家平．研发国际化与企业创新绩效：吸收能力的调节作用［J］．上海对外经贸大学学报，2020，27（6）：113－122.

［14］崔连广，冯永春，苏萌萌．中国企业海外子公司逆向知识转移研究［J］．管理学报，2019，16（1）：142－149.

［15］邓新明，熊会兵，李剑峰．政治关联、国际化战略与企业价值——来自中国民营上市公司面板数据的分析［J］．南开管理评论，2014，17（1）：26－43.

［16］邓沛东，温军，王诗豪，陈凤良．中国智慧出海的国际化贡献——基于中国海外研发中心的证据［J］．科技进步与对策，2024.

［17］杜运周，贾良定．组态视角与定性比较分析（QCA）：管理学研究的一条新道路［J］．管理世界，2017（6）：155－167.

［18］方宏，王益民．"欲速则不达"：中国企业国际化速度与绩效关系研究．科学学与科学技术管理，2017（2）：158－170.

［19］高建，汪剑飞，魏平．企业技术创新绩效指标：现状、问题和新概念模型［J］．科学学研究，2004（S1）：14－22.

［20］郭建杰，谢富纪，王海花，等．产学协同中自我中心网络动态性、区域间合作网络对企业创新的影响研究［J］．管理学报，2019，16（7）：1026－1034.

［21］郭凯明，潘珊，颜色．新型基础设施投资与产业结构转型升级［J］．中国工业经济，2020（3）：63－80.

［22］谷军健，赵玉林．中国海外研发投资与制造业绿色高质量发展研究［J］．数量经济技术经济研究，2020（1）：41－61.

［23］何爱，钟景雯．研发国际化与企业创新绩效——吸收能力和地理多样性的调节作用［J］．南方经济，2018（10）：92－112.

［24］何建洪，钟艳．我国企业研发国际化：强度、多样化与创新绩效［J］．华东经济管理，2019，33（3）：119－126.

［25］洪进，刘慧．技术获取模式、吸收能力和产业绩效关系研究［J］．管理现代化，2014（6）：58－60.

［26］胡欣悦，孙飞，汤勇力．跨国企业国际化研发合作网络结构演化——以华为为例［J］．技术经济，2016（7）：1 - 5.

［27］胡欣悦，汤勇力，王国庆．研发国际化、跨国知识网络与研发单元创新绩效——基于华为 PCT 专利（2002—2013 年）的面板数据分析［J］．系统工程理论与实践，2018，38（12）：3124 - 3139.

［28］黄宏斌，许晨辉，孙雅妮．设立研发子公司促进了企业集团的协同创新吗？［J］．经济管理，2023，45（1）：125 - 143.

［29］景劲松，陈劲，吴沧澜．我国企业 R&D 国际化的现状特点及模式［J］．研究与发展管理，2003，15（4）：41 - 47.

［30］柯银斌，康荣平，沈泱．中国企业海外研发的功能与定位［J］．经济界，2011（11）：22 - 31.

［31］孔祥贞，覃彬雍，刘梓轩．融资约束与中国制造业企业出口产品质量升级［J］．世界经济研究，2020（4）：17 - 29.

［32］李梅，陈嘉杰．中国企业海外研发投资的决定因素——基于制度和网络外部性视角［J］．工业技术经济，2019（9）：82 - 91.

［33］李梅，余天骄．研发国际化是否促进了企业创新——基于中国信息技术企业的经验研究［J］．管理世界，2016（11）：125 - 140.

［34］李梅，余天骄．东道国制度环境与海外并购企业的创新绩效［J］．中国软科学，2016（11）：137 - 151.

［35］李梅，卢程．研发国际化与企业创新绩效——基于制度距离的调节作用［J］．经济管理，2019（1）：39 - 54.

［36］李梅，朱韵，赵乔，孙偲琬．研发国际化、动态能力与企业创新绩效［J］．中国软科学，2022（6）：169 - 180.

［37］李梅，余天骄．研发国际化和母公司创新绩效：文献评述和未来研究展望［J］．管理评论，2020，32（10）：106 - 119.

［38］李梅，陈鹿．海外研发地理多样化与创新绩效：组织学习视角［J］．科学学研究，2021，39（5）：940 - 950.

［39］李静怡，刘瑶，孙潇菲．海外研发中心促进母公司创新绩效了吗？［J］．科研管理，2022，43（8）：148 - 156.

［40］李欠强，陈衍泰，范彦成．中国企业海外研发组合结构与创新绩效

研究 [J]. 科研管理, 2019, 40 (6): 19-27.

[41] 李欠强, 陈衍泰, 厉婧. 海外研发投资与企业创新绩效 [J]. 国际贸易问题, 2021 (6): 159-174.

[42] 李显君, 王巍, 刘文超, 王京伦. 中国上市汽车公司所有权属性、创新投入与企业绩效的关联研究 [J]. 管理评论, 2018, 30 (2): 71-82.

[43] 李永周, 高楠鑫, 易倩. 创新网络嵌入与高技术企业研发人员创新绩效关系研究 [J]. 管理科学, 2018, 31 (2): 3-19.

[44] 林花, 彭倩, 林肇宏. 中国企业海外子公司绩效研究: 基于社会网络和制度视角 [J]. 国际贸易问题, 2019 (9): 133-146.

[45] 刘海洋, 刘圣明, 王辉, 徐敏亚. 领导与下属权力距离的一致性对下属工作绩效的影响及其机制 [J]. 南开管理评论, 2016, 19 (5): 55-65.

[46] 刘夏, 孙友刚, 周泽鑫, 朱啸宇. 基于知识流动分析的汽车企业海外创新策略研究——以宝马全球研发中心为例 [J]. 科技管理研究, 2023, 43 (12) 11-21.

[47] 柳卸林, 吴晟, 朱丽. 华为的海外研发活动发展及全球研发网络分析 [J]. 科学学研究, 2017, 35 (6): 834-841.

[48] 鲁万波, 常永瑞, 王叶涛. 中国对外直接投资、研发技术溢出与技术进步 [J]. 科研管理, 2015, 36 (3): 38-48.

[49] 卢启程, 梁琳琳, 贾非. 战略学习如何影响组织创新——基于动态能力的视角 [J]. 管理世界, 2018 (9): 109-129.

[50] 毛蕴诗, 袁静, 周燕. 中国企业海外 R&D 活动研究——以广东企业为例 [J]. 中山大学学报 (社会科学版), 2005, 45 (2): 1-7.

[51] 潘秋玥, 魏江, 刘洋. 企业研发网络国际化研究述评与未来展望 [J]. 外国经济与管理, 2013, 35 (8): 27-35.

[52] 乔莉. 基于制度视角的国际化程度对企业创新投入的影响研究——来自中国制造业上市公司的实证分析 [J]. 科学管理研究, 2014, 32 (5): 90-93.

[53] 邱晨, 杨蕙馨. 研发国际化与母公司绿色创新: 基于组织学习视角的研究 [J]. 科学学与科学技术管理, 2022, 43 (12): 153-170.

[54] 钱龙. 科技服务业 FDI 提升中国制造业技术创新能力了吗? [J].

研究与发展管理，2020，32（3）：61 – 73.

［55］司月芳，刘婉昕，朱贻文，聂雨涵．中资企业研发国际化行为与创新绩效——基于 2016—2018 年中国国际工业博览会调研数据［J］．地理科学进展，2019，38（10）：1523 – 1534.

［56］司月芳，延留霞，张翌．中资企业研发国际化研究述评［J］．地理研究，2020，39（5）：1056 – 1069.

［57］苏欣，王砚羽，谢伟．中国企业海外研发机构组织与管理问题述评［J］．科技进步与对策，2020，37（1）：153 – 160.

［58］陶秋燕，孟猛猛．网络嵌入性、技术创新和中小企业成长研究［J］．科研管理，2017（4）：515 – 524.

［59］唐春晖，苏生威．海外研发战略能提升企业国际化绩效吗？——基于高层阶梯理论的实证研究［J］．财经论丛，2018，9（9）：96 – 105.

［60］魏江，应瑛，刘洋．研发活动地理分散性、技术多样性与创新绩效［J］．科学学研究，2013，31（5）：772 – 779.

［61］魏江，王诗翔．从"反应"到"前摄"：万向在美国的合法性战略演化（1994 ~ 2015）［J］．管理世界，2017（8）：136 – 153.

［62］魏凡，黄远浙，钟昌标．对外直接投资速度与母公司绩效：基于吸收能力视角分析［J］．世界经济研究，2017（12）：94 – 103.

［63］王程韡．腐败的社会文化根源：基于模糊集的定性比较分析［J］．社会科学，2013（10）：28 – 39.

［64］王砚羽，谢伟，李纪珍，乔元波．自建与合作：资源与海外研发机构进入模式研究［J］．科学学研究，2016，34（9）：1360 – 1370.

［65］王晓娟．知识网络与集群企业创新绩效——浙江黄岩模具产业集群的实证研究［J］．科学学研究，2008（4）：874 – 879.

［66］王晓燕，俞峰，钟昌标．研发国际化对中国企业创新绩效的影响——基于"政治关联"视角［J］．世界经济研究，2017（3）：78 – 86.

［67］王一卉．政府补贴、研发投入与企业创新绩效——基于所有制、企业经验与地区差异的研究［J］．经济问题探索，2013（7）：138 – 143.

［68］王展硕，谢伟．中国企业研发国际化研究的综述与展望［J］．研究与发展管理，2018，29（6）：121 – 132.

［69］王智新，辛文锦，安迪，赵沙俊一. 研发国际化对创新绩效的影响：评述与展望［J］. 科学管理研究，2020，38（4）：164-168.

［70］汪涛，陆雨心，金路欣. 动态能力视角下组织结构有机性对逆向国际化绩效的影响研究［J］. 管理学报，2018，15（2）：174-182.

［71］武柏宇，彭本红. 服务主导逻辑、网络嵌入与网络平台的价值共创——动态能力的中介作用［J］. 研究与发展管理，2018，30（1）：138-150.

［72］吴航，陈劲. 新兴经济国家企业国际化模式影响创新绩效机制——动态能力理论视角［J］. 科学学研究，2014，32（8）：1262-1270.

［73］吴剑峰，杨震宁，邱永辉. 国际研发合作的地域广度、资源禀赋与技术创新绩效的关系研究［J］. 管理学报，2015，12（10）：1487-1495.

［74］吴先明. 企业特定优势、国际化动因与海外并购的股权选择——国有股权的调节作用［J］. 经济管理，2017，39（12）：41-57.

［75］吴先明，高厚宾，邵福泽. 当后发企业接近技术创新的前沿：国际化的"跳板作用"［J］. 管理评论，2018，30（6）：40-54.

［76］吴小节，陈小梅，谭晓霞，汪秀琼. 企业纵向整合战略理论视角研究述评［J］. 管理学报，2020，17（3）：456-466.

［77］夏鑫，何建民，刘嘉毅. 定性比较分析的研究逻辑——兼论其对经济管理学研究的启示［J］. 财经研究，2014，40（10）：97-107.

［78］向鹏飞，符大海. 企业跨国研发能否提高创新效率——基于中国高科技企业的实证分析［J］. 国际贸易问题，2019（5）：101-116.

［79］谢伟，王展硕. 中国企业研发国际化的角色和演进研究——基于国际化和技术驱动的视角［J］. 科学学与科学技术管理，2017，38（11）：116-127.

［80］薛澜，陈衍泰，何晋秋. 科技全球化与中国发展［M］. 北京：清华大学出版社，2015.

［81］许晖，单宇. 打破资源束缚的魔咒：新兴市场跨国企业机会识别与资源"巧"配策略选择［J］. 管理世界，2019（3）：127-141.

［82］徐晨，孙元欣. "走出去"能否"反哺桑梓"：跨境研发与母国企业自主创新能力［J］. 南开管理评论，2021，24（4）：205-216.

［83］杨震宁，李东红，王以华. 中国企业研发国际化：动因、结构和趋势［J］. 南开管理评论，2010，13（4）：44-55.

[84] 杨洋，魏江，王诗翔．内外部合法性平衡：全球研发的海外进入模式选择 [J]．科学学研究，2017，35（1）：73 –84．

[85] 杨博旭，王玉荣，李兴光．"厚此薄彼"还是"雨露均沾"——组织如何有效利用网络嵌入资源提高创新绩效 [J]．南开管理评论，2019，22（3）：201 –213．

[86] 尹建华，周鑫悦．中国对外直接投资反向技术溢出效应经验研究——基于技术差距门槛视角 [J]．科研管理，2014，35（3）：131 –139．

[87] 姚铮，马超群，杨智．新产品开发网络资源与技术资源匹配关系：基于中国制造业企业的实证研究 [J]．中国管理科学，2016，24（4）：148 –158．

[88] 易靖韬，蒙双，蔡菲莹．外部 R&D、技术距离、市场距离与企业创新绩效 [J]．中国软科学，2017（4）：141 –151．

[89] 杨林，和欣，顾红芳．高管团队经验、动态能力与企业战略突变：管理自主权的调节效应 [J]．管理世界，2020（6）：168 –188．

[90] 尹志锋，郭家宝，申媛，邓仪友．海外研发如何影响中国企业的专利实施水平？[J]．当代经济科学，2023，45（2）：88 –103．

[91] 余珮，李珉迪．跨国并购战略性新兴企业的绩效研究——基于资源基础观与制度基础相结合的视角 [J]．财经科学，2019（12）：78 –92．

[92] 袁建国，后青松，程晨．企业政治资源的诅咒效应 [J]．管理世界，2015（1）：139 –155．

[93] 曾德明，刘珊珊，李健．企业研发国际化及网络位置对创新绩效影响研究——基于中国汽车产业上市公司的分析 [J]．软科学，2014，28（12）：1 –5．

[94] 赵凤，王铁男，王宇．开放式创新中的外部技术获取与产品多元化：动态能力的调节作用研究 [J]．管理评论，2016，28（6）：76 –85．

[95] 张明，陈伟宏，蓝海林．中国企业"凭什么"完全并购境外高新技术企业——基于 94 个案例的模糊集定性比较分析（fsQCA）[J]．中国工业经济，2019（4）：117 –135．

[96] 张妍，魏江．研发伙伴多样性与创新绩效——研发合作经验的调节效应 [J]．科学学与科学技术管理，2015，36（11）：103 –111．

[97] 张玉臣，王芳杰．研发联合体：基于交易成本和资源基础理论视角

［J］．科研管理，2019，40（8）：1 - 11.

［98］赵先进，梁璐．中国制造业上市公司海外研发战略布局分析［J］．商业研究，2016（9）：32 - 38.

［99］钟昌标，黄远浙，刘伟．新兴经济体海外研发对母公司创新影响的研究——基于渐进式创新和颠覆式创新视角［J］．南开经济研究，2014（6）：91 - 104.

［100］周茂，李雨浓，姚星，陆毅．人力资本扩张与中国城市制造业出口升级：来自高校扩招的证据［J］．管理世界，2019，35（5）：64 - 77.

［101］朱福林．双循环国际镜鉴与中国路径［J］．清华大学学报（哲学社会科学版），2024，39（1）：206 - 220，241 - 242.

［102］陈初昇，占云，赵晓阳，衣长军．营商环境距离提升了跨国企业的创新绩效吗？——双向研发与华人移民网络视角［J］．华侨大学学报（哲学社会科学版），2024（3）：60 - 75.

［103］陈菲琼，钟芳芳，陈珧．中国对外直接投资与技术创新研究［J］．浙江大学学报（人文社会科学版），2013，43（4）：170 - 181.

［104］陈凌云，罗倩，钱海荣，王楠．渐进式跨国并购与知识转移效果的关系研究——以鸣志电器为例［J］．科研管理，2023，44（5）：105 - 112.

［105］成力为，刘诗雨．研发投入跳跃、吸收能力与企业动态绩效［J］．科学学研究，2021，39（4）：683 - 694.

［106］樊霞，李芷珊．如何在研发国际化中实现企业创新绩效？——基于SCP范式的组态分析［J］．研究与发展管理，2021，33（5）：67 - 78.

［107］冯永春，苏萌萌，郑丽霞．海外子公司自主权对逆向知识转移的影响研究［J］．科学学研究，2020，38（8）：1451 - 1463.

［108］董保宝，葛宝山，王侃．资源整合过程、动态能力与竞争优势：机理与路径［J］．管理世界，2011（3）：92 - 101.

［109］袭讯，胡峰，王发明，刘娜．逆向溢出知识结构与国内投资企业技术进步［J］．科学学研究，2022，40（12）：2216 - 2227.

［110］胡潇婷，吕文晶，李纪珍．知识距离与中国海外并购企业的创新绩效：通途或天堑？［J］．科学学与科学技术管理，2024，45（2）：132 - 151.

［111］黄宏斌，李圆圆，许晨辉．"一带一路"倡议推动了我国企业的跨

国协同创新吗？［J］．财经研究，2023（6）：16－28.

　　［112］黄晓燕，陈李强．中国 OFDI 能提升东道国与中国的价值链关联吗？——基于前后向关联视角［J］．南方经济．2023（7）：112－134.

　　［113］李凡，代永玮，张迪．出口活动，吸收能力，研发合作与创新绩效［J］．科研管理，2022，43（3）：125－133.

　　［114］张伟，刘英为．数字化转型对跨国企业创新绩效的机制研究［J］．宏观经济研究，2023（6）：86－100.

　　［115］李志广，李姚矿，王雅琳．创始人身份对科创企业创新绩效的作用机制研究［J］．科研管理，2023，44（11）：143－152.

　　［116］李梅，陈嘉杰．中国企业海外研发投资的决定因素——基于制度和网络外部性视角［J］．工业技术经济，2019（9）：82－91.

　　［117］李梅，赵乔．研发国际化与企业创新绩效：基于社会网络理论视角［J］．珞珈管理评论，2021，（2）：1－19.

　　［118］李梅，朱韵，赵乔，孙偲琬．研发国际化、动态能力与企业创新绩效［J］．中国软科学，2022（6）：169－180.

　　［119］李柏洲，曾经纬．知识搜寻与吸收能力契合对企业创新绩效的影响——知识整合的中介作用［J］．科研管理，2021，42（6）：120－127.

　　［120］刘慧，綦建红．FTA 网络的企业创新效应：从被动嵌入到主动利用［J］．世界经济，2021，44（3）：3－31.

　　［121］刘力钢，李琦．组织惯性对企业技术创新投入的影响［J］．科技进步与对策，2020，37（17）：83－91.

　　［122］刘敏，薛伟贤，陈莎．"一带一路"贸易网络能否促进各国全球价值链地位提升［J］．管理评论，2022，34（12）：49－59.

　　［123］刘娟，康茂楠，潘梓桐．OFDI 知识溢出与中国企业创新质量提升——基于上市公司数据的实证分析［J］．国际商务（对外经济贸易大学学报），2024（2）：118－136.

　　［124］刘震，潘雨晨，陈志成．海外园区空间网络嵌入如何影响"一带一路"利益共享：基于增加值视角［J］．南方经济，2024（4）：74－93.

　　［125］彭华涛，杨星，崔伟．国际创业企业动态能力研究——基于知识网络嵌入的视角［J］．江汉论坛．2023（9）：14－21.

［126］朴英爱，于鸿，周鑫红．中国对外直接投资逆向技术溢出效应及其影响因素——基于吸收能力视角的研究［J］．经济经纬，2022，39（5）：45－55.

［127］钱丽萍，雷宇，陈鑫，杨翩翩．上市公司独立董事网络结构洞影响创新绩效机理探究——企业营销能力和组织冗余的调节作用［J］．中央财经大学学报，2023（11）：116－128.

［128］任胜钢，吴娟，王龙伟．网络嵌入与企业创新绩效研究——网络能力的调节效应检验［J］．研究与发展管理，2011，23（3）：16－24.

［129］谭云清，马永生．OFDI 企业双元网络与双元创新：跨界搜索的调节效应［J］．科研管理，2020，41（9）：170－177.

［130］王国红，王瑜．新技术变革背景下知识溢出对后发企业突破性创新的影响研究［J］．工业技术经济，2023，42（6）：48－57.

［131］王雷，朱莹，王圣君．专用性投资类型、治理机制与海外知识获取的关系研究［J］．科研管理，2021，42（1）：156－167.

［132］王维，李璐璐，李宏扬．新一代信息技术企业文化强度、吸收能力与并购创新绩效的关系研究［J］．软科学，2021，35（4）：49－54.

［133］王欣，黄速建，付雨蒙．企业数字化对国际化的影响机制研究——一个整合框架［J］．经济与管理研究，2023，44（8）：109－125.

［134］王宛秋，张潇天．谁更易在跨界技术并购中获益？［J］．科学学研究，2019（5）：898－908.

［135］汪舒明蕊，齐明．对外直接投资对创新绩效的影响——基于动态整合能力的倒 U 型调节效应［J］．管理现代化，2024，44（2）：123－135.

［136］谢子远，王佳．开放式创新对企业研发效率的影响——基于高技术产业面板数据的实证研究［J］．科研管理，2020，41（9）：22－32.

［137］吴小节，钟文玉，谭晓霞，汪秀琼．跨国并购研究的知识结构与述评［J］．管理评论，2022，34（10）：92－107.

［138］魏启迪，苏文．开放式创新对中小企业创新绩效的影响［J］．科技管理研究，2023，43（19）：124－134.

［139］夏明．我国制造业对外直接投资逆向技术溢出效应——基于行业层面吸收能力［J］．经济与管理，2024，38（3）：75－83.

［140］肖慧敏，周红霞．二元研发、关系嵌入与海外并购绩效［J］．经济体制改革，2018（6）：103 – 108.

［141］谢洪明，赵丽，程聪．网络密度、学习能力与技术创新的关系研究［J］．科学学与科学技术管理，2011，32（10）：57 – 63.

［142］谢丹．全球价值链嵌入对数字产业创新的影响机制［J］．统计与决策，2024（11）：150 – 155.

［143］谢家智，张馨月．双向直接投资、知识溢出效应与创新链协同发展——基于工业行业数据的实证研究［J］．科技进步与对策，2023，40（22）：33 – 42.

［144］徐雨森，逯垚迪，徐娜娜．快变市场环境下基于机会窗口的创新追赶研究：HTC 公司案例分析［J］．科学学研究，2014，32（6）：927 – 936.

［145］许晖，单宇，冯永春．新兴经济体跨国企业研发国际化过程中技术知识如何流动？——基于华为公司的案例研究［J］．管理案例研究与评论，2017，10（5）：433 – 448.

［146］徐晨，王祥玮，孙元欣．海外研发、贸易摩擦与创新绩效：来自中国高科技上市公司的经验证据［J］．技术经济，2024，43（4）：177 – 189.

［147］胥朝阳，高子欣，刘睿智，吕紫荆．海外并购、吸收能力与技术创新产出［J］．财会通讯，2024（4）：29 – 34.

［148］曾萍，黄紫薇，夏秀云．外部网络对企业双元创新的影响：制度环境与企业性质的调节作用［J］．研究与发展管理，2017，29（5）：113 – 122.

［149］张方华．网络嵌入影响企业创新绩效的概念模型与实证分析［J］．中国工业经济，2010（4）：110 – 119.

［150］杨先明，王希元．对外直接投资对企业动态能力的影响：路径、机制与中国事实［J］．产经评论，2019，10（4）：46 – 57.

［151］杨刚，王健权．领导文化距离对突破性创新绩效的影响机制研究［J］．科研管理，2024，45（3）：183 – 192.

［152］杨慧军，杨建君．外部搜寻、联结强度、吸收能力与创新绩效的关系［J］．管理科学，2016，29（3）：24 – 37.

［153］岳中刚．逆向研发外包与企业创新绩效：基于汽车产业的实证研究［J］．国际商务——对外经济贸易大学学报，2014（6）：97 – 106.

［154］余传鹏，黎展锋，林春培，廖杨月．数字创新网络嵌入对制造企业新产品开发绩效的影响研究［J］．管理世界，2024，40（5）：154－176．

［155］郑玮．国际化对开放式创新的影响——来自中国制造业上市公司的经验证据［J］．国际贸易问题，2020（10）：51－66．

［156］张云，赵富森．国际技术溢出、吸收能力对高技术产业自主创新影响的研究［J］．财经研究，2017，43（3）：94－106．

［157］张文菲，金祥义．跨国并购有利于企业创新吗［J］．国际贸易问题，2020（10）：128－143．

［158］赵甜，曹守新．"一带一路"倡议对中国企业创新效率的影响研究［J］．国际贸易，2023（12）：61－71．

［159］周翔，叶文平，李新春．数智化知识编排与组织动态能力演化——基于小米科技的案例研究［J］．管理世界，2023，39（1）：138－157．

［160］周翔，顺均，吴能全，李芬香．核心能力快速丧失企业的公司创业——基于海印商业运营的公司创业纵向案例研究［J］．管理世界，2018，34（6）：157－172，181．

［161］周方召，符建华，仲深．外部融资、企业规模与上市公司技术创新［J］．科研管理，2014，35（3）：116－122．

［162］朱朝晖．探索性学习、挖掘性学习和创新绩效［J］．科学学研究，2008（4）：860－867．

［163］朱婧祎，李北伟，季忠洋，李麟白．创新网络中网络社群形成机制及其对企业知识创新的影响［J］．科技管理研究，2024，44（7）：10－17．

［164］张振刚，叶宝升，户安涛，丘芷君．制造企业如何整合数据资源赋能产品创新绩效？——组织间计算型与关系型信任的作用［J］．科学学研究，2024，42（3）：649－659．

［165］Adalikwu C. Impact of international and home-based research and development（R&D）on innovation performance［J］．International Journal of Human Sciences，2011，8（2）：474－498．

［166］Ai Q.，Tan, H. The intra-firm knowledge transfer in the outward M & A of EMNCs：Evidence from Chinese manufacturing firms［J］．Asia Pacific Journal of Management，2018，35（2）：399－425．

[167] Aiken L. S. , West S. G. , Reno R. R. Multiple regression: Testing and interpreting interactions [M]. Thousand Oaks: Sage, 1991.

[168] Alegre J. , Chiva R. Linking entrepreneurial orientation and firm performance: The role of organizational learning capability and innovation performance [J]. Journal of Small Business Management, 2013, 51 (4): 491 – 507.

[169] Almirall E. , Casadesus-Masanell R. Open versus closed innovation: A model of discovery and divergence [J]. Academy of Management Review, 2010, 35 (1): 27 – 47.

[170] Ambos B. Foreign direct investment in industrial research and development: A study of German MNCs [J]. Research Policy, 2005, 34 (4): 395 – 410.

[171] Arvanitis S. , Hollenstein H. How do different drivers of R&D investment in foreign locations affect domestic firm performance? An analysis based on Swiss panel micro data [J]. Industrial and Corporate Change, 2011, 20 (2): 605 – 640.

[172] Asakawa K. Organizational tension in international R&D management: The case of Japanese firms [J]. Research Policy, 2001, 30 (5): 735 – 757.

[173] Asakawa K. , Park Y. , Song J. , Kim, S. – J. Internal embeddedness, geographic distance, and global knowledge sourcing by overseas subsidiaries [J]. Journal of International Business Studies, 2017, 49 (6): 743 – 752.

[174] Athukorala P. C. , Kohpaiboon A. Globalization of R&D by US-based multinational enterprises [J]. Research Policy, 2010, 39 (10): 1335 – 1347.

[175] Awate S. , Larsen M. M. , Mudambi R. Accessing vs sourcing knowledge: A comparative study of R&D internationalization between emerging and advanced economy firms [J]. Journal of International Business Studies, 2015, 46 (1): 63 – 86.

[176] Bakher Z. R. The trade-off between synergy success and efficiency gains in M&A strategy [J]. EuroMed Journal of Business, 2018, 13 (2): 163 – 184.

[177] Bas C. L. , Sierra C. Location versus home country advantages in R&D activities: Some further results on multinationals' locational strategies [J]. Research Policy, 2002, 31 (4): 589 – 609.

[178] Belderbos R. Entry mode, organizational learning, and R&D in foreign

affiliates: Evidence from Japanese firms [J]. Strategic Management Journal, 2003, 24 (3): 235 –259.

[179] Belderbos R. , Leten B. , Suzuki S. How global is R & D? Firm-level determinants of home-country bias in R&D [J]. Journal of International Business Studies, 2013, 44 (8): 765 –786.

[180] Bell R. G. , Filatotchev I. , Aguilera R. V. Corporate governance and investors' perceptions of foreign IPO value: An institutional perspective [J]. Academy of Management Journal, 2014, 57 (1): 301 –320.

[181] Berchicci L. Towards an open R&D system: Internal R&D investment, external knowledge acquisition and innovation performance [J]. Research Policy, 2013, 42 (1): 117 –127.

[182] Birkinshaw J. , Hood N. Multinational subsidiary evolution: Capability and charter change in foreign-owned subsidiary companies [J]. Academy of Management Review, 1998, 23 (4): 773 –795.

[183] Bosch F. A. J. V. D. , Volberda H. W. , Boer M. D. Coevolution of firm absorptive capacity and knowledge environment: Organizational forms and combinative capabilities [J]. Organization Science, 2010, 10 (5): 551 –568.

[184] Brockhoff K. Internationalization of research and development [M]. Berlin, Heidelberg: Springer Science & Business Media, 1998.

[185] Brouthers K. D. , Hennart J. F. Boundaries of the firm: Insights from international entry mode research [J]. Journal of Management, 2007, 33 (3): 395 –425.

[186] Buckley P. J. , Clegg L. J. , Cross A. R. , et al. The determinants of Chinese outward foreign direct investment [J]. Journal of International Business Studies, 2007, 38 (4): 499 –518.

[187] Buckley P. J. , Ruane F. Foreign direct investment in Ireland: Policy implications for emerging economies [J]. World Economy, 2006, 29 (11): 1611 – 1628.

[188] Cameron A. C. , Trivedi P. K. Micro-econometrics: Methods and applications [M]. Cambridge University Press, 2005.

[189] Campbell J. T. , Sirmon D. G. , Schijven M. Fuzzy logic and the market:

A configurational approach to investor perceptions of acquisition announcements [J]. Academy of Management Journal, 2016, 59 (1): 163 – 187.

[190] Cantwell J. , Zhang Y. Why is R&D internationalization in Japanese firms so low? A path-dependent explanation [J]. Asian Business & Management, 2006, 5 (2): 249 – 269.

[191] Casillas J. C. , Moreno-Menéndez A. M. Speed of the internationalization process: The role of diversity and depth in experiential learning [J]. Journal of International Business Studies, 2014, 45 (1): 85 – 101.

[192] Castellani D. , Jimenez A. , Zanfei A. How remote are R & D labs? Distance factors and international innovative activities [J]. Journal of International Business Studies, 2013, 44 (7): 649 – 675.

[193] Chen C. J. , Huang Y. F. , Lin B. W. How firms innovate through R&D internationalization? An S-curve hypothesis [J]. Research Policy, 2012, 41 (9): 1544 – 1554.

[194] Chen J. , Zhao X. T. , Liang T. China's R&D internationalization and reform of science and technology system [J]. Journal of Science and Technology Policy in China, 2011, 2 (2): 100 – 121.

[195] Chen V. Z. , Li J. , Shapiro D. M. International reverse spillover effects on parent firms: Evidences from emerging-market MNEs in developed markets [J]. European Management Journal, 2012, 30 (3): 204 – 218.

[196] Child J. , Rodrigues S. B. The internationalization of Chinese firms: A case for theoretical extension? [J]. Management and Organization Review, 2005, 1 (3): 381 – 410.

[197] Clegg J. S. , Lin H. M. , Voss H. , et al. The OFDI patterns and firm performance of Chinese firms: The moderating effects of multinationality strategy and external factors [J]. International Business Review, 2016, 25 (4): 971 – 985.

[198] Cloodt M. , Hagedoorn J. , Van Kranenburg H. Mergers and acquisitions: Their effect on the innovative performance of companies in high-tech industries [J]. Research Policy, 2006, 35 (5): 642 – 654.

[199] Cohen W. M. , Levinthal D. A. Absorptive capacity: A new perspective

on learning and innovation [J]. Administrative Science Quarterly, 1990, 35 (1): 128 – 152.

[200] Crilly D. , Zollo M. , Hansen M. T. Faking it or muddling through? Understanding decoupling in response to stakeholder pressures [J]. Academy of Management Journal, 2012, 55 (6): 1429 – 1448.

[201] Crook R. , Combs J. , Ketchen D. , Aguinis H. Organizing around transaction costs: What have we learned and where do we go from here? [J]. Academy of Management Perspectives, 2013, 27 (1): 63 – 79.

[202] Cui M. , Pan S. L. , Newells, et al. Strategy, resource orchestration and e-commerce enabled social innovation in rural China [J]. Journal of Strategic Information System, 2017, 26 (1): 3 – 21.

[203] Daniel F. , Lohrke F. T. , Fomaciari C. J. , et al. Slack resources and firm performance: A meta-analysis [J]. Journal of Business Research, 2004, 57 (6): 565 – 574.

[204] Deng P. , Zhang S. Institutional quality and internationalization of emerging market firms: Focusing on Chinese SMEs [J]. Journal of Business Research, 2018, 92 (1): 279 – 289.

[205] Dhanaraj A. P. C. , Beamish P. W. Institutional Environment and Subsidiary Survival [J]. Management International Review, 2009, 49 (3): 291 – 312.

[206] Diestre L. Safety crises and R&D outsourcing alliances: Which governance mode minimizes negative spillovers? [J]. Research Policy, 2018, 47 (10): 1904 – 1917.

[207] Ding R. , Li J. , Wu Z. Government affiliation, real earnings management, and firm performance: The case of privately held firms [J]. Journal of Business Research, 2018, 83 (2): 138 – 150.

[208] Djankov S. , Murrell P. Enterprise restructuring in transition: A Quantitative survey [J]. Journal of Economic Literature, 2002, 40 (3): 793 – 837.

[209] Dow D. , Karunaratna A. Developing a multidimensional instrument to measure psychic distance stimuli [J]. Journal of International Business Studies, 2006, 37 (3): 578 – 602.

［210］ Dunning J. H. , Lundan S. M. The Internationalization of corporate R&D: A review of the evidence and some policy implications for home countries ［J］. Review of Policy Research, 2009, 26 (1 - 2): 13 - 33.

［211］ Edwards J. R. , Parry M. E. On the use of polynomial regression equations as an alternative to difference scores in organizational research ［J］. Academy of Management Journal, 1993, 36 (6): 1577 - 1613.

［212］ Ferraris A. , Santoro G. , Dezi L. How MNC's subsidiaries may improve their innovative performance? The role of external sources and knowledge management capabilities ［J］. Journal of Knowledge Management, 2017, 21 (3): 540 - 552.

［213］ Fiss P. C. Building better causal theories: A fuzzy set approach to typologies in organization research ［J］. Academy of Management Journal, 2011, 54 (2): 393 - 420.

［214］ Freeman J. , Styles C. Does location matter to export performance? ［J］. International Marketing Review, 2014, 31 (1): 181 - 208.

［215］ Gammelgaard J. , McDonald F. , Stephan A. , Tüselmann H. , Dörrenbächer C. The impact of increases in subsidiary autonomy and network relationships on performance ［J］. International Business Review, 2012, 21 (6): 1158 - 1172.

［216］ Garcia-Pont C. , Canales J. I. , Noboa F. Subsidiary strategy: The embeddedness component ［J］. Journal of Management Studies, 2009, 46 (2): 182 - 214.

［217］ Gassmann O. , Zedtwitz M. V. Organization of industrial R&D on a global scale ［J］. R&D Management, 1998, 28 (3): 147 - 161.

［218］ Giacomarra M. , Shams S. M. R. , Crescimanno M. , Gregori G. L. , Galati A. Internal vs. external R&D teams: Evidences from the Italian wine industry ［J］. Journal of Business Research (Online first). 2019.

［219］ Griffith D. A. , Harmancioglu N. , Droge C. Governance decisions for the offshore outsourcing of new product development in technology intensive markets ［J］. Journal of World Business, 2009, 44 (3): 217 - 224.

［220］ Gulati R. , Nohria N. , Zaheer A. Strategic networks ［J］. Strategic Management Journal, 2000, 21 (3): 203 - 215.

[221] Guo Y. T. , Zheng G. How do firms upgrade capabilities for systemic catch-up in the open innovation context? A multiple-case study of three leading home appliance companies in China [J]. Technological Forecasting & Social Change, 2019, 144 (1): 36 – 48.

[222] Haack Patrick, Michael D. P. , Scherer A. G. Legitimacy as feeling: How affect leads to vertical legitimacy spillovers in transnational governance [J]. Journal of Management Studies, 2014, 51 (4): 634 – 666.

[223] Hagedoorn J. , Cloodt M. Measuring innovative performance: Is there an advantage in using multiple indicators [J]. Research Policy, 2003 (32): 1365 – 1379.

[224] Haveman H. , Jia N. , Shi J. , Wang Y. The dynamics of political embeddedness in China [J]. Administrative Science Quarterly, 2017, 62 (1): 67 – 104.

[225] Helfat C. E. Know-how and asset complementarity and dynamic capability accumulation: The case of R&D [J]. Strategic Management Journal, 1997, 18 (5): 339 – 360.

[226] Hernandez E. , Guillén M. F. What's theoretically novel about emerging market multinationals [J]. Journal of International Business Studies, 2018, 49 (1): 24 – 33.

[227] Hitt M. A. , Hoskisson R. E. , Kim H. International diversification: Effects on innovation and firm performance in product-diversified firms [J]. Academy of Management Journal, 1997, 40 (4): 767 – 798.

[228] Hitt M. A. , Tihanyi L. , Miller T. , Connelly B. International diversification: Antecedents, outcomes, and moderators [J]. Journal of Management, 2006, 32 (6): 831 – 867.

[229] Hsu C. W. , Lien Y. C. , Chen H. R&D internationalization and innovation performance [J]. International Business Review, 2015, 24 (2): 187 – 195.

[230] Huang G. K. , Li J. Adopting knowledge from reverse innovations? Transnational patents and signaling from an emerging economy [J]. Journal of International Business Studies, 2019, 50 (7): 1078 – 1102.

［231］Hultman M. , Robson M. J. Export promotion strategy and performance: The role of international experience ［J］. Journal of International Marketing, 2011, 19 (4): 17 – 39.

［232］Hurtado-Torres N. E. , Aragón-Correa J. A. , Ortiz-de-Mandojana N. How does R&D internationalization in multinational firms affect their innovative performance? The moderating role of international collaboration in the energy industry ［J］. International Business Review, 2018, 27 (3): 514 – 527.

［233］Inkpen A. C. , Tsang E. W. K. Social capital, networks, and knowledge transfer ［J］. Academy of Management Review, 2005, 30 (1): 146 – 165.

［234］Iwasa T. , Odagiri H. Overseas R&D, knowledge sourcing, and patenting: An empirical study of Japanese R&D investment in the US ［J］. Research Policy, 2004, 33 (5): 807 – 828.

［235］Jaruzelski B. , Schwartz K. , Staack V. The 2015 global innovation 1000: Innovation's new world order (Study report). 2015. http://www. strategyand. pwc. com/reports/2015-global-innovation-1000-media-report.

［236］Jha S. K. , Dhanaraj C. , Krishnan R. T. From arbitrage to global innovation: Evolution of multinational R&D in emerging markets ［J］. Management International Review, 2018, 58 (4): 633 – 661.

［237］Jiménez-Jiménez D. , Martínez-Costa M. , Sanz-Valle R. Knowledge management practices for innovation: A multinational corporation's perspective ［J］. Journal of Knowledge Management, 2014, 18 (5): 905 – 918.

［238］Ju M. , Zhao H. Behind organizational slack and firm performance in China: The moderating roles of ownership and competitive intensity ［J］. Asia Pacific Journal of Management, 2009, 26 (4): 701 – 717.

［239］Kafouros M. I. , Buckley P. J. , Sharp J. A. , Wang C. The Role of internationalization in explaining innovation performance ［J］. Technovation, 2008, 28 (1): 63 – 74.

［240］Kafouros M. , Wang C. , Mavroudi E. , Hong J. , Katsikeas C. S. Geographic dispersion and co-location in global R&D portfolios: Consequences for firm performance ［J］. Research Policy, 2018, 47 (7): 1243 – 1255.

[241] Kafouros M., Wang C., Piperopoulosa P., et al. Academic collaborations and firm innovation performance in China: The role of region-specific institution [J]. Research Policy, 2015, 44 (3): 803-817.

[242] Katila R., Ahuja G. Something old, something new: A longitudinal study of search behavior and new product introduction [J]. Academy of Management Journal, 2002, 45 (6): 1183-1194.

[243] Kazlauskaitė R., Autio E., Gelbūda M., Šarapovas T. The resource-based view and SME internationalization: An emerging economy perspective [J]. Entrepreneurial Business and Economics Review, 2015, 3 (2): 53-64.

[244] Kogut B., Zander U. Knowledge of the firm and the evolutionary theory of the multinational corporation [J]. Journal for International Business Studies, 1993 (24): 625-645.

[245] Kotabe M., Dunlap-Hinkler D., Parente R., et al. Determinants of cross-national knowledge transfer and its effect on firm innovation [J]. Journal of International Business Studies, 2007, 38 (2): 259-282.

[246] Kotabe M., Jiang C. X., Murray J. Y. Managerial ties, knowledge acquisition, realized absorptive capacity and new product market performance of emerging multinational companies: A case of China [J]. Journal of World Business, 2011, 46 (2): 166-176.

[247] Kriz A., Welch C. Innovation and internationalization processes of firms with new-to-the-world technologies [J]. Journal of International Business Studies, 2018, 49 (4): 496-522.

[248] Kuemmerle W. Building effective R & D capabilities abroad [J]. Harvard Business Review, 1997, 75 (2): 61-72.

[249] Kuemmerle W. The drivers of foreign direct investment into research and development: An empirical investigation [J]. Journal of International Business Studies, 1999, 30 (1): 1-24.

[250] Lahiri, N. Geographic distribution of R & D activity: How does it affect innovation quality? [J]. Academy of Management Journal, 2010, 53 (5): 1194-1209.

［251］ Lane P. J. , Lubatkin M. Relative absorptive capacity and interorganizational learning ［J］. Strategic Management Journal, 1998, 19 (5): 461 -477.

［252］ Lawson M. B. In praise of slack: Time is of the essence ［J］. Academy of Management Executive, 2001, 15 (3): 125 -135.

［253］ Lara F. J. , Salas-Vallina A. Managing competencies, innovation and engagement in SMEs: The mediating role of organizational learning ［J］. Journal of Business Research, 2017, 79 (10): 152 -160.

［254］ Leiponen A. , Helfat C. E. Location, decentralization, and knowledge sources for innovation ［J］. Organization Science, 2011, 22 (3), 641 -658.

［255］ Levinthal D. A. , March J. G. The myopia of learning ［J］. Strategic Management Journal, 1993, 14 (S2): 95 -112.

［256］ Lew Y. K. , Sinkovics R. R. , Kuivalainen O. Upstream internationalization process: Roles of social capital in creating exploratory capability and market performance ［J］. International Business Review, 2013, 22 (6): 1101 -1120.

［257］ Li J. J. , Zhou K. Z. How foreign firms achieve competitive advantage in the Chinese emerging economy: Managerial ties and market orientation ［J］. Journal of Business Research, 2010, 63 (8): 856 -862.

［258］ Lin H. F. , Su J. Q. , Higgins A. How dynamic capabilities affect adoption of management innovations ［J］. Journal of Business Research, 2016, 69 (2): 862 -876.

［259］ Liu H. , Li K. Q. Strategic implications of emerging Chinese multinationals: The Haier case study ［J］. European Management Journal, 2002, 20 (6): 699 -706.

［260］ Liu J. J. , Wang Y. , Zheng G. Driving forces and organizational configurations of international R&D: The case of technology-intensive Chinese multinationals ［J］. International Journal of Technology Management, 2010, 51 (2/3/4): 409 -426.

［261］ Lu J. W. , Xu D. Growth and survival of international joint ventures: An external-internal legitimacy perspective ［J］. Journal of Management, 2006, 32 (3): 426 -448.

[262] Luo Y. , Tung R. L. A general theory of springboard MNEs [J]. Journal of International Business Studies, 2018, 49 (2): 129 – 152.

[263] Luo Y. , Zhang H. Emerging market MNEs: Qualitative review and theoretical directions [J]. Journal of International Management, 2016, 24 (4): 333 – 350.

[264] Luo Y. , Zhang H. , Bu J. Developed country MNEs investing in developing economies: Progress and prospect [J]. Journal of International Business Studies, 2019, 50 (4): 633 – 667.

[265] Marano V. , Kostova T. Unpacking the institutional complexity in adoption of CSR practices in multinational enterprises [J]. Journal of Management Studies, 2016, 53 (1): 28 – 54.

[266] Marano V. , Tashman P. , Kostova T. Escaping the iron cage: Liabilities of origin and CSR reporting of emerging market multinational enterprises [J]. Journal of International Business Studies, 2017, 48 (3): 386 – 408.

[267] Mathews J. A. Dragon multinationals: New players in 21st century globalization [J]. Asia Pacific Journal of Management, 2006, 23 (1): 5 – 27.

[268] McKee D. O. , Varadarajan P. R. , Pride W. M. Strategic adaptability and firm performance: A market-contingent perspective [J]. Journal of Marketing, 1989, 53 (3): 21 – 35.

[269] Meeus M. T. H. , Oerlemans L. A. G. Firm behaviour and innovative performance: An empirical exploration of the selection-adaptation debate [J]. Research Policy, 2000, 29 (1): 41 – 58.

[270] Megginson W. , Natter J. From state to market: A survey of empirical studies on privatization [J]. Journal of Economic Literature, 2001, 39 (2): 321 – 389.

[271] Meyer K. E. , Mudambi R. , Narula R. Multinational enterprises and local contexts: The opportunities and challenges of multiple embeddedness [J]. Journal of Management Studies, 2011, 48 (2): 235 – 252.

[272] Meyer K. E. , Peng M. W. Theoretical foundations of emerging economy business research [J]. Journal of International Business Studies, 2016, 47 (1): 3 – 22.

[273] Meyer K. E. , Estrin S. , Bhaumik S. K. , et al. Institutions, resources and entry strategies in emerging economies [J]. Strategic Management Journal, 2009, 30 (1): 61 – 80.

[274] Meyer K. E. , Wright M. , Pruthi S. Managing knowledge in foreign entry strategies: A resource-based analysis [J]. Strategic Management Journal, 2009, 30 (5): 557 – 574.

[275] Mihalache O. R. , Jansen J. J. P. , Van den Bosch F. A. J. , Volberda H. W. Offshoring and firm innovation: The moderating role of top management team attributes [J]. Strategic Management Journal, 2012, 33 (13): 1480 – 1498.

[276] Miller D. A preliminary typology of organizational learning: Synthesizing the literature [J]. Journal of management, 1996, 22 (3): 485 – 505.

[277] Miller S. , Eden L. Local density and foreign subsidiary performance [J]. Academy of Management Journal, 2006, 49 (2): 341 – 355.

[278] Miles R. E. , Snow C. C. , Meyer A. D. , et al. Organizational strategy, structure, and process [J]. Academy of Management Review, 1978, 3 (3): 546 – 562.

[279] Minin A. D. , Zhang J. Y. An exploratory study on international R&D strategies of Chinese companies in Europe [J]. Review of Policy Research, 2010, 27 (4): 433 – 455.

[280] Minin A. D. , Zhang J. Y. , Gammeltoft P. Chinese foreign direct investment in R&D in Europe: A new model of R&D internationalization [J]. European Management Journal, 2012, 30 (3): 189 – 203.

[281] Møen J. Is mobility of technical personnel a source of R&D spillovers? [J]. Journal of Labor Economics, 2005, 23 (1): 81 – 114.

[282] Monteiro A. , Soares A. , Rua O. Linking intangible resources and export performance: The role of entrepreneurial orientation and dynamic capabilities [J]. Baltic Journal of Management, 2017, 12 (3): 329 – 347.

[283] Mudambi R. , Navarra P. Is knowledge power? Knowledge flows, subsidiary power and rent-seeking within MNCs [J]. Journal of International Business Studies, 2004, 35 (5): 385 – 406.

[284] Nadkarni S. , Narayanani V. K. Strategic schemas, strategic flexibility, clock speed [J]. Strategic Management Journal, 2007, 28 (3): 243 -270.

[285] Napshin S. A. , Azadegan A. Partner attachment to institutional logics: The influence of congruence and divergence [J]. Journal of Management & Organization, 2012, 18 (4): 481 -498.

[286] Narula R. Globalization & technology: Interdependence, innovation systems and industrial policy [M]. Polity Press in Association with Blackwell Publishing Ltd, 2003.

[287] Narula R. , Santangelo G. D. Location, collocation and R & D alliances in the European ICT industry [J]. Research Policy, 2009, 38 (2): 393 -403.

[288] Nell P. C. , Puck J. , Heidenreich S. Strictly limited choice or agency? Institutional duality, legitimacy and subsidiaries political strategies [J]. Journal of World Business, 2015, 50 (2): 302 -311.

[289] Newbert S. L. Empirical research on the resource-based view of the firm: An assessment and suggestions for future research [J]. Strategic Management Journal, 2007, 28 (2): 121 -146.

[290] Nguyen Q. T. Multinationality and performance literature: A critical review and future research agenda [J]. Management International Review, 2016, 57 (3): 1 -37.

[291] North D. C. Institutions, institutional change and economic performance [M]. Cambridge, UK: Cambridge University Press, 1990.

[292] Penner-Hahn J. , Shaver J. M. Does international research and development increase patent output? An analysis of Japanese pharmaceutical firms [J]. Strategic Management Journal, 2005, 26 (2): 121 -140.

[293] Piening E. P. , Salge T. O. , Schäfer S. Innovating across boundaries: A portfolio perspective on innovation partnerships of multinational corporations [J]. Journal of World Business, 2016, 51 (3): 474 -485.

[294] Pinho J. C. , Prange C. The effect of social networks and dynamic internationalization capabilities on international performance [J]. Journal of World Business, 2016, 51 (3): 391 -403.

[295] Piperopoulos P. , Wu J. , Wang C. Outward FDI location choices and innovation performance of emerging market enterprises [J]. Research Policy, 2018, 47 (1): 232–240.

[296] Rabbiosi L. , Santangelo G. D. Parent company benefits from reverse knowledge transfer: The role of the liability of newness in MNEs [J]. Journal of World Business, 2013, 48 (1): 160–170.

[297] Ragin C. C. Redesigning social inquiry: Fuzzy sets and beyond [M]. Wiley Online Library, 2008.

[298] Rahko J. Internationalization of corporate R&D activities and innovation performance [J]. Industrial and Corporate Change, 2016, 25 (6): 1019–1038.

[299] Rahman M. , Uddin M. , Lodorfos G. Barriers to enter in foreign markets: Evidence from SMEs in emerging market [J]. International Marketing Review, 2017, 34 (1): 68–86.

[300] Ramamurti R. , Hillermann J. What is "Chinese" about Chinese multinationals? [J]. Journal of International Business Studies, 2018, 49 (1): 34–48.

[301] Rihoux D. B. , Ragin C. C. Configurational comparative methods: Qualitative comparative analysis (QCA) and related techniques [M]. Thousand Oaks, CA: Sage, 2009.

[302] Riviere M. , Bass A. E. How dimensions of internationalization shape the MNE's renewal capability: Multidimensional and multilevel considerations [J]. Long Range Planning, 2019, 52 (4): 1–13.

[303] Ronstadt R. G. Research and development abroad by US multinationals [M]. New York: Praeger Publishers, 1977.

[304] Sanna-Randaccio F. , Veugelers R. Multinational knowledge spillovers with decentralised R & D: A game-theoretic approach [J]. Journal of International Business Studies, 2007, 38 (1): 47–63.

[305] Schneider C. Q. , Wagemann C. Set-theoretic methods for the social sciences: A guide to qualitative comparative analysis [M]. Cambridge: Cambridge University Press, 2012.

[306] Shafia M. A. , Shavvalpour S. , Hosseini M. Mediating effect of techno-

logical innovation capabilities between dynamic capabilities and competitiveness of research and technology organizations [J]. Technology Analysis & Strategic Management, 2016, 28 (7): 1 – 16.

[307] Shao B. , Cardona P. , Ng I. , Trau R. N. C. Are prosocially motivated employees more committed to their organization? The roles of supervisors' prosocial motivation and perceived corporate social responsibility [J]. Asia Pacific Journal of Management, 2017, 34 (4): 951 – 974.

[308] Shieh C. C. , Pei Y. Critical success factors in overseas investment of high-tech industry [J]. Pakistan Journal of Statistics, 2013, 29 (5): 601 – 610.

[309] Shi W. , Sun S. L. , Yan D. , Zhu Z. Institutional fragility and outward foreign direct investment from China [J]. Journal of International Business Studies, 2017, 48 (4): 452 – 476.

[310] Singh J. Distributed R&D, cross-regional knowledge integration and quality of innovative output [J]. Research Policy, 2008, 37 (1): 77 – 96.

[311] Sofka W. Globalizing domestic absorptive capacities [J]. Management International Review, 2008, 48 (6): 769 – 792.

[312] Stiebale J. , Reize F. The impact of FDI through mergers and acquisitions on innovation in target firms [J]. International Journal of Industrial Organization, 2011, 29 (2): 155 – 167.

[313] Tan D. , Meyer K. E. Business group's outward FDI: A managerial resources perspective [J]. Journal of International Management, 2010, 16 (2): 154 – 64.

[314] Tan J. , Peng M. W. Organizational slack and firm performance during economic transitions: Two studies from an emerging economy [J]. Strategic Management Journal, 2003, 24 (13): 1249 – 1263.

[315] Tang C. H. , Tang Y. J. , Su S. W. R&D internationalization, product diversification and international performance for emerging market enterprises: An empirical study on Chinese enterprises [J]. European Management Journal, 2019, 37 (3): 529 – 539.

[316] Teece D. J. Explicating dynamic capabilities: The nature and micro-

foundations of (sustainable) enterprise performance [J]. Strategic Management Journal, 2007, 28 (13): 1319 – 1350.

[317] Teece D. J., Pisano G., Shuen A. Dynamic capabilities and strategic management [J]. Strategic Management Journal, 1997, 18 (7): 537 – 533.

[318] Teece D. J. A dynamic capabilities-based entrepreneurial theory of the multinational enterprise [J]. Journal of International Business Studies, 2014, 45 (1): 8 – 37.

[319] Tsai K. H. Collaborative networks and product innovation performance: Toward a contingency perspective [J]. Research Policy, 2009, 38 (5): 765 – 778.

[320] Tung R. L. Perspectives-new era, new realities: Musings on a new research agenda? From an old timer [J]. Asia Pacific Journal of Management, 2005, 22 (2): 143 – 57.

[321] Uzzi B. Social structure and competition in interfirm networks: The paradox of embeddedness [J]. Administrative Science Quarterly, 1997, 42 (1): 35 – 67.

[322] VonZedtwitz M., Gassmann O. Market versus technology drive in R&D internationalization: Four different patterns of managing research and development [J]. Research Policy, 2002, 31 (4): 569 – 588.

[323] VonZedtwitz, M. International R&D strategies of TNCs from developing countries: The case of China [C]. Paper presented at the Globalization of R&D and Developing Countries, 2005.

[324] Wang C. L., Ahmed P. K. Dynamic capabilities: A review and research agenda [J]. International Journal of Management Reviews, 2007, 9 (1): 31 – 51.

[325] Wang C. Q., Hong J. J., Kafouros M., et al. What drives outward FDI of Chinese firms? Testing the explanatory power of three theoretical frameworks [J]. International Business Review, 2012, 21 (3): 425 – 438.

[326] Wang E. Y., Kafouros M. Location still matters! How does geographic configuration influence the performance-enhancing advantages of FDI spillovers? [J]. Journal of International Management, 2020, 26 (3): 100777.

[327] Wang Y. D., Ning L., Chen J. Product diversification through licensing: Empirical evidence from Chinese firms [J]. European Management Journal,

2014, 32 (4): 577 –586.

[328] Wang Y. Y. , Xie W. , Li J. Z. , Liu C. X. What factors determine the subsidiary mode of overseas R&D by developing-country MNEs? Empirical evidence from Chinese subsidiaries abroad [J]. R&D Management, 2018, 48 (2): 253 –265.

[329] Williamson O. E. Comparative economic organization: The analysis of discrete structural alternatives [J]. Administrative Science Quarterly, 1991, 36 (2): 269 –296.

[330] Williams C. Transfer in context: Replication and adaptation in knowledge transfer relationships [J]. Strategic Management Journal, 2007, 28 (9): 867 –889.

[331] Wu H. , Chen J. , Liu Y. The impact of OFDI on firm innovation in an emerging country [J]. International Journal of Technology Management, 2017, 74 (4): 167 –184.

[332] Wu J. , Wang C. , Hong J. , Piperopoulos P. , Zhuo S. Internationalization and innovation performance of emerging market enterprises: The role of host-country institutional development [J]. Journal of World Business, 2016, 51 (2): 251 –263.

[333] Yang J. Y. , Lu J. , Jiang R. Too slow or too fast? Speed of FDI expansions, industry globalization, and firm performance [J]. Long Range Planning, 2017, 50 (1): 74 –92.

[334] Yoneyama S. Building external networks and its effect on the performance of overseas R&D base [J]. International Journal of Innovation Management, 2012, 16 (3): 124 –136.

[335] Yoneyama S. Internal embeddedness and innovation performance of overseas R&D base: An empirical study [J]. International Journal of Innovation Management, 2013, 17 (6): 134 –151.

[336] Zahra S. A. , Ireland R. D. , Hitt M. A. International expansion by new venture firms: International diversity, mode of market entry, technological learning and performance [J]. Academy of Management Journal, 2000, 43 (5): 925 –950.

[337] Zander U. , Kogut B. Knowledge and the speed of the transfer and limi-

tation of organizational capabilities: An empirical test [J]. Organization Science, 1995, 6 (1): 76 – 92.

[338] Zhao S. , Tan H. , Papanastassiou M. , Harzing A. W. The internationalization of innovation towards the South: A historical case study of a global pharmaceutical corporation in China (1993 – 2017) [J]. Asia Pacific Journal of Management (online first), 2019.

[339] Zhou X. D. Organizational management of overseas R&D: The case of China [C]. Wuhan, China: International Conference on Management and Service Science, 2011.

[340] Zhao X. , Yi C. , Zhan Y. , Guo M. Business environment distance and innovation performance of EMNEs: The mediating effect of R&D internationalization [J]. 2022, 7 (4): 100241.

[341] Acs Z. J, Audretsch D. B. Innovation, market structure, and firm size [J]. Review of Economics & Statistics, 1987, 69 (4): 567 –574.

[342] Ayden Y. , Tatoglu E. , Glaister K. W. , Demirbag M. Exploring the internationalization strategies of Turkish multinationals: A multi-perspective analysis [J]. Journal of International Management, 2021, 27 (3), 100783.

[343] Ali A. Pioneering versus incremental innovation: Review and research propositions [J]. Journal of Product Innovation Management, 1994, 11 (1): 46 –61.

[344] Amendolagine V. , Presbitero A. F. , Rabellotti R. , Sanfilipo M. Local sourcing in developing countries: The role of foreign direct investments and global value chains [J]. World Development, 2019 (113): 73 –88.

[345] Argyres N. , Zenger T. Capabilities, transaction costs, and firm boundaries [J]. Organization Science, 2012, 23 (6): 1643 –1657.

[346] Benner J. M. , Tushman L. M. Exploitation, exploration, and process management: The productivity dilemma revisited [J]. Academy of Management Review, 2003, 28 (2): 238 –256.

[347] Blome C. , Schoenherr T. , Kaesser M. Ambidextrous governance in supply chains: The impact on innovation and cost performance [J]. Journal of Supply

Chain Management, 2013, 49 (4): 59 – 80.

[348] Chen C. J. The effects of knowledge attribute, alliance characteristics, and absorptive capacity on knowledge transfer performance [J]. R & D Management, 2004, 34 (3): 311 – 321.

[349] Chesbrough H. W. Open innovation: The new imperative for creating and profiting from Technology [M]. Boston, MA: Harvard Business School Press, 2003.

[350] Cohen W. M, Levinthal D. A. Innovation and learning: The two faces of R&D [J]. The Economic Journal, 1989, 99 (397): 569 – 596.

[351] Coveri A., Cozza C., Nascia L., Zanfei A. Supply chain contagion and the role of industrial policy [J]. Journal of Industrial and Business Economics, 2020, 47 (3): 467 – 482.

[352] Danneels E. Organizational antecedents of second-order competences [J]. Strategic Management Journal, 2008, 29 (5): 519 – 543.

[353] Deng, Ping, Delios, Andrew, Peng, Mike W. A geographic relational perspective on the internationalization of emerging market firms [J]. Journal of International Business Studies, 2020 (51): 50 – 71.

[354] Eissa Y., Zaki C. On GVC and innovation: The moderating role of policy [J]. Journal of Industrial and Business Economics, 2023 (50): 49 – 71.

[355] Ferraris, Alberto, Devalle, Alain, Ciampi, Francesco, Couturier, Jerome. Are global R&D partnerships enough to increase a company's innovation performance? The role of search and integrative capacities. Technological Forecasting and Social Change, 2019 (149): 119750.

[356] Haarhaus T., Liening A. Building dynamic capabilities to cope with environmental uncertainty: The role of strategic foresight [J]. Technological Forecasting and Social Change, 2020 (155): 120033.

[357] Helfat C., Finkelstein S., Mitchell W., Peteraf M., Singh H., Teece D., Winter S. Dynamic capabilities: Understanding strategic change in organizations. Oxford: Wiley-Blackwell, 2007.

[358] Henisz W. J., Delios A. Uncertainty, imitation, and plant location: Japanese multinational corporations, 1990 – 1996 [J]. Administrative Science Quar-

terly, 2001, 46 (3): 443 –475.

[359] Hurmelinna-Laukkanen P, Sainio L. M, Jauhiaien T. Appropriability regime for radical and incremental innovations [J]. R&D Management, 2008, 38 (3): 278 –289.

[360] Huang K. F, Lin K. H. , Wu L. Y. , et al. Absorptive capacity and autonomous R&D climate roles in firm innovation [J]. Journal of Business Research, 2015, 68 (1): 87 –94.

[361] Huergo E. , Jaumandreu J. How does probability of innovation change with firm age? [J]. Small Business Economics, 2004, 22 (3 –4): 193 –207.

[362] Kano L. , Tsang E. W. K. , Yeung H. W. C. Global value chains: A review of the multi-disciplinary literature [J]. Journal of International Business Studies, 2020 (51): 577 –622.

[363] Kang J. , Kim S. J. Performance implications of incremental transition and discontinuous jump between exploration and exploitation [J]. Strategic Management Journal, 2020, 41 (6): 1083 –1111.

[364] Kang Y. , Scott-Kennel J. , Battisti M. , Deakins D. Linking inward/ outward FDI and exploitation/exploration strategies: Development of a framework for SEMs [J]. International Business Review, 2021 (30): 67 –89.

[365] Keller W. , Yeaple S. R. Multinational enterprises, international trade, and productivity growth: Firm-level evidence from the United States [J]. The Review of Economics and Statistics, 2009, 91 (4): 821 –831.

[366] Koberg C. , Detienne D. , Heppard K. An empirical test of environmental, organizational, and process factors affecting incremental and radical innovation [J]. Journal of High Technology Management Research, 2003, 14 (1): 21 –45.

[367] Kogut B. , Chang S. J. Technological capabilities and Japanese foreign direct investment in the United States [J]. The Review of Economics and Statistics, 1991, 73 (3): 401 –413.

[368] Kostopoulos K. , Papalexandris A. , Papachroni M. , et al. Absorptive capacity, innovation, and financial performance [J]. Journal of Business Research, 2011, 64 (12): 1335 –1343.

[369] Kyriakopoulos K., Hughes M., Hughes P. The role of marketing resources in radical innovation activity: Antecedents and payoffs [J]. Journal of Product Innovation Management, 2016, 33 (4): 609 – 613.

[370] Luo Y., Rui H. An ambidexterity perspective toward multinational enterprises from emerging economies [J]. Academy of Management Perspectives, 2009 (23): 49 – 70.

[371] Luo Y., Tung R. L. A general theory of springboard MNEs [J]. Journal of International Business Studies, 2018, 49 (2): 129 – 152.

[372] Matysiak L., Rugman A. M., Bausch A. Dynamic capabilities of multinational enterprises: The dominant logics behind sensing, seizing, and transforming matter! [J]. Management International Review, 2018 (58): 225 – 250.

[373] Mavroudi E., Kafouros M., Jia F., Hong J. How can MNEs benefit from internationalizing their R&D across countries with both weak and strong IPR protection? [J]. Journal of International Management, 2023, 29 (1): 100994.

[374] Mens G. L., Hannan M. T., Pólos L. Age-related structural inertia: A distance-based approach [J]. Organization Science, 2015, 26 (3): 756 – 773.

[375] MeDermotte C. M., O'Connor G. C. Managing radical innovation: An overview of emergent strategy issues [J]. The Journal of Product Innovation Management, 2002, 19 (2): 424 – 438.

[376] Meyer J. W., Rowan B. Institutionalized organizations: Formal structure as myth and ceremony [J]. American Journal of Sociology, 1977, 83 (2): 340 – 363.

[377] Mudambi R., Piscitello L., Rabbiosi L. Reverse knowledge transfer in MNEs: Subsidiary innovativeness and entry modes [J]. Long Range Planning, 2014, 47 (12): 49 – 63.

[378] O'Connor G. C., DeMartino R. Organizing for radical innovation: An exploratory study of the structural aspects of Rl management systems in large established firms [J]. Journal of Product Innovation Management, 2006, 23 (6): 457 – 497.

[379] Schilke O., Hu S., Helfat C. E. Quo vadis, dynamic capabilities?

A content-analytic review of the current state of knowledge and recommendations for future research [J]. Academy Management Annuals, 2018 (12): 390 –439.

[380] Scott W. R. Institutions and organizations [M]. Thousand Oaks, CA: Sage, 1995.

[381] Stiebale J., Vencappa D. Acquisitions, markups, efficiency and product quality: Evidence from India [J]. Journal of International Economics, 2018, 112 (5): 70 –87.

[382] Teece D. J. Explicating dynamic capabilities: The nature and microfoundations of (sustainable) enterprise performance [J]. Strategic Management Journal, 2010, 28 (13): 1319 –1350.

[383] Teece D., Pisano G. The dynamic capabilities of firms: An introduction [J]. Industrial and Corporate Change, 1994, 3 (3): 537 –556.

[384] Vahlne J.-E., Ivarsson I. The globalization of Swedish MNEs: Empirical evidence and theoretical explanations [J]. Journal of International Business Studies, 2014 (45): 227 –247.

[385] Wang X., Wu H., Li L., Liu L. Uncertainty, GVC participation and the export of Chinese firms [J]. Journal of Economic Surveys, 2022, 36 (3): 634 –661.

[386] Wernerfelt B. A. Resource view of the firm [J]. Strategic Management Journal, 1984, 5 (2): 171 –180.

[387] Wilden R., Devinney T. M., Dowling G. R. The architecture of dynamic capability research identifying the building blocks of a configurational approach [J]. Academy Management Annals, 2016 (10): 997 –1076.

[388] Yeh C.-P., Hsiao Y.-C. Do the MNE's global RD intensity and diversity boost its beneficial subsidiary reverse technology transfer? And how? In contingency with institutional distance [J]. Asia Pacific Business Review, 2020 (9): 493 –512.